Scripts
shell
Linux et Unix

2e édition

CHEZ LE MÊME ÉDITEUR ————————————————————————————

Du même auteur

C. BLAESS. – **Solutions temps réel sous Linux**.
N°13382, 2012, 294 pages.

C. BLAESS. – **Développement système sous Linux**.
Ordonnancement multitâches, gestion mémoire, communications, programmation réseau.
N°12881, 2011, 1004 pages.

Autres ouvrages

D. TAYLOR. – **100 scripts shell Unix**.
N°11483, 2004, 366 pages.

I. HURBAIN, E. DREYFUS. – **Mémento Unix/Linux (2e édition)**.
N°13306, 2011, 14 pages.

R. HERTZOG, R. MAS. – **Debian Squeeze.** *GNU / Linux.*
N°13248, 2011, 500 pages.

R. HERTZOG, R. MAS. – **Debian.** *GNU / Linux* (format semi-poche).
N°12505, 2009, 428 pages.

L. DRICOT. – **Ubuntu efficace.**
N°12362, 2009, 326 pages.

K. NOVAK. – **Linux aux petits oignons.**
N°12424, 2009, 546 pages.

J.-F. BOUCHAUDY. – **Linux Administration – Tome 1 (2e édition)**.
N°12624, 2009, 200 pages.

J.-F. BOUCHAUDY. – **Linux Administration – Tome 2 (2e édition)**.
N°12882, 2011, 504 pages.

J.-F. BOUCHAUDY. – **Linux Administration – Tome 3 (2e édition)**.
N°13462, 2012, 400 pages.

B. BOUTHERIN, B. DELAUNAY. – **Sécuriser un réseau Linux (3e édition)**.
N°11960, 2007, 250 pages.

P. FICHEUX, É. BÉNARD. – **Linux embarqué (4e édition)**.
Nouvelle étude de cas – Traite d'OpenEmbedded.
N°13482, 2012, 540 pages.

Scripts shell Linux et Unix

2e édition

Christophe Blaess

EYROLLES

ÉDITIONS EYROLLES
61, bd Saint-Germain
75240 Paris Cedex 05
www.editions-eyrolles.com

Le code de la propriété intellectuelle du 1er juillet 1992 interdit en effet expressément la photocopie à usage collectif sans autorisation des ayants droit. Or, cette pratique s'est généralisée notamment dans les établissements d'enseignement, provoquant une baisse brutale des achats de livres, au point que la possibilité même pour les auteurs de créer des œuvres nouvelles et de les faire éditer correctement est aujourd'hui menacée.

En application de la loi du 11 mars 1957, il est interdit de reproduire intégralement ou partiellement le présent ouvrage, sur quelque support que ce soit, sans l'autorisation de l'Éditeur ou du Centre Français d'exploitation du droit de copie, 20, rue des Grands Augustins, 75006 Paris.

© Groupe Eyrolles, 2008, 2012, ISBN : 978-2-212-13579-4

Avant-propos

Sur les systèmes Linux et Unix actuels, l'utilisateur est généralement confronté en premier lieu à un environnement graphique disposant de navigateurs Internet, d'outils graphiques pour parcourir les répertoires et visualiser le contenu des fichiers, d'applications pour la bureautique, de jeux, etc. Le shell ne constitue plus nécessairement le premier contact entre l'utilisateur et le système.

Pourtant, il s'agit toujours d'un passage obligé pour qui veut maîtriser et administrer correctement une machine Linux ou Unix. Le shell est tout d'abord une interface efficace pour passer des ordres ou des commandes au système. Il est plus rapide d'employer une ligne comme

```
$ cp /tmp/fic-0* /home/user/test/
```

que de lancer un gestionnaire de fichiers, se placer dans le répertoire source, sélectionner les fichiers intéressants, utiliser la commande « copier », se déplacer dans le répertoire destination et enfin utiliser la commande « coller ».

Hormis l'aspect d'efficacité et de rapidité des commandes, le shell est un outil extrêmement puissant puisqu'il permet de programmer des actions exécutées intelligemment et automatiquement dans de nombreuses situations : démarrage du système (*boot*), tâches administratives, lancement d'applications, analyse de fichiers journaux, etc.

Nous verrons dans ce livre qu'il est également possible d'écrire des scripts shell pour programmer de véritables petites applications utiles au quotidien et facilement personnalisées par l'utilisateur. Le langage de programmation du shell est assez ardu, peu intuitif et peu tolérant, aussi conseillerais-je au lecteur de mettre le plus vite possible ses connaissances en pratique, en faisant « tourner » les exercices et les exemples, en les modifiant, en les personnalisant.

Dans cette deuxième édition, j'ai souhaité inclure plus de scripts complets, prêts à l'usage ou demandant peu de configuration, afin de fournir rapidement une base de travail assez complète pour l'étude des scripts. Le code des exemples, des exercices corrigés et des scripts supplémentaires sont disponibles à l'adresse web suivante : *http://christophe.blaess.fr*.

Table des matières

CHAPITRE 1

Principes des scripts shell 1

    Le shell Unix 2

        Pourquoi écrire un script shell ? 4

        Outils nécessaires 5

    Exécution d'un script 5

        Invocation de l'interpréteur 6

        Appel direct 7

        Ligne shebang 9

    Conclusion 11

    Exercices 11

CHAPITRE 2

Programmation shell 13

    Premier aperçu 14

    Premier script, rm_secure 14

    Analyse détaillée 16

    Performances 23

    Exemple d'exécution 24

    Conclusion 26

    Exercices 26

CHAPITRE 3

Évaluation d'expressions 29

Variables 29
  Précisions sur l'opérateur $ 31

Calcul arithmétique 44

Invocation de commande 47

Portées et attributs des variables 48

Paramètres 59
  Paramètres positionnels 59
  Paramètres spéciaux 63

Protection des expressions 67
  Protection par le caractère backslash 68
  Protection par apostrophes 69
  Protection par guillemets 69

Tableaux 71

Évaluation explicite d'une expression 72

Conclusion 75

Exercices 75

CHAPITRE 4

Éléments de programmation shell 77

Commandes et code de retour 77
  Commande simple 77
  Pipelines 79
  Listes de pipelines 81
  Commandes composées 89

Redirections d'entrées-sorties 90
  Entrées-sorties standards 90
  Redirection des entrées et sorties standards 91
  Redirections avancées 100

Structures de contrôle 104
  Sélection d'instructions 104
  Itérations d'instructions 112
  Fonctions 120

Conclusion 127

Exercices 127

CHAPITRE 5

Commandes, variables et utilitaires système 131

Commandes internes 132
   Comportement du shell 132
   Exécution des scripts et commandes 133
   Interactions avec le système 136
   Arguments en ligne de commande 141
   Variables internes 147

Commandes externes 150

Conclusion 153

Exercices 153

CHAPITRE 6

Programmation shell avancée 155

Processus fils, parallélisme 155

Arrière-plan et démons 160

Signaux 163
   Envoi d'un signal 164
   Réception d'un signal 165
   Attente de signaux 166

Communication entre processus 167

Entrées-sorties 170
   tee 171
   xargs 172

Interface utilisateur 174
   stty 174
   tput 175
   dialog 176

Déboguer un script 176

Virgule flottante 177

Conclusion 178

CHAPITRE 7

Expressions régulières – Grep 179

Introduction 179

Expressions régulières simples. 180

Expressions rationnelles étendues 189

Outil grep 190

Recherche récursive avec find 192

Conclusion 193

Exercices 193

CHAPITRE 8

Sed 195

Présentation 195

Utilisation de Sed 196

Principe. 197

Fonctionnement de Sed. 198

Commandes Sed 201

Conclusion 210

Exercice 210

CHAPITRE 9

Awk 213

Fonctionnement de Awk 213

Les motifs. 214

Les actions 215

Les variables. 217

Enregistrements et champs 217

Les enregistrements 217

Les champs. 220

Structures de contrôle 224

Expressions 226

Retour sur les affichages 227

Conclusion 232

Exercices 232

CHAPITRE 10

Bonne écriture d'un script

Bonne écriture d'un script 233

Présentation générale 233
   Ligne shebang 233
   En-tête du fichier 234
   Commentaires. 234
   Indentation 235
Les variables 235
   Noms des variables 235
   Utilisation des variables 235
   Variables des fonctions. 235
Gestion des erreurs 236
   Arguments en ligne de commande 236
   Codes de retour. 236
   Messages d'erreur. 237
   Messages de débogage 238
Les fonctions 239
   En-tête 239
   Variables 239
   Bibliothèques 239
Conclusion 240
Exercice 241

ANNEXE A

Scripts complets

Scripts complets 243

Administration système 243
   Générateur de mots de passe 243
   Exécution d'un ping vers un ensemble de serveurs 244
   Supervision distante d'un petit parc de machines 245
   Image de l'activité système 249
   Synchronisation de répertoires distants 250
Fichiers et bases de données 252
   Sauvegarde quotidienne 252
   Renommage d'un ensemble de fichiers 254
   Scan et archivage de documents. 255
   Création d'une base de données 256
   Consultation d'une base de données 257

Scripts divers 258
Calcul de prix et de TVA 258
Générateur aléatoire suivant une loi normale 260
Calcul et affichage d'histogramme 262
Préparation d'un script d'installation 264
Présentation d'un fichier script 267

ANNEXE B
QCM d'évaluation 269

Énoncés 269

Solutions 273

ANNEXE C
Solutions des exercices 277

Chapitre 1 277

Chapitre 2 278

Chapitre 3 279

Chapitre 4 282

Chapitre 5 284

Chapitre 7 286

Chapitre 8 288

ANNEXE D
Bibliographie 289

Livres et articles 289

Sites de référence 290
Norme Single UNIX Specification Version 3 290
Bash 290
Korn shell 290
Pdksh 290
Tcsh 291
Zsh 291
Sed 291

Index 293

1

Principes des scripts shell

Avant de commencer notre étude des scripts shell pour Unix et Linux, j'aimerais préciser quelques éléments de vocabulaire que j'emploierai couramment et qui ne sont pas toujours très intuitifs pour le lecteur profane.

Tout d'abord, nous étudierons la programmation de *scripts*. Un script est fichier contenant une série d'ordres que l'on va soumettre à un programme externe pour qu'il les exécute. Ce programme est appelé *interpréteur de commandes*. Il existe de nombreux interpréteurs de commandes. Naturellement, le shell en fait partie, tout comme certains outils tels que Sed et Awk que nous verrons ultérieurement, ainsi que d'autres langages tels que Perl, Python, Tcl/Tk, Ruby, etc. Ces langages sont dits *interprétés,* par opposition aux langages *compilés* (comme C, C++, Fortran, Ada, etc.). Leurs principales différences sont les suivantes :

- Après l'écriture d'un fichier script, il est possible de le soumettre directement à l'interpréteur de commandes, tandis qu'un code source écrit en langage compilé doit être traduit en instructions de code machine compréhensibles pour le processeur. Cette étape de compilation nécessite plusieurs outils et peut parfois s'avérer longue.

- Le code compilé étant directement compris par le processeur du système, son exécution est très rapide, alors qu'un script doit être interprété dynamiquement, ce qui ralentit sensiblement l'exécution.

- Le fichier exécutable issu d'une compilation est souvent volumineux et n'est utilisable que sur un seul type de processeur et un seul système d'exploitation. À l'inverse, un fichier script est généralement assez réduit et directement portable sur d'autres processeurs ou d'autres systèmes d'exploitation – pour peu que l'interpréteur de commandes correspondant soit disponible.

- Un fichier compilé est incompréhensible par un lecteur humain. Il n'est pas possible d'en retrouver le code source. Cela peut garantir le secret commercial d'un logiciel. Inversement, un fichier script est directement lisible et modifiable, et peut contenir sa propre documentation sous forme de commentaires, ce qui est intéressant dans le cadre des logiciels libres.

Le shell Unix

Unix est un *système d'exploitation* né au début des années 1970, et qui se décline de nos jours sous différentes formes :

- les versions commerciales d'Unix, telles que Solaris (Sun), AIX (IBM), HP-UX, etc. ;
- les versions libres de systèmes clonant Unix (on parle de systèmes *Unix-like*), dont le plus connu est Linux, mais il existe aussi des variantes comme FreeBSD, NetBSD, Hurd, etc.

Le shell fait partie intégrante d'Unix depuis les débuts de celui-ci en 1971. On peut d'ailleurs en trouver une présentation simplifiée dans le célèbre article *[Ritchie 1974] The UNIX Time-Sharing System* qui décrivait les premières versions d'Unix.

Le shell est avant tout un interpréteur de commandes, chargé de lire les ordres que l'utilisateur saisit au clavier, de les analyser, et d'exécuter les commandes correspondantes. Curieusement, les tubes de communication (*pipes*) permettant de faire circuler des données de processus en processus et donnant toute leur puissance aux scripts shell, ne sont apparus que plus tard, fin 1972.

Le premier shell fut écrit par Steve Bourne et le fichier exécutable correspondant était traditionnellement /bin/sh. Il permettait d'écrire de véritables scripts complets, avec des structures de contrôle performantes. Toutefois, son utilisation quotidienne de manière interactive péchait quelque peu par manque d'ergonomie. Un nouveau shell – dit *shell C* – fut donc mis au point par William Joy à l'université de Berkeley. Cet outil fut officiellement introduit dans certaines distributions Unix en 1978, et présenté dans un article célèbre *[Joy 1978]*. Le fichier exécutable était /bin/csh. L'interface utilisateur était beaucoup plus agréable, gérant un historique des commandes, des alias, etc. Il ne faut pas oublier que l'utilisateur d'Unix ne disposait à cette époque que d'un terminal en mode texte, et que l'introduction du contrôle des jobs, par exemple, augmentait considérablement la productivité en permettant de basculer facilement d'application en application.

Hélas, le shell C fut doté d'un langage de programmation ressemblant quelque peu au langage C, mais dont l'implémentation était fortement boguée. En dépit des corrections qui y furent apportées, le comportement des scripts pour shell C n'était pas satisfaisant. La plupart des utilisateurs décidèrent alors d'employer le shell C pour l'accès interactif au système, et le shell Bourne pour l'écriture de scripts automatisés. On remarquera par exemple que l'ouvrage *[Dubois 95] Using csh & tcsh* n'aborde pas la programmation de scripts, car l'auteur considère que d'autres shells sont plus appropriés pour cette tâche.

En 1983, David G. Korn, travaillant aux laboratoires AT&T Bell, développa un nouveau shell, nommé `/bin/ksh` (*Korn Shell*), dont le but était de proposer à la fois les qualités interactives du shell C et l'efficacité des scripts du shell Bourne. L'interface utilisateur, par exemple, proposait à la fois un mode d'édition `vi` et un mode `Emacs`. Le shell Korn évolua rapidement, et de nouvelles versions en furent proposées en 1986, puis en 1988 et enfin en 1993. Le shell Korn était uniquement disponible comme logiciel commercial, vendu par AT&T, ce que certains utilisateurs lui reprochaient. Cette politique a été modifiée le 1er mars 2000, puisque le shell Korn 1993 est à présent disponible sous licence *open source.*

Parallèlement au déploiement du shell Korn, la lignée des shells C connut un nouveau regain d'intérêt avec la diffusion de Tcsh, qui essayait de copier certaines fonctionnalités d'interface d'un ancien système d'exploitation pour PDP-10, le Tenex. Ce shell offrait également de nombreuses améliorations et corrections des défauts de Csh. Nous le retrouvons de nos jours sur les systèmes Linux, entre autres.

Parallèlement à l'évolution des Unix et des shells « commerciaux », on assista dans les années 1980 à la percée des *logiciels libres,* et plus particulièrement du projet *GNU* (acronyme récursif de *Gnu is Not Unix*) destiné à cloner le système Unix, ce qui permettra ultérieurement l'apparition des distributions GNU/Linux.

La FSF (*Free Software Fundation*), fondée en 1985 par Richard M. Stallman pour développer le projet GNU, avait besoin d'un interpréteur de commandes libre et performant. Un programmeur, Brian Fox, fut embauché pour développer ce shell. Ce projet, repris par la suite par Chet Ramey, donna naissance au fameux shell *Bash*, que l'on trouve d'emblée sur les distributions Linux. Bash est l'acronyme de *Bourne Again Shell*, revendiquant ainsi sa filiation forte au shell `sh` original. D'un autre côté, Bash a aussi intégré de nombreuses fonctionnalités provenant du shell Korn, et même de Tcsh. Il est ainsi devenu un outil très puissant, que la plupart des utilisateurs de Linux emploient comme shell de connexion.

Libre ou … ?

Faute de mieux, nous opposerons les termes « libres » et « commerciaux » concernant les logiciels ou les implémentations d'Unix. Cette distinction n'est pas parfaite, pour de nombreuses raisons, mais elle est la plus intuitive et la plus proche de la réalité économique des produits disponibles.

Avant la mise sous licence libre du shell Korn, les systèmes libres désireux de disposer d'un shell de ce type utilisaient une variante gratuite : le shell Pdksh (*Public Domain Korn Shell*) écrit à l'origine par Eric Gisin.

À la fin des années 1980, il existait une pléthore de systèmes compatibles Unix – ou prétendument compatibles Unix – qui implémentaient chacun de nouvelles fonctionnalités par rapport au système Unix original. Chaque fabricant de matériel, chaque éditeur de logiciels désirait disposer de sa propre version compatible Unix, et la situation était devenue catastrophique en ce qui concerne la portabilité des applications.

Même les commandes shell simples pouvaient disposer de variantes différentes sur chaque système. Il fut donc nécessaire d'uniformiser le paysage proposé par toutes ces versions d'Unix. Une norme fut proposée par l'IEEE : *Posix*. Elle décrivait l'interface entre le cœur du système d'exploitation (le noyau) et les applications, ainsi que le comportement d'un certain nombre d'outils système dont le shell.

Ce standard n'était pas consultable librement, et sa redistribution était prohibée, aussi les utilisateurs lui préférèrent une autre norme, écrite par l'*Open Group* (association d'éditeurs de systèmes compatibles Unix) et sensiblement équivalente : *Single Unix Specification* (SUS). De nos jours, la version 3 de ce standard (abrégé habituellement en SUSv3) a intégré le contenu de la norme Posix.

Pour s'assurer de la portabilité d'une fonction proposée par le shell ou d'une option offerte par une commande, on pourra donc se reporter vers SUSv3, disponible après avoir rempli un formulaire rapide sur :

    http://www.unix.org/single_unix_specification/.

Depuis quelques années, il existe sur les distributions Linux Debian et Ubuntu un shell nommé Dash (*Debian Almquist Shell*), qui n'implémente que les fonctionnalités Posix minimales sans les extensions Bash et Ksh. Nous en reparlerons plus loin (voir page 10).

Pourquoi écrire un script shell ?

L'écriture de scripts shell peut répondre à plusieurs besoins différents. Je voudrais citer quelques domaines d'applications, pour donner une idée du panorama couvert par les scripts shell usuels :

- Les plus simples d'entre eux serviront simplement à lancer quelques commandes disposant d'options complexes, et qu'on désire employer régulièrement sans avoir à se reporter sans cesse à leur documentation (pages de manuel).

- Les scripts d'initialisation – de *boot* – du système, permettent d'énumérer les périphériques disponibles, et de les initialiser, de préparer les systèmes de fichiers, les partitions, et de configurer les communications et les services réseau. Ils sont normalement livrés avec le système d'exploitation, mais l'administrateur expérimenté doit parfois intervenir dans ces scripts (souvent longs et fastidieux) pour personnaliser un serveur.

- Certaines applications spécifiques (logiciels « métier ») nécessitent un paramétrage complexe, et des scripts shell sont employés pour assurer la gestion de configurations, la préparation des répertoires et des fichiers temporaires, etc.

- La supervision d'un parc informatique réclame des tâches automatisées pour vérifier l'état des systèmes (utilisation de la mémoire et des espaces disque, antivirus...) et assurer des tâches de maintenance périodique (effacement des fichiers temporaires, rotation des fichiers de traces...).

- De nombreux serveurs utilisent une interface constituée de scripts shell pour transmettre des requêtes SQL au logiciel de base de données (Oracle, MySQL, etc.)

- Pour assurer l'exploitation de serveurs réseau ou de machines industrielles, l'administrateur doit exploiter la sortie de certaines commandes de supervision, et les traces enregistrées dans des fichiers de journalisation (*log file*). Pour cela des scripts shell enrichis de commandes Awk permettront d'extraire facilement des informations statistiques.

Naturellement, il est possible d'écrire des scripts shell pour d'autres domaines d'application (traitement automatique du contenu de fichiers de texte, calcul, menus d'interface utilisateur, etc.), mais les exemples d'utilisation les plus courants relèvent plutôt de l'administration du système.

Outils nécessaires

Le but de ce livre est de permettre au lecteur de réaliser rapidement des scripts utiles, complets et robustes. Nous ne prétendons ni à l'exhaustivité d'un manuel de référence, ni au niveau de détail qu'un ouvrage de programmation avancée pourrait offrir. Pour les lecteurs désireux d'approfondir leurs connaissances sur un langage particulier, nous présenterons des références complémentaires en bibliographie.

Nous nous intéresserons à la programmation de scripts « compatibles SUSv3 », autrement dit des scripts utilisables tant sur systèmes Unix commerciaux (employant le shell Ksh) que sur les systèmes libres comme Linux (avec le shell Bash). Dans certains scripts proposés en exemple ou en exercice, nous devrons faire appel à certaines extensions GNU, c'est-à-dire à des options d'utilitaires système non documentées dans SUSv3, ajoutées dans leur version GNU.

Ce livre se voulant le plus interactif possible, il est important que le lecteur puisse saisir et exécuter les exemples proposés, et télécharger le code source des scripts sur le site personnel de l'auteur :

http://www.blaess.fr/christophe

Le lecteur n'ayant pas d'accès immédiat à un système Unix ou compatible, mais disposant d'une machine fonctionnant avec Windows, pourra se tourner vers le projet *Cygwin* (voir *http://www.cygwin.com*) qui propose un portage des outils GNU (donc de Bash) sur ce système d'exploitation.

Un second outil sera indispensable : un éditeur de texte pour saisir et modifier le contenu des scripts. Il existe une pléthore d'éditeurs sur chaque système, les plus traditionnels sur Unix étant *vi* et *Emacs* (existant dans des versions plus ou moins conviviales et esthétiques), mais on peut également citer *Nedit*, *Gedit*, *Kwrite*, etc.

Exécution d'un script

Avant de rentrer dans le détail des langages de programmation par scripts, consacrons quelques pages aux méthodes possibles pour que soit exécuté un tel programme. Il n'est pas indispensable de comprendre en détail les interactions entre le shell, le noyau et l'interpréteur pour faire exécuter un script, mais cela permet de bien comprendre le rôle de la première ligne que nous retrouverons dans tous nos fichiers.

Étant bien entendu qu'un script ne peut pas être exécuté d'une manière autonome, mais qu'il nécessite la présence d'un interpréteur pour le faire fonctionner, plusieurs méthodes peuvent être invoquées pour lancer un tel programme.

Invocation de l'interpréteur

Pour tester cela, nous allons créer un premier script extrêmement simple. Utilisez l'éditeur de texte de votre choix pour créer un fichier nommé `essai.sh` contenant uniquement la ligne suivante :

`essai.sh` :

```
echo "Ceci est mon premier essai"
```

La commande `echo` du shell doit simplement afficher la chaîne transmise sur sa ligne de commande. À présent nous allons essayer de l'exécuter en le précédant, sur la ligne de commande, de l'appel du shell. Le symbole `$`, présent en début de ligne ci-dessous, correspond au symbole d'invite (*prompt*) du shell et ne doit naturellement pas être saisi :

```
$ sh essai.sh
Ceci est mon premier essai
$
```

Cela fonctionne bien. Remarquez que le suffixe `.sh` ajouté à la fin du nom du script n'a aucune importance ; il ne s'agit que d'une information pour l'utilisateur. Le système Unix ne tient aucun compte des suffixes éventuels des noms de fichiers. Par exemple, renommons-le et réessayons :

```
$ mv essai.sh essai
$ sh essai
Ceci est mon premier essai
$
```

Les lecteurs les plus intrépides qui se seront aventurés à nommer le fichier `test` plutôt que `essai` pourront avoir une mauvaise surprise ici, avec un message d'erreur du type :

```
$ sh test
/usr/bin/test: /usr/bin/test: cannot execute binary file
$
```

Cela est dû à la présence sur leur système d'un autre fichier exécutable nommé `test`, mais qui n'est pas un script shell. Nous en reparlerons plus loin.

Appel direct

Plutôt que d'invoquer l'interpréteur suivi du nom du fichier, nous préférerions appeler directement le script, comme s'il s'agissait d'une commande habituelle. Essayons donc d'appeler directement notre script `essai` :

```
$  essai
ksh: essai: non trouvé [Aucun fichier ou répertoire de ce type]
```

Le message d'erreur variera suivant le shell interactif que vous utilisez, mais le contenu sera en substance identique : le shell déplore de ne pouvoir trouver le fichier `essai`. Ceci est tout à fait normal.

Lorsque nous invoquons une commande Unix (par exemple, `ls`), le système devra trouver un fichier exécutable de ce nom (`/bin/ls` en l'occurrence). Mais il est impossible de parcourir tous les répertoires de tous les disques pour rechercher ce fichier, le temps de réponse serait horriblement long !

Pour améliorer les performances, le système Unix ne recherche les fichiers implémentant les commandes que dans un nombre restreint de répertoires. Ceux-ci sont énumérés dans la variable d'environnement `PATH`, que nous pouvons consulter. Pour cela, il faudra faire précéder le nom `PATH` d'un caractère `$`, comme nous le détaillerons plus tard, et bien respecter le nom en majuscules. Examinons le contenu de la variable :

```
$  echo  $PATH
/bin:/usr/bin:/usr/local/bin:/usr/X11R6/bin:/home/cpb/bin
$
```

Nous voyons que plusieurs répertoires sont indiqués, séparés par des deux-points. Le répertoire dans lequel nous nous trouvons actuellement n'est pas mentionné, donc le système ne vient pas y chercher le fichier `essai`.

Portabilité

Nous sommes ici sur un système Linux, et l'emplacement exact des répertoires peut différer suivant les versions d'Unix. Toutefois, on retrouvera toujours une organisation approchante.

Pour que le shell puisse trouver notre fichier `essai`, plusieurs possibilités s'offrent à nous.

Il est possible de déplacer le script dans un des répertoires du `PATH`. Si nous avions créé un script utile pour tous les utilisateurs d'Unix, il serait en effet envisageable de le placer dans `/usr/bin`. Si ce script s'adressait uniquement aux utilisateurs de notre système, le répertoire `/usr/local/bin` serait plus approprié. Enfin, si le script était réservé à notre usage personnel, le sous-répertoire `bin/` situé dans notre répertoire personnel conviendrait mieux. Toutefois ceci suppose que le script soit parfaitement au point. Pendant la période de création et de corrections initiales, il vaut mieux le conserver dans un répertoire de travail spécifique.

Une autre approche consiste à modifier notre variable PATH pour lui ajouter un point (.) qui représente toujours le répertoire courant. Pour des raisons de sécurité, il faut **toujours** placer ce point en **dernière position** dans la variable PATH (ceci sera étudié en détail dans les exercices en fin de chapitre). On pourra exécuter la commande :

```
$  PATH=$PATH:.
```

avant d'appeler essai, voire la placer dans le fichier d'initialisation (fichier profile) de notre shell. Attention toutefois, certains problèmes de sécurité peuvent se poser si vous travaillez sur un système ouvert au public.

La troisième possibilité – la plus contraignante, mais la plus sûre – consiste à indiquer au système le répertoire où se trouve le fichier à chaque fois qu'on l'invoque. Ceci s'obtient aisément si le fichier se trouve dans le répertoire courant en utilisant l'appel :

```
$  ./essai
```

Malheureusement, cela ne fonctionne pas beaucoup mieux :

```
$  ./essai
ksh: ./essai: ne peut pas exécuter [Permission non accordée]
$
```

Le script ne s'exécute pas plus qu'avant, mais le message d'erreur a changé. Ceci est dû aux permissions accordées pour ce fichier, et que l'on peut observer avec l'option -l de ls :

```
$  ls -l essai
-rw-r--r-- 1 cpb users 34 sep  3 14:08 essai
$
```

La première colonne décrit le type de fichier et les permissions concernant sa manipulation :

- Le premier tiret - correspond à un fichier normal (d pour un répertoire, l pour un lien symbolique, etc.).

- Les trois lettres suivantes indiquent que le propriétaire cpb du fichier a les droits de lecture (r) et d'écriture (w) sur son fichier, mais l'absence de lettre x, remplacée ici par un tiret, signifie que le propriétaire ne peut pas exécuter ce fichier. C'est justement notre problème.

- Les trois lettres r-- suivantes décrivent les droits fournis aux autres utilisateurs appartenant au même groupe que le fichier (users). Seule la lecture du contenu du fichier sera possible. Il ne sera pas possible de l'exécuter et de le modifier.

- Enfin les trois dernières lettres indiquent les permissions accordées à tous les autres utilisateurs du système (r-- lecture seulement).

Le fichier n'étant pas exécutable, il est impossible de le lancer. Pour modifier les permissions d'un fichier, il faut utiliser la commande chmod(1).

> **Notation**
>
> Dans toutes les descriptions techniques Unix, une notation comme chmod(1) signifie qu'on fait référence à un élément nommé chmod dont la documentation se situe dans la section 1 du manuel. On obtiendra donc des informations supplémentaires en appelant la commande man 1 chmod.

Il y a plusieurs types d'options possibles pour chmod, la plus parlante est sûrement celle-ci :

```
$  chmod +x essai
$  ls -l essai
-rwxr-xr-x 1 cpb users 34 sep  3 14:08 essai
$
```

L'option +x de chmod ajoute l'autorisation d'exécution pour tous les types d'utilisateurs. Vérifions que notre script fonctionne :

```
$  ./essai
Ceci est mon premier essai
$
```

Parfait !

Ligne shebang

Marquons toutefois une brève pause, et réfléchissons un instant à ce que nous avons réalisé. Nous avons créé le fichier essai contenant une seule ligne affichant un message ; nous avons rendu le fichier exécutable avec chmod ; puis nous l'avons lancé en utilisant la notation ./essai.

Nous savons que ce fichier doit être interprété par un shell, c'est-à-dire qu'un shell disponible sur le système (sh, bash, ksh...) doit lire le script et traduire son contenu ligne à ligne.

Mais comment le système sait-il que ce fichier doit être interprété par un shell ? Comment sait-il qu'il s'agit d'un script shell et non d'un script Sed, Awk, Perl, ou autre ? Comment se fait l'association entre notre fichier et le shell du système ?

En réalité, nous n'avons rien précisé, et si le script fonctionne quand même, c'est uniquement grâce à un comportement par défaut dans le cas où cette information est absente.

Pour préciser l'interpréteur à employer, on utilise le principe de la ligne *shebang* (contraction de *shell* et de *bang* – point d'exclamation en anglais). Lorsque le noyau s'aperçoit que les deux premiers caractères du fichier sont #!, il considère que tout le reste de la ligne représente le nom de l'interpréteur à utiliser. Et si l'on demande à exécuter le fichier mon_script.sh écrit ainsi :

mon_script.sh :

```
#! /bin/ksh
echo "Voici un second script »
```

le système d'exploitation traduira l'invocation :

```
$   ./mon_script.sh
```

en :

```
$   /bin/ksh   ./mon_script.sh
```

Le shell considère que lorsqu'il rencontre un caractère #, il doit ignorer toute la suite de la ligne. C'est ainsi qu'on ajoute des commentaires dans un script shell. Aussi le shell (ksh ici) qui va lire le script ignorera-t-il cette première ligne.

Attention, les caractères # et ! doivent être exactement le premier et le second du fichier ; il ne doivent être précédés d'aucune espace, tabulation ou ligne blanche.

Insérer une ligne *shebang* dans un script shell présente plusieurs avantages :

- Même si un script shell peut fonctionner sans cette ligne, sa présence est gage de comportement correct, l'interpréteur sera choisi sans ambiguïté. En outre, si le script est lancé directement par une application (environnement graphique, par exemple) et non par un shell, seule la présence de la ligne *shebang* garantira le bon démarrage du script.

- La ligne *shebang* d'un script shell fait généralement appel à /bin/sh comme interpréteur, mais un script écrit pour le langage *Awk* pourra utiliser #! /bin/awk -f, par exemple, en incluant une option -f sur la ligne de commande de l'interpréteur.

- Si le shell employé pour interpréter les scripts est souvent /bin/sh, il arrive que sur certains systèmes celui-ci soit trop ancien (sur Solaris, par exemple) ou trop restrictif (Dash sur Linux Debian ou Ubuntu) et que l'on préfère invoquer un shell plus récent et puissant, par exemple /bin/ksh ou /bin/bash.

- Enfin, le fait de placer cette première ligne est déjà un élément de documentation du script. La personne qui devra éditer ce fichier ultérieurement trouvera là une première indication de son fonctionnement. Personnellement, lorsque je dois écrire un script shell, mes doigts saisissent machinalement la ligne #! /bin/sh, pendant que je réfléchis aux premières lignes que j'ajouterai en dessous. Nous développerons ce thème concernant la bonne écriture d'un script dans un chapitre ultérieur.

Conclusion

Dans ce chapitre, nous avons dressé un panorama rapide des shells disponibles sur la majeure partie des systèmes Unix et Linux. Nous avons également vu comment créer, rendre exécutable et lancer un script shell. Retenons que la présence de la première ligne *shebang* du script sera un gage de qualité et de portabilité du script.

Exercices

Vous trouverez dans les différents chapitres de ce livre quelques exercices destinés à vous entraîner et vous perfectionner dans l'écriture des scripts.

Les solutions des exercices sont proposées en fin de livre, dans l'annexe C, et les scripts complets peuvent être téléchargés sur le site de l'auteur, à l'adresse suivante :

http://www.blaess.fr/christophe

1.1 – Prise en main du système (facile)

Identifiez les shells disponibles sur votre système, et déterminez l'identité du shell `/bin/sh`.

Vérifiez également les éditeurs de texte proposés par votre environnement de travail, et familiarisez-vous avec celui qui vous semble le plus adapté.

1.2 – Utilité de la variable PATH (facile)

Pour prendre conscience de l'utilité de la variable `PATH`, effacez-la ainsi :

```
$  PATH=
```

Puis essayez quelques commandes :

```
$  cd /etc
$  ls
$  echo "Hello"
$  cd /bin
$  /bin/ls
etc.
```

Que se passe-t-il ? Pourquoi ? Comment y remédier ?

1.3 – Répertoire courant dans le PATH (plutôt facile)

Ajoutez le répertoire . (point) à la fin de votre variable PATH de cette manière :

```
$   PATH=$PATH:.
```

Essayez à présent de lancer le script essai.sh sans le faire précéder de ./. Cela fonctionne-t-il ?

1.4 – Dangers associés au PATH (plutôt difficile)

Écrivez un petit script affichant un simple message, appelez-le ls (n'oubliez pas de le rendre exécutable) et sauvegardez-le dans le répertoire /tmp.

Connectez-vous à présent avec une autre identité sur votre système. Modifiez votre variable PATH pour qu'elle contienne le répertoire courant en première position. Allez à présent dans le répertoire /tmp, et affichez la liste des fichiers qu'il contient. Que se passe-t-il ?

2

Programmation shell

Avant d'entamer la programmation sous shell, rappelons la syntaxe élémentaire qui est utilisée pour lancer des processus depuis la ligne de commande sous Unix et Linux, puisque nous emploierons également ces symboles dans les scripts.

Saisie	Signification
`commande`	La commande est exécutée normalement ; le symbole d'invite sera affiché lorsqu'elle se terminera.

`commande &`	La commande est exécutée en arrière-plan, ce qui signifie qu'elle n'a en principe pas accès au terminal. Le shell reprend donc la main immédiatement, et affiche son symbole d'invite alors que la commande continue à s'exécuter en tâche de fond. Le shell affiche une ligne du type
	`[1] 2496`
	indiquant le numéro du job à l'arrière-plan, suivi du PID (l'identifiant de processus). Lorsque la commande se termine, le shell affichera une ligne
	`[1]+    Done commande`
	juste avant de proposer un nouveau symbole d'invite.

`commande > fichier`	La commande est exécutée, mais sa sortie standard est dirigée vers le fichier indiqué. Seule la sortie d'erreur s'affiche à l'écran.
`commande >> fichier`	La sortie standard est ajoutée en fin de fichier sans en écraser le contenu.
`commande < fichier`	La commande est exécutée, mais ses informations d'entrée seront lues depuis le fichier qui est indiqué plutôt que depuis le terminal.
`cmmnd_1	cmmnd_2`	Les deux commandes sont exécutées simultanément, l'entrée standard de la seconde étant connectée par un tube (*pipe*) à la sortie standard de la première.

Nous étendrons ces possibilités ultérieurement, mais ces éléments seront déjà suffisants pour comprendre les premiers scripts étudiés.

Premier aperçu

Avant d'entrer dans le détail de la syntaxe et des commandes pour le shell, nous allons tout d'abord survoler un script complet, afin de nous familiariser avec la structure des programmes shell. Ce script, déjà assez important pour un premier exemple, est une variation sur un article que j'avais écrit en mai 1996 pour le journal à la ligne *Linux Gazette, [Blaess 1996]*.

Premier script, rm_secure

L'idée est de remplacer la commande rm normale (suppression de fichiers et de répertoires) par un script qui permette de récupérer les fichiers effacés malencontreusement. Il en existe des implémentations plus performantes, mais l'avantage de ce script est d'être assez simple, facile à installer et à étudier. Nous allons l'analyser en détail, dans son intégralité. Des numéros ont été ajoutés en début de ligne pour référence, mais ils ne font évidemment pas partie du script.

rm_secure.sh :

```
 1  sauvegarde_rm=~/.rm_saved/
 2
 3  function rm
 4  {
 5    local opt_force=0
 6    local opt_interactive=0
 7    local opt_recursive=0
 8    local opt_verbose=0
 9    local opt_empty=0
10    local opt_list=0
11    local opt_restore=0
12    local opt
13
14    OPTERR=0
15    # Analyse des arguments de la ligne de commande
16    while getopts ":dfirRvels-:" opt ; do
17      case $opt in
18        d ) ;; # ignorée
19        f ) opt_force=1 ;;
20        i ) opt_interactive=1 ;;
21        r | R ) opt_recursive=1 ;;
22        e ) opt_empty=1 ;;
23        l ) opt_list=1 ;;
24        s ) opt_restore=1 ;;
25        v ) opt_verbose=1 ;;
26        - ) case $OPTARG in
27              directory )      ;;
28              force)          opt_force=1 ;;
29              interactive ) opt_interactive=1 ;;
30              recursive ) opt_recursive=1 ;;
31              verbose )    opt_verbose=1 ;;
```

```
32            help )       /bin/rm --help
33              echo "rm_secure:"
34              echo "  -e  --empty    vider la corbeille"
35              echo "  -l  --list     voir les fichiers sauvés"
36              echo "  -s, --restore  récupérer des fichiers"
37              return 0 ;;
38            version ) /bin/rm --version
39              echo "(rm_secure 1.2)"
40              return 0 ;;
41          empty )   opt_empty=1 ;;
42          list )    opt_list=1 ;;
43          restore ) opt_restore=1 ;;
44          * )  echo "option illégale --$OPTARG"
45               return 1;;
46        esac ;;
47      ? ) echo "option illégale -$OPTARG"
48          return 1;;
49    esac
50  done
51  shift $(($OPTIND - 1))
52
53  # Créer éventuellement le répertoire
54  if [ ! -d "$sauvegarde_rm" ] ; then
55    mkdir "$sauvegarde_rm"
56  fi
57
58  # Vider la poubelle
59  if [ $opt_empty -ne 0 ] ; then
60    /bin/rm -rf "$sauvegarde_rm"
61    return 0
62  fi
63
64  # Liste des fichiers sauvés
65  if [ $opt_list -ne 0 ] ; then
66      ( cd "$sauvegarde_rm"
67        ls -lRa * )
68  fi
69
70  # Récupération de fichiers
71  if [ $opt_restore -ne 0 ] ; then
72    while [ -n "$1" ] ; do
73      mv "${sauvegarde_rm}/$1" .
74      shift
75    done
76    return
77  fi
78
79  # Suppression de fichiers
80  while [ -n "$1" ] ; do
81  # Suppression interactive : interroger l'utilisateur
82    if [ $opt_force -ne 1 ] && [ $opt_interactive -ne 0 ]
      then
```

```
 83        local reponse
 84        echo -n "Détruire $1 ? "
 85        read reponse
 86        if [ "$reponse" != "y" ] && [ "$reponse" != "Y" ] &&
 87           [ "$reponse" != "o" ] && [ "$reponse" != "O" ] ; then
 88          shift
 89          continue
 90        fi
 91      fi
 92      if [ -d "$1" ] && [ $opt_recursive -eq 0 ] ; then
 93        # Les répertoires nécessitent l'option récursive
 94        shift
 95        continue
 96      fi
 97      if [ $opt_verbose -ne 0 ] ; then
 98        echo "Suppression $1"
 99      fi
100      mv -f "$1" "${sauvegarde_rm}/"
101      shift
102    done
103    }
104
105    trap "/bin/rm -rf $sauvegarde_rm" EXIT
```

L'analyse détaillée du script est un peu laborieuse, mais il est nettement préférable d'étudier un programme réel, complet et utilisable, qu'un exemple simpliste, construit uniquement pour illustrer les possibilités du shell. Si certaines parties semblent obscures, il n'y a pas lieu de s'inquiéter : nous y reviendrons dans la présentation des commandes et de la syntaxe.

Analyse détaillée

Exceptionnellement, ce script ne débute pas par une ligne *shebang* introduite par #!. En effet, il n'est pas conçu pour être exécuté dans un processus indépendant avec une commande comme ./rm_secure.sh, mais pour être lu par une commande source ou . depuis un fichier d'initialisation du shell (comme ~/.profile ou ~/.bashrc).

Lorsqu'un script est appelé ainsi « . script », il est interprété directement par le shell en cours d'exécution, sans lancer de nouvelle instance. Aussi les variables et fonctions définies par ce script seront-elles disponibles même après sa terminaison. Il ne faut pas confondre le point utilisé ici pour « sourcer » un script, et le point représentant le répertoire courant dans l'appel ./script.

Ce script définit une fonction nommée rm, s'étendant des lignes 3 à 103. Le programme étant lu et interprété directement par le shell, et non par un processus fils, cette fonction sera disponible dans l'environnement du shell qui vient de s'initialiser.

Lorsqu'on appelle, depuis la ligne de saisie, un nom de commande comme rm, le shell va d'abord contrôler s'il existe dans son environnement une fonction qui a ce nom. S'il n'en trouve pas, il vérifiera s'il s'agit de l'une de ses commandes internes (comme `cd`). En dernier ressort, il parcourra l'ensemble des répertoires mentionnés dans la variable d'environnement `PATH` à la recherche d'un fichier exécutable qui ait le nom indiqué. Naturellement, si la commande contient un chemin d'accès (par exemple `/bin/rm`), il évite tout ce mécanisme et lance directement le fichier désiré.

Dans notre cas, nous définissons une fonction ayant pour nom `rm`, qui sera donc invoquée à la place du fichier `/bin/rm` habituel.

La première ligne du script définit une variable qui contient le nom d'un répertoire vers lequel les fichiers seront déplacés plutôt que véritablement effacés. Des options à la ligne de commande nous permettront d'examiner le contenu du répertoire et de récupérer des fichiers. Il est évident que l'utilisateur doit avoir un droit d'écriture sur ce répertoire. La configuration la plus intuitive consiste à utiliser un répertoire qui figure déjà dans le répertoire personnel de l'utilisateur et de lui donner un nom qui commence par un point afin d'éviter de le retrouver à chaque invocation de `ls`.

Nous voyons que l'affectation d'une variable se fait, avec le shell, simplement à l'aide d'une commande `nom=valeur`. Il est important de noter qu'il ne doit pas y avoir d'espace autour du signe égal.

Vient ensuite la déclaration de la fonction. On emploie le mot-clé `function` suivi du nom de la routine, puis de son corps encadré par des accolades. Les lignes 5 à 12 déclarent des variables locales de la fonction. Ces variables serviront à noter, lors de l'analyse de la ligne de commande, les différentes options indiquées par l'utilisateur. Les déclarations sont ici précédées du mot-clé `local`, qui permet de ne les rendre visibles que dans notre fonction. Quand une fonction est, comme ici, destinée à rester durablement dans la mémoire du shell, il est important de ne pas « polluer » l'environnement en laissant inutilement des variables apparaître en dehors de la routine où elles sont employées.

Notre fonction `rm` accepte les mêmes options à la ligne de commande que la commande `/bin/rm`, et en ajoute trois nouvelles :

Option	Signification	Provenance
`-d ou --directory`	Ignorée	/bin/rm
`-f ou --force`	Ne pas interroger l'utilisateur	/bin/rm
`-i ou --interactive`	Interroger l'utilisateur avant de supprimer un fichier	/bin/rm
`-r, -R, ou --recursive`	Supprimer d'une façon récursive les répertoires	/bin/rm
`-v ou --verbose`	Afficher les noms des fichiers avant de les supprimer	/bin/rm
`--help`	Afficher une page d'aide	/bin/rm
`--version`	Afficher le numéro de version du programme	/bin/rm
`-e ou --empty`	Vider la corbeille de sauvegarde	rm_secure
`-l ou --list`	Voir le contenu de la corbeille	rm_secure
`-s ou --restore`	Récupérer un fichier dans la corbeille	rm_secure

Avant de lire les arguments de la ligne de commande, nous devons initialiser une variable système nommée OPTIND, ce qui a lieu à la ligne 14. Le rôle de cette variable sera détaillé plus bas.

La ligne 16 introduit une boucle while. Voici la syntaxe de ce type de boucle :

```
while condition
do
    corps de la boucle...
done
```

Les instructions contenues dans le corps de la boucle sont répétées tant que la condition indiquée est vraie. Afin de rendre l'écriture un peu plus compacte, il est fréquent de remplacer le saut de ligne qui se trouve après la condition par un caractère point-virgule, qui, en programmation shell, signifie « fin d'instruction ». La boucle est donc généralement écrite ainsi :

```
while condition ; do
    corps de la boucle
done
```

Une erreur fréquente chez les débutants est de tenter de placer le point-virgule là où il paraît visuellement le plus naturel pour un programmeur C ou Pascal : en fin de ligne. Sa position correcte est pourtant bien avant le do !

Ici, la condition est exprimée par une commande interne du shell :

```
getopts ":dfirRvels-:" opt
```

La commande getopts permet d'analyser les arguments qui se trouvent sur la ligne de commande. Nous lui fournissons une chaîne de caractères qui contient les lettres attribuées aux options (comme dans le tableau de la page précédente), et le nom d'une variable qu'elle devra remplir. Cette fonction renvoie une valeur vraie tant qu'elle trouve une option qui est contenue dans la liste, et place le caractère dans la variable opt. Nous détaillerons ultérieurement le fonctionnement de cette routine, et la signification des deux-points présents dans cette chaîne. Retenons simplement qu'arrivés à la ligne 17, nous savons que l'un des caractères inscrits dans la chaîne est présent dans la variable opt.

Sur cette ligne 17, nous trouvons une structure de sélection case qui va nous permettre de distribuer le contrôle du programme en fonction du contenu d'une variable. Sa syntaxe est la suivante :

```
case expression in
    valeur_1 )
        action_1 ;;
    valeur_2 )
        action_2 ;;
esac
```

La valeur renvoyée par l'expression, ici le contenu de la variable opt, est comparée successivement aux valeurs proposées jusqu'à ce qu'il en soit trouvé une qui lui corresponde, et l'action associée est alors exécutée. Les différents cas sont séparés par deux points-virgules. Pour le dernier cas, toutefois, ce signe de ponctuation est facultatif, mais il est recommandé de l'employer quand même, afin d'éviter des problèmes ultérieurs si un nouveau cas doit être ajouté. Le mot-clé `esac` (`case` à l'envers), que l'on trouve à la ligne 49, sert à marquer la fin de cette structure de sélection.

Nous remarquons au passage que, ligne 17, nous lisons pour la première fois le contenu d'une variable. Cela s'effectue en préfixant son nom par un caractère `$`. Ainsi, nous nous référons au contenu de la variable `opt` en écrivant `$opt`. Il faut bien comprendre dès à présent que le nom réel de la variable est bien `opt` ; le `$` est un opérateur demandant d'accéder à son contenu. Nous verrons plus avant des formes plus générales de cet opérateur.

Les valeurs auxquelles l'expression est comparée dans les différentes branches de la structure `case` ne sont pas limitées à de simples valeurs entières, comme peuvent y être habitués les utilisateurs du langage C, mais peuvent représenter des chaînes de caractères complètes, incorporant des caractères génériques comme l'astérisque *. Ici, nous nous limiterons à employer le caractère | qui représente un *OU* logique, à la ligne 21. Ainsi l'action

```
opt_recursive=1
```

est exécutée si le caractère contenu dans `opt` est un `r` ou un `R`.

Nous observons que les lignes 19 à 25 servent à remplir les variables qui représentent les options en fonction des caractères rencontrés par `getopts`.

Un cas intéressant se présente à la ligne 26, puisque nous avons rencontré un caractère d'option constitué par un tiret. Cela signifie que l'option commence par « -- ». Dans la chaîne de caractères que nous avons transmise à `getopts` à la ligne 16, nous avons fait suivre le tiret d'un deux-points. Cela indique à la commande `getopts` que nous attendons un argument à l'option « - ». Il s'agit d'une astuce pour traiter les options longues comme `--help`. Lorsque `getopts` rencontre l'option « - », il place l'argument qui la suit (par exemple `help`) dans la variable `OPTARG`. Nous pouvons donc reprendre une structure de sélection `case` pour examiner le contenu de cette variable, ce qui est fait de la ligne 26 à la ligne 46 où se trouve le `esac` correspondant.

Les options longues, `directory`, `force`, `interactive`, `verbose`, `recursive`, `empty`, `list`, `restore`, sont traitées comme leurs homologues courtes, décrites dans le tableau précédent. Aussi les options `help` et `version` commencent par invoquer la véritable commande `rm` afin qu'elle affiche ses propres informations, avant d'écrire leurs messages à l'aide de la commande `echo`. On remarquera que ces deux cas se terminent par une commande `return 0`, ce qui provoque la fin de la fonction `rm`, et renvoie un code de retour nul indiquant que tout s'est bien passé.

Le motif mis en comparaison sur la ligne 44, un simple astérisque, peut correspondre à n'importe quelle chaîne de caractères selon les critères du shell. Ce motif sert donc à absorber toutes les saisies non valides dans les options longues. Nous affichons dans ce cas un message d'erreur au moyen de la commande :

```
echo "option illégale --$OPTARG"
```

Nous remarquons qu'au sein de la chaîne de caractères encadrée par des guillemets, l'opérateur `$` agit toujours, et remplace `OPTARG` par son contenu, c'est-à-dire le texte de l'option longue erronée. En ce cas, nous invoquons la commande `return` avec un argument 1, ce qui signifie conventionnellement qu'une erreur s'est produite.

À la ligne 47, nous revenons à la première structure de distribution `case-esac`. Nous avions mis à la ligne 16 un deux-points en première position de la chaîne d'options transmise à `getopts`. Cela permet de configurer le comportement de cette commande lorsqu'elle rencontre une lettre d'option non valide. Dans ce cas, elle met le caractère `?` dans la variable indiquée, `opt` en l'occurrence, stocke la lettre non valide dans la variable `OPTARG`, et n'affiche aucun message d'erreur. Notre dernier cas, sur la ligne 47, sert donc à afficher un message d'erreur, et à arrêter la fonction avec un code d'échec.

Après clôture avec `esac` et `done` de la lecture des options, il nous reste à traiter les autres arguments qui se trouvent sur la ligne de commande, ceux qui ne sont pas des options, c'est-à-dire les noms de fichiers ou de répertoires qu'il faut supprimer ou récupérer.

Lorsqu'un script (ou une fonction) est invoqué, les arguments lui sont transmis dans des variables spéciales. Ces variables, accessibles uniquement en lecture, sont représentées par le numéro de l'argument sur la ligne de commande. Ainsi, `$1` renvoie la valeur du premier argument, `$2` celle du deuxième, et ainsi de suite. Nous verrons ultérieurement qu'il existe aussi des variables spéciales, accessibles avec `$0`, `$#`, `$*` et `$@`, qui aident à manipuler ces arguments.

La boucle `while` autour de `getopts` a parcouru toutes les options qui se trouvent en début de ligne de commande, puis elle se termine dès que `getopts` rencontre un argument qui ne commence pas par un tiret. Avant d'analyser un argument, `getopts` stocke son indice dans la variable `OPTIND`, que nous avions initialisée à zéro à la ligne 14. Si les n premiers arguments de la ligne de commande sont des options valides, en sortie de la boucle `while`, la variable `OPTIND` vaut $n+1$. Il est donc à présent nécessaire de sauter les `OPTIND`-1 premiers arguments pour passer aux noms de fichiers ou de répertoires. C'est ce qui est réalisé sur la ligne 51 :

```
shift $(($OPTIND - 1))
```

La construction `$(( ))` encadre une expression arithmétique que le shell doit interpréter. Ici, il s'agit donc simplement du nombre d'arguments à éliminer, soit `$OPTIND-1`. La commande `shift` n décale les arguments en supprimant les n premiers.

Nous allons entrer à présent dans le vif du sujet, avec les fonctionnalités véritables du script. Toutefois, nous allons auparavant créer le répertoire de sauvegarde, s'il n'existe pas encore. Cela nous évitera de devoir vérifier sa présence à plusieurs reprises dans le reste du programme. Nous voyons donc apparaître sur les lignes 54 à 56 une nouvelle structure de contrôle, le test `if-then-else`. Sa syntaxe est la suivante :

```
if condition
then
    action
else
    autre action
fi
```

On regroupe souvent les deux premières lignes en une seule, en séparant les deux commandes par un point-virgule, comme ceci :

```
if condition ; then
    action
else
    autre action
fi
```

Si la condition est évaluée à une valeur vraie, la première action est exécutée. Sinon, le contrôle passe à la seconde partie, après le `else`. Dans notre cas, la condition est représentée par une expression a priori surprenante :

```
[ ! -d "$sauvegarde_rm" ]
```

En fait, la construction `[ ]` représente un test. Il existe d'ailleurs un synonyme de cette construction qui s'écrit `test`. On pourrait donc formuler notre expression comme ceci :

```
test ! -d "$sauvegarde_rm"
```

L'emploi des crochets est plus répandu, peut-être par souci de concision. On notera qu'il ne s'agit pas simplement de caractères d'encadrement comme `( )` ou `{ }`, mais bien d'une construction logique complète, chaque caractère étant indépendant. Cela signifie que les deux crochets doivent être entourés d'espaces. Il ne faut pas essayer de les coller à leur contenu comme on pourrait avoir tendance à le faire : `[! -d "$sauvegarde_rm"]`, le shell ne le permet pas.

L'option `-d` du test permet de vérifier si le nom fourni en argument est bien un répertoire existant. Le point d'exclamation qui se trouve au début sert à inverser le résultat du test. Les lignes 54 à 56 peuvent donc s'exprimer ainsi :

si le répertoire `$sauvegarde_rm` *n'existe pas, alors*

```
mkdir "$sauvegarde_rm"
```

fin

On pourrait améliorer cette création de deux manières :

- Il serait bon de vérifier si `mkdir` a réussi la création. S'il existe déjà un fichier normal qui a le nom prévu pour le répertoire de sauvegarde, ou si l'utilisateur n'a pas de droit d'écriture sur le répertoire parent, cette commande peut en effet échouer. Il faudrait alors en tenir compte pour son comportement ultérieur.

- Pour garder une certaine confidentialité aux fichiers supprimés, il serait bon de protéger le répertoire contre les accès des autres utilisateurs. On pourrait prévoir une commande `chmod 700 "$sauvegarde_rm"` après la création.

Nous pouvons commencer à présent à faire agir le script en fonction des options réclamées. Tout d'abord, les lignes 59 à 62 gèrent l'option de vidage de la corbeille :

```
59        if [ $opt_empty -ne 0 ] ; then
60            /bin/rm -rf "$sauvegarde_rm"
61            return 0
62        fi
```

Le test [xxx -ne yyy] est une comparaison arithmétique entre xxx et yyy. Il renvoie une valeur vraie si les deux éléments sont différents (*not equal*). En d'autres termes, ces lignes signifient :

si la variable représentant l'option empty n'est pas nulle, alors

    effacer le répertoire de sauvegarde

    quitter la fonction en indiquant une réussite

fin

La deuxième option que nous traitons est la demande d'affichage du contenu de la corbeille. Pour ce faire, nous employons les lignes 66 et 67 :

```
( cd "$sauvegarde_rm"
ls -lRa * )
```

Elles correspondent à un déplacement vers le répertoire de sauvegarde, et à un affichage récursif de son contenu et de celui des sous-répertoires. Nous avons encadré ces deux lignes par des parenthèses. On demande ainsi au shell de les exécuter dans un *sous-shell* indépendant, ce qui présente l'avantage de ne pas modifier le répertoire de travail du shell principal. Un nouveau processus est donc créé, et seul le répertoire de travail de ce processus est modifié.

L'option traitée ensuite est la récupération de fichiers ou de répertoires effacés. Une boucle s'étend des lignes 72 à 75 :

```
    while [ -n "$1" ] ; do
        mv "${sauvegarde_rm}/$1" .
        shift
    done
```

Le test [-n "$1"] vérifie si la longueur de la chaîne "$1" est non nulle. Ce test réussit donc tant qu'il reste au moins un argument à traiter. L'instruction shift que l'on trouve sur la ligne 74 sert à éliminer l'argument que l'on vient de traiter. Cette boucle permet ainsi de balayer tous les noms de fichiers ou de répertoires un par un. La ligne 73 essaie de récupérer dans le répertoire sauvegarde_rm un éventuel fichier sauvegardé, en le déplaçant vers le répertoire courant. Remarquons qu'il est tout à fait possible, avec cette même commande, de récupérer des arborescences complètes, y compris les sous-répertoires.

La portion du programme qui s'occupe des suppressions se situe entre les lignes 80 et 102. Elle est construite au sein d'une boucle while-do qui balaie les noms des fichiers et des répertoires indiqués sur la ligne de commande.

Une première étape consiste à interroger l'utilisateur si l'option interactive a été réclamée, et si l'option force ne l'a pas été. Nous voyons au passage comment deux conditions peuvent être regroupées par un *ET* logique au sein d'un test. Nous reviendrons sur ce mécanisme ultérieurement.

Après déclaration d'une variable locale, et affichage d'un message d'interrogation (avec l'option -n de echo pour éviter d'aller à la ligne), le script invoque la commande shell read. Cette dernière lit une ligne et la place dans la variable indiquée en argument.

Nous comparons alors cette réponse avec quatre chaînes possibles : y, Y, o, et O. L'opérateur de comparaison des chaînes est =, et son inverse est !=. Si la réponse ne correspond à aucune de ces possibilités, nous invoquons d'abord shift, pour décaler les arguments, puis la commande continue qui nous permet de revenir au début de la boucle while. Les arguments pour lesquels l'utilisateur n'a pas répondu par l'affirmative sont ainsi « oubliés ».

La deuxième vérification concerne les répertoires. Ceux-ci, en effet, ne peuvent être effacés qu'avec l'option recursive. Si le test de la ligne 92 échoue, l'argument est ignoré et on passe au suivant.

Si on a réclamé un comportement volubile du programme (option -v ou --verbose), on affiche le nom du fichier ou du répertoire traité avant de poursuivre. Puis, les lignes 100 et 101 déplacent effectivement le fichier, et passent à l'argument suivant.

La fonction qui remplace la commande rm est donc à présent écrite. Lorsque le script est exécuté à l'aide de l'instruction source ou de « . », il place cette fonction dans la mémoire du shell ; elle est prête à être invoquée à la place de rm. Il demeure toutefois une dernière ligne apparemment mystérieuse :

```
trap "/bin/rm -rf $sauvegarde_rm" EXIT
```

Cette ligne est exécutée directement par le shell lorsque nous appelons notre script. La commande trap permet d'assurer une gestion minimale des signaux. Voici sa syntaxe générale :

```
trap commande signal
```

Lorsque le shell recevra le *signal* indiqué, il déroutera son exécution pour réaliser immédiatement la *commande* passée en argument. Les signaux permettent une communication entre processus, et surtout une prise en compte asynchrone des événements qu'un logiciel peut être amené à rencontrer (interruption d'une ligne de communication, fin d'une temporisation, dépassement d'une limite d'occupation du disque, etc.). Nous reviendrons plus en détail sur la gestion des signaux ultérieurement. Ici, la commande trap nous sert à intercepter un pseudo-signal simulé par le shell. En effet, avant que le shell ne se termine, il simule l'émission d'un signal nommé EXIT. La commande passée en argument est donc exécutée juste avant de refermer une session de travail. Elle sert à effacer le répertoire de sauvegarde.

Cette ligne est bien entendu optionnelle, mais je conseille de la conserver, car elle évite à l'utilisateur de devoir vider explicitement sa corbeille (manuellement ou d'une manière programmée à l'aide de la crontab).

Performances

L'utilitaire rm_secure n'a pas pour objet de fournir une récupération des fichiers sur du long terme. Ce rôle est dévolu aux mécanismes de sauvegarde périodique du système. En fait, rm_secure est conçu comme une sorte de commande *Contrôle-Z* ou *Édition/Annuler* qui permet de corriger immédiatement une erreur de frappe ayant entraîné la destruction involontaire d'un fichier. En tenant compte de ses spécificités, chacun est toujours libre de modifier le script à sa convenance pour l'adapter à un cas particulier.

Il faut aussi être conscient que, dans un environnement graphique X Window, où plusieurs fenêtres xterm sont utilisées simultanément, dès que l'on ferme l'une d'entre elles, la commande d'effacement est invoquée, détruisant le répertoire de sauvegarde commun à toutes les fenêtres. Si ce point pose un problème, il est malgré tout possible de créer un répertoire de sauvegarde pour chaque instance indépendante du shell. On obtient cela en ajoutant au nom du répertoire un suffixe qui représente le *PID* du shell, en remplaçant la première ligne du script par :

```
sauvegarde_rm=~/.rm_saved_$$/
```

Un tel script a pour vocation de rester le plus discret possible vis-à-vis de l'utilisateur. Idéalement, on ne devrait se souvenir de sa présence que le jour où un fichier vient d'être effacé maladroitement. Il faut donc éviter de ralentir le fonctionnement de la commande `rm` originale. À cet effet, nous avons fait le choix de déplacer les fichiers avec `mv` plutôt que de les copier avec `cp`, ou des les archiver avec `tar`. Lorsque le fichier qu'il faut supprimer se trouve sur le même système de fichiers que le répertoire de sauvegarde, la commande `mv` agit instantanément, car elle ne doit modifier que le nom du fichier dans l'arborescence, et pas son contenu. Il s'agit du cas le plus courant pour les utilisateurs normaux, dont les répertoires personnels et tous les descendants se trouvent généralement sur la même partition. Pour *root*, en revanche, la situation est autre, car ce dernier doit souvent intervenir sur des répertoires qui se trouvent sur des partitions différentes. La commande `mv` ne peut plus simplement déplacer le fichier, mais est obligée de le copier, puis de supprimer l'original. Dans ce cas, notre script induit un ralentissement sensible, notamment lorsqu'on agit sur des hiérarchies complètes (par exemple, en supprimant toute l'arborescence des sources d'un programme) ou sur des fichiers volumineux (`core`, par exemple). On peut choisir de désactiver l'emploi de `rm_secure` pour *root*, en partant du principe que toute action entreprise sous ce compte est potentiellement dangereuse, et nécessite une attention accrue à tout moment.

Idéalement, la connexion *root* sur un système Unix ou Linux qui compte peu d'utilisateurs devrait être réservée à l'installation ou à la suppression de paquetages logiciels, à l'ajout d'utilisateur et à l'édition de fichiers de configuration (connexion distante, adressage réseau…). Dans tous ces cas, on n'intervient que sur des fichiers dont une copie existe « ailleurs » (CD, bande de sauvegarde, Internet). Théoriquement, *root* ne devrait jamais se déplacer – et encore moins toucher aux fichiers – dans les répertoires personnels des utilisateurs où l'on trouve des données n'existant qu'en un seul exemplaire (fichiers source, textes, e-mail…). Théoriquement…

Exemple d'exécution

Voici, en conclusion de ce survol d'un script pour shell, un exemple d'utilisation. Nous supposons que les fichiers d'initialisation (`~/.profile` ou `~/.bashrc`), exécutés lors du démarrage des sessions interactives du shell, contiennent une ligne qui permette d'invoquer le script, à la manière de `. ~/bin/rm_secure.sh`. Nous considérons donc que la fonction `rm` définie précédemment est présente dans l'environnement, et a préséance sur le fichier exécutable `/bin/rm`.

```
$ ls
rm_secure.sh  rm_secure.sh.bak
```

Je souhaite ne supprimer que le fichier de sauvegarde, et j'appelle donc `rm *.bak` pour éviter de saisir son nom en entier. Hélas, j'introduis par erreur un caractère espace après l'astérisque.

```
$ rm * .bak
mv:.bak.: Aucun fichier ou répertoire de ce type
$ ls
$
```

Aïe ! Il ne me reste plus qu'à compter sur l'aide de notre script. Commençons par nous remémorer ses options :

```
$ rm --help
Usage: /bin/rm [OPTION]... FICHIER...
Enlever (unlink) les FICHIER(s).

  -d, --directory      enlever le répertoire, même si non vide
                       (usager root seulement)
  -f, --force          ignorer les fichiers inexistants,
                       ne pas demander de confirmation
  -i, --interactive    demander confirmation avant destruction
  -r, -R, --recursive  enlever les répertoires récursivement
  -v, --verbose        en mode bavard expliquer ce qui est fait
      --help           afficher l'aide-mémoire
      --version        afficher le nom et la version du logiciel
Rapporter toutes anomalies à <bug-fileutils@gnu.org>.
rm_secure:
  -e --empty      vider la corbeille
  -l --list       voir les fichiers sauvés
  -s, --restore   récupérer des fichiers
$ rm -l
-rwxr-xr-x cpb/cpb     2266 2007-09-01 19:39:14 rm_secure.sh
-rwxr-xr-x cpb/cpb     2266 2007-09-01 19:39:14 rm_secure.sh.bak
$ rm --restore rm_secure.sh
$ ls
rm_secure.sh
```

Ouf ! Le fichier est récupéré. Vérifions maintenant que le répertoire de sauvegarde est bien vidé automatiquement lors de la déconnexion :

```
$ rm --list
-rwxr-xr-x cpb/cpb    2266 2007-09-01 19:39:14 rm_secure.sh.bak
$ exit
```

Essayons de voir s'il reste des fichiers après une nouvelle connexion :

```
$ rm --list
ls: *: Aucun fichier ou répertoire de ce type
$
```

Ce dernier message n'est peut-être pas très heureux. Nous laisserons au lecteur le soin d'encadrer l'appel ls de la ligne 67 par un test if-then-fi qui affiche un message plus approprié si la commande ls signale une erreur (ne pas oublier de rediriger la sortie d'erreur standard de cette dernière commande vers /dev/null pour la dissimuler).

Conclusion

Avec ce chapitre d'introduction à la programmation shell, nous avons pu observer la structure des scripts, que nous pourrons étudier plus en détail par la suite.

On peut remarquer la concision de ce langage, qui permet de réaliser une tâche déjà respectable en une centaine de lignes de programmation. Et ce, en raison du niveau d'abstraction élevé des commandes employées. Par exemple, la suppression récursive d'un répertoire, comme nous l'avons vu dans la dernière ligne du script, demanderait au moins une vingtaine de lignes de programmation en C.

Les chapitres à venir vont nous permettre d'étudier la programmation shell d'une manière plus formelle, et plus complète.

Exercices

2.1 – Appel d'un script par « source » (facile)

Créez un script qui initialise une nouvelle variable avec une valeur arbitraire, puis affiche cette variable.

Lancez le script (après l'avoir rendu exécutable avec chmod) comme nous l'avons fait dans le chapitre 1. Une fois l'exécution terminée, essayez d'afficher le contenu de la variable :

initialise_et_affiche.sh

```
#! /bin/sh
```

```
ma_variable=2007
echo $ma_variable
```

```
$ chmod 755 initialise_et_affiche.sh

$ ./initialise_et_affiche.sh

2007

$ echo $ma_variable
```

Résultat ?

Essayez à présent d'exécuter le script avec l'invocation suivante :

```
$  .  initialise_et_affiche.sh
```

Et essayez ensuite de consulter le contenu de la variable.

N. B. : vous pouvez remplacer le « . » de l'invocation par le mot-clé « source » si vous travaillez avec bash.

2.2 – Utilisation de rm_secure.sh (plutôt facile)

Éditez le fichier de personnalisation de votre shell de connexion (.bashrc, .profile…) et insérez-y la ligne :

```
.  ~/bin/rm_secure.sh
```

Prenez soin de placer le script rm_secure.sh dans le sous-répertoire bin/ de votre répertoire personnel.

Reconnectez-vous, et essayez à présent d'appeler :

```
$ rm -v
```

pour vérifier si le script est bien appelé à la place de la commande rm habituelle.

Effectuez quelques essais d'effacement et de récupération de fichiers.

2.3 – Adaptation de rm_secure.sh (plutôt difficile)

En examinant le contenu du script rm_secure.sh, essayez d'y apporter quelques modifications (par exemple modifiez le répertoire de sauvegarde) et améliorations (par exemple la confidentialité sera augmentée si le script retire aux fichiers sauvegardés tous les droits d'accès, hormis à leur propriétaire).

3

Évaluation d'expressions

Une part importante de la programmation de scripts repose sur une bonne compréhension des mécanismes qui permettent au shell d'évaluer correctement les expressions reçues. Nous allons donc commencer par étudier l'utilisation des variables, avant d'observer en détail les évaluations d'expressions. Une fois que cela aura été effectué, l'étude des structures de contrôle et des fonctions internes du shell sera plus facile, et nous serons à même de réaliser de véritables scripts.

Variables

La programmation sous shell nécessite naturellement des variables pour stocker des informations temporaires, accéder à des paramètres, etc. Par défaut, les variables utilisées dans les scripts shell ne sont pas typées. Le contenu d'une variable est considéré comme une chaîne de caractères, sauf si on indique explicitement qu'elle doit être traitée comme une variable entière qui peut être utilisée dans des calculs arithmétiques. De plus, le shell ne permet pas de manipuler directement de données en virgule flottante (sauf les versions récentes de Ksh, mais sans garantie de portabilité).

Nous verrons plus avant comment il convient d'employer l'utilitaire bc au sein de scripts shell pour réaliser des opérations sur des nombres réels.

À la différence des langages compilés habituels, une variable n'a pas à être déclarée explicitement. Dès qu'on lui affecte une valeur, elle commence à exister. Cette affectation prend la forme `variable=valeur` sans espaces autour du signe égal. Le message d'erreur « *i: command not found* » est peut-être le plus célèbre parmi les utilisateurs du shell :

```
$  i  =  1
bash: i: command not found
$
```

À cause des espaces autour du signe égal, Bash a cru que l'on essayait d'invoquer la commande i en lui transmettant les arguments = et 1. La bonne syntaxe est la suivante :

```
$  i=1
$
```

Pour accéder au contenu d'une variable, il suffit de préfixer son nom avec le caractère $. Il ne faut pas confondre ce préfixe des variables avec le symbole d'invite du shell, qui est généralement le même caractère $. La commande echo affiche simplement le contenu de sa ligne de commande :

```
$  echo $i
1
$
```

Le nom attribué à une variable peut contenir des lettres, des chiffres, ou le caractère souligné « _ ». Il ne doit toutefois pas commencer par un chiffre. Voyons quelques exemples :

```
$  variable=12
$  echo $variable
12
$
```

Il faut bien comprendre que le shell a remplacé la chaîne $variable par sa valeur, 12, avant d'appeler la commande echo. Cette dernière a donc été invoquée par la ligne de commande echo 12.

```
$  variable=abc def
bash: def: command not found
$
```

Ici, le shell n'a pas pu interpréter correctement cette ligne, car il a cru qu'elle se composait d'une affectation `variable=abc`, suivie d'une commande nommée `def` (syntaxe rarement utilisée mais autorisée). Il faut lui indiquer que les mots à droite du signe égal forment une seule chaîne de caractères. On emploie pour cela les guillemets droits :

```
$ variable="abc def"
$ echo $variable
abc def
$
```

Nous pouvons vérifier qu'une variable qui n'a jamais été affectée est considérée comme une chaîne vide :

```
$ echo $inexistante

$
```

Une variable à laquelle on affecte une chaîne vide existe quand même. La différence entre une variable inexistante et une variable vide peut être mise en évidence à l'aide de certaines options des constructions de test, ou par l'intermédiaire d'une configuration particulière du shell qui déclenchera une erreur si on essaie de lire le contenu d'une variable inexistante. Cette configuration s'obtient au moyen de la commande interne `set` (que nous détaillerons dans le chapitre 5) et de son option `-u`.

```
$ set -u
$ echo $inexistante
bash: inexistante: unbound variable
$ vide=
$ echo $vide

$
```

Précisions sur l'opérateur $

On consulte le contenu d'une variable à l'aide de l'opérateur `$`. Toutefois, la forme `$variable`, même si elle est la plus courante, est loin d'être la seule, et l'opérateur `$` propose des fonctionnalités d'une richesse surprenante.

Délimitation du nom de variable

Tout d'abord, la construction `${variable}` est une généralisation de `$variable`, qui permet de délimiter précisément le nom de la variable, dans le cas où on souhaiterait le coller à un autre élément. Par exemple, supposons que nous souhaitions classer les fichiers source d'une bibliothèque de fonctions, en leur ajoutant un préfixe qui corresponde au projet auquel ils appartiennent. Nous pourrions obtenir une séquence du type :

```
$  PREFIXE=projet1
$  FICHIER=source1.c
$  NOUVEAU_FICHIER=$PREFIXE_$FICHIER
```

On espère obtenir « `projet1_source1.c` » dans la variable `NOUVEAU_FICHIER`, mais malheureusement ce n'est pas le cas :

```
$  echo $NOUVEAU_FICHIER
source1.c
$
```

Le fait d'avoir accolé directement `$PREFIXE`, le caractère souligné et `$FICHIER` ne fonctionne pas comme nous l'attendions : le shell a bien remarqué qu'il y a deux opérateurs `$` agissant chacun sur un nom de variable, mais seul le second a été correctement remplacé. En effet, le caractère souligné que nous avons ajouté comme séparateur entre le préfixe et le nom du fichier a été considéré comme appartenant au nom de la première variable. Ainsi le shell a-t-il recherché une variable nommée `PREFIXE_` et n'en a évidemment pas trouvé.

La raison en est que le caractère souligné n'est pas un caractère séparateur pour le shell, et qu'on peut le rencontrer dans les noms de variables. Si nous avions utilisé un caractère interdit dans ces noms, nous n'aurions pas eu le même problème, car le premier nom de variable aurait été clairement délimité :

```
$  echo $PREFIXE.$FICHIER
projet1.source1.c
$  echo $PREFIXE@$FICHIER
projet1@source1.c
$  echo $PREFIXE-$FICHIER
projet1-source1.c
$
```

On pourrait même utiliser les guillemets droits pour encadrer le caractère souligné afin de le séparer du nom de la variable. Ce mécanisme sera détaillé plus avant, lorsque nous étudierons les méthodes de protection des caractères spéciaux.

```
$ echo $PREFIXE"_"$FICHIER
projet1_source1.c
$
```

Quoi qu'il en soit, il arrive que l'on doive ajouter des caractères à la fin d'un nom de variable, et l'opérateur ${ } est alors utilisé à la place du simple $ pour marquer les limites. Ainsi, on peut utiliser :

```
$ echo ${PREFIXE}_$FICHIER
projet1_source1.c
$
```

ou des constructions comme :

```
$ singulier=mot
$ pluriel=${singulier}s
$ echo $pluriel
mots
$
```

Extraction de sous-chaînes et recherche de motifs

Les shells récents offrent une possibilité d'extraction automatique de sous-chaînes de caractères au sein d'une variable. La version la plus simple s'appuie sur l'option « : » de l'opérateur ${}. Ainsi l'expression ${variable:debut:longueur} est-elle automatiquement remplacée par la sous-chaîne qui commence à l'emplacement indiqué en seconde position, et qui contient le nombre de caractères indiqué en dernière position. La numérotation des caractères commence à zéro. Si la longueur n'est pas mentionnée, on extrait la sous-chaîne qui s'étend jusqu'à la fin de la variable. En voici quelques exemples :

```
$ variable=ABCDEFGHIJKLMNOPQRSTUVWXYZ
$ echo ${variable:5:2}
FG
$ echo ${variable:20}
UVWXYZ
$
```

Cette extraction n'est pas décrite dans les spécifications Single Unix version 3, et on lui accordera donc une confiance limitée en ce qui concerne la portabilité.

Ce mécanisme fonctionne sans surprise, mais n'est pas aussi utile, dans le cadre de la programmation shell, que l'on pourrait le croire au premier abord. Dans nos scripts, nous manipulons en effet souvent des noms de fichiers ou des adresses réseau, et une autre possibilité d'extraction de sous-chaîne se révèle en général plus adaptée : elle repose sur l'emploi de motifs qui sont construits de la même manière que lors des recherches de noms de fichiers en ligne de commande. Ces motifs peuvent contenir des caractères génériques particuliers :

- Le caractère * correspond à n'importe quelle chaîne de caractères (éventuellement vide).

- Le caractère ? correspond à n'importe quel caractère.

- Le caractère \ permet de désactiver l'interprétation particulière du caractère suivant. Ainsi, la séquence * correspond à l'astérisque, \? au point d'interrogation et \\ au caractère *backslash* (barre oblique inverse).

- Les crochets [et] encadrant une liste de caractères représentent n'importe quel caractère contenu dans cette liste. La liste peut contenir un intervalle indiqué par un tiret comme A-Z. Si l'on veut inclure les caractères - ou] dans la liste, il faut les placer en première ou en dernière position. Les caractères ^ ou ! en tête de liste indiquent que la correspondance se fait avec n'importe quel caractère qui n'appartient pas à l'ensemble.

L'extraction de motifs peut se faire en début, en fin, ou au sein d'une variable. Il s'agit notamment d'une technique très précieuse pour manipuler les préfixes ou les suffixes des noms de fichiers.

L'expression `${variable#motif}` est remplacée par la valeur de la variable, de laquelle on ôte la chaîne initiale la plus courte qui corresponde au motif :

```
$  variable=AZERTYUIOPAZERTYUIOP
$  echo ${variable#AZE}
RTYUIOPAZERTYUIOP
```

La portion initiale AZE a été supprimée.

```
$  echo ${variable#*T}
YUIOPAZERTYUIOP
```

Tout a été supprimé jusqu'au premier T.

```
$  echo ${variable#*[MNOP]}
PAZERTYUIOP
```

Élimination du préfixe jusqu'à la première lettre contenue dans l'intervalle.

```
$ echo ${variable#*}
AZERTYUIOPAZERTYUIOP
```

Suppression de la plus petite chaîne quelconque, en l'occurrence la chaîne vide, et il n'y a donc pas d'élimination de préfixe.

Tableau 3-1 : Actions de l'opérateur ${...#...}

variable	AZERTYUIOPAZERTYUIOP
${variable#AZE}	RTYUIOPAZERTYUIOP
${variable#*T}	YUIOPAZERTYUIOP
${variable#*[MNOP]}	PAZERTYUIOP
${variable#*}	AZERTYUIOPAZERTYUIOP

L'expression `${variable##motif}` sert à éliminer le plus long préfixe correspondant au motif transmis. Ainsi, les exemples précédents nous donnent :

```
$ echo ${variable##AZE}
RTYUIOPAZERTYUIOP
```

La chaîne `AZE` ne peut correspondre qu'aux trois premières lettres ; pas de changement par rapport à l'opérateur précédent.

```
$ echo ${variable##*T}
YUIOP
```

Cette fois-ci, le motif absorbe le plus long préfixe qui se termine par un `T`.

```
$ echo ${variable##*[MNOP]}
```

Le plus long préfixe se terminant par `M`, `N`, `O` ou `P` correspond à la chaîne elle-même, puisqu'elle se finit par `P`. L'expression renvoie donc une chaîne vide.

```
$ echo ${variable##*}
```

De même, la suppression de la plus longue chaîne initiale, composée de caractères quelconques, renvoie une chaîne vide.

Tableau 3-2 : Actions de l'opérateur ${…##…}

`variable`	`AZERTYUIOPAZERTYUIOP`
`${variable##AZE}`	`RTYUIOPAZERTYUIOP`
`${variable##*T}`	`YUIOP`
`${variable##*[MNOP]}`	
`${variable##*}`	

Symétriquement, les expressions `${variable%motif}` et `${variable%%motif}` correspondent au contenu de la variable indiquée, qui est débarrassé, respectivement, du plus
court et du plus long suffixe correspondant au motif transmis.

En voici quelques exemples :

```
$  variable=AZERTYUIOPAZERTYUIOP
$  echo ${variable%IOP*}
AZERTYUIOPAZERTYU
$  echo ${variable%%IOP*}
AZERTYU
$  echo ${variable%[X-Z]*}
AZERTYUIOPAZERT
$  echo ${variable%%[X-Z]*}
A
$  echo ${variable%*}
AZERTYUIOPAZERTYUIOP
$  echo ${variable%%*}

$
```

Tableau 3-3 : Actions des opérateurs ${…%…} et ${…%%…}

`Variable`	`AZERTYUIOPAZERTYUIOP`
`${variable%IOP*}`	`AZERTYUIOPAZERTYU`
`${variable%%IOP*}`	`AZERTYU`
`${variable%[X-Z]*}`	`AZERTYUIOPAZERT`
`${variable%%[X-Z]*}`	`A`
`${variable%*}`	`AZERTYUIOPAZERTYUIOP`
`${variable%%*}`	

Un opérateur est apparu dans Bash 2, qui permet de remplacer une portion de chaîne grâce aux expressions :

- `${variable/motif/remplacement}` qui permet de remplacer la première occurrence du motif par la chaîne fournie en troisième position.

- `${variable//motif/remplacement}` qui remplace toutes les occurrences du motif.

Cet opérateur remplace la plus longue sous-chaîne possible correspondant au motif. Il est présent dans les shells Bash, Korn 93 et Zsh, mais n'est pas normalisé par Single Unix version 3, et de légères divergences sont susceptibles d'apparaître entre les différentes implémentations.

Voyons quelques utilisations classiques de ces opérateurs :

Afficher le répertoire de travail en cours, en remplaçant le répertoire personnel par le symbole ~ : `${PWD/$HOME/~}`

```
$ cd /etc/X11
$ echo ${PWD/$HOME/~}
/etc/X11
$ cd
$ echo ${PWD/$HOME/~}
~
$ cd Doc/ScriptLinux/
$ echo ${PWD/$HOME/~}
~/Doc/ScriptLinux
$
```

Retrouver le nom de *login* dans une adresse *e-mail* : `${adresse%%@*}`

```
$ adresse=utilisateur@machine.org
$ echo ${adresse%%@*}
utilisateur
$ adresse=utilisateur
$ echo ${adresse%%@*}
utilisateur
$
```

Récupérer le nom d'hôte dans une adresse complète de machine : `${adresse%%.*}`

```
$   adresse=machine.entreprise.com
$   echo ${adresse%%.*}
machine
$   adresse=machine
$   echo ${adresse%%.*}
machine
$
```

Obtenir le nom d'un fichier débarrassé de son chemin d'accès : `${fichier##*/}`

```
$   fichier=/usr/src/linux/kernel/sys.c
$   echo ${fichier##*/}
sys.c
$   fichier=programme.sh
$   echo ${fichier##*/}
programme.sh
$
```

Éliminer l'extension éventuelle d'un nom de fichier : `${fichier%.*}`

```
$   fichier=module1.c
$   echo ${fichier%.*}
module1
$   fichier=projet.module.h
$   echo ${fichier%.*}
projet.module
$   fichier=module
$   echo ${fichier%.*}
module
$
```

Renommer tous les fichiers, dont l'extension est `.tgz`, qui se trouvent dans le répertoire courant en fichiers `.tar.gz` :

```
$ ls *.TGZ
a.TGZ b.TGZ
$ for i in *.TGZ ; do mv $i ${i%TGZ}tar.gz ; done
$ ls *.tar.gz
a.tar.gz b.tar.gz
$
```

Il est également possible d'enchaîner les opérateurs ${…#…}, ${…##…}, ${…%…} et ${…%%…} pour accéder à divers constituants d'une chaîne de caractères. Par exemple, le script suivant va recevoir sur son entrée standard un article *Usenet*, et extraire la liste des serveurs *NNTP* par lesquels il est passé. Pour ce faire, il recherche une ligne qui soit constituée ainsi :

```
Path: serveur_final!precedent!antepenultieme!deuxieme!premier!not-for-mail
```

Chaque serveur traversé par le message ajoute son identité en tête de cette chaîne.

Par convention, la chaîne Path se termine par un pseudo-serveur « not-for-mail ». Nous ne nous préoccupons pas de ce détail, et le considérerons comme un serveur normal.

Voici le script qui extrait automatiquement la liste des serveurs :

extraction_serveurs.sh :

```
 1    #! /bin/sh
 2
 3    ligne_path=$(grep "Path: ")
 4    liste_serveurs=${ligne_path##Path: }
 5    while [ -n "$liste_serveurs" ] ; do
 6      serveur=${liste_serveurs%%!*}
 7      liste_serveurs=${liste_serveurs#$serveur}
 8      liste_serveurs=${liste_serveurs#!}
 9      echo $serveur
10    done
```

La ligne 3 remplit la variable avec le résultat de la commande grep, qui recherche la ligne « Path: » sur son entrée standard ; nous verrons plus en détail cette syntaxe très prochainement. Cette commande donne le résultat suivant lorsqu'on l'applique à un message quelconque :

```
$ grep "Path: " message.news
Path: club-internet!grolier!brainstorm.fr!frmug.org!oleane!
news-raspail.gip.net!news-stkh.gip.net!news.gsl.net!gip.net
!masternews.telia.net!news.algonet.se!newsfeed1.telenordia.
se!algonet!newsfeed1.funet.fi!news.helsinki.fi!not-for-mail
$
```

La ligne 4 élimine le préfixe « Path: » dans cette ligne. La boucle while, qui s'étend de la ligne 5 à la ligne 10, se déroule tant que la variable liste_serveurs n'est pas une chaîne de longueur nulle.

Sur la ligne 6, nous extrayons le premier serveur, c'est-à-dire que nous supprimons le plus long suffixe commençant par un point d'exclamation. La ligne 7 nous permet de retirer ce serveur de la liste, puis la suivante retire l'éventuel point d'exclamation en tête de liste (qui sera absent lors de la dernière itération).

L'exécution de ce script donne le résultat suivant :

```
$  ./extraction_serveurs.sh < message.news
club-internet
grolier
brainstorm.fr
frmug.org
oleane
news-raspail.gip.net
news-stkh.gip.net
news.gsl.net
gip.net
masternews.telia.net
news.algonet.se
newsfeed1.telenordia.se
algonet
newsfeed1.funet.fi
news.helsinki.fi
not-for-mail
$
```

Les modificateurs #, ##, % et %% de l'opérateur $ sont, comme nous pouvons le constater, très puissants ; ils donnent accès à de sérieuses possibilités de manipulation des chaînes de caractères. Cela concerne l'extraction des champs contenus dans les lignes d'un fichier (/etc/passwd par exemple), l'automatisation d'analyse de courriers électroniques ou de groupes de discussion *Usenet*, ou le dépouillement de journaux de statistiques. Nous verrons que d'autres langages, comme Awk par exemple, sont plus adaptés pour certaines de ces tâches, mais il convient quand même de ne pas négliger les possibilités des scripts shell.

Longueur de chaîne

L'opérateur `$` offre aussi la possibilité de calculer automatiquement la longueur de la chaîne de caractères représentant le contenu d'une variable, grâce à sa forme `${#variable}`.

```
$  variable=azertyuiop
$  echo ${#variable}
10
$
```

La commande `grep`, utilisée précédemment, renvoyait une longue chaîne contenant tous les serveurs *NNTP* :

```
$  variable=$(grep Path message.news )
$  echo ${#variable}
236
$
```

Si la variable est numérique, sa longueur correspond à celle de la chaîne de caractères qui la représente. Cela est également vrai pour les variables qui sont explicitement déclarées arithmétiques. Par exemple, la variable `EUID` est une variable arithmétique définie automatiquement par le shell.

```
$  echo $EUID
500
$  echo ${#EUID}
3
$
```

Les variables vides ou non définies ont des longueurs nulles.

```
$  variable=
$  echo ${#variable}
0
$  echo ${#inexistante}
0
$
```

Actions par défaut

Lorsqu'un script fonde son comportement sur des variables qui sont fournies par l'utilisateur, il est important de pouvoir configurer une action par défaut, dans le cas où la variable n'aurait pas été remplie. L'opérateur `${ }` vient encore à notre aide avec l'appui de quatre modificateurs.

L'expression `${variable:-valeur}` prend la valeur indiquée à droite du modificateur `:-` si la variable n'existe pas, ou si elle est vide. Cela nous permet de fournir une valeur par défaut. Naturellement, si la variable existe et est non vide, l'expression renvoie son contenu :

```
$  variable=existante
$  echo ${variable:-defaut}
existante
$  variable=
$  echo ${variable:-defaut}
defaut
$  echo ${inexistante:-defaut}
defaut
$
```

Dans le script `rm_secure` du chapitre 2, nous avons fixé systématiquement en début de programme la variable `sauvegarde_rm=~/.rm_saved/`. Si le script se trouve dans un répertoire système (`/usr/local/bin`), l'utilisateur ne peut pas le modifier. Il peut toutefois préférer employer un autre répertoire pour la sauvegarde. Cela peut être réalisé en l'autorisant à fixer le contenu d'une variable d'environnement – disons `SAUVEGARDE_RM` - avant d'invoquer `rm_secure`. On utilisera alors le contenu de cette variable, sauf si elle est vide, auquel cas on emploiera la chaîne `~/.rm_saved/` par défaut. Ainsi la première ligne du script deviendrait-elle :

```
    1        sauvegarde_rm=${SAUVEGARDE_RM:-~/.rm_saved/}
```

L'emploi systématique de valeurs par défaut en début de script permet d'améliorer la robustesse du programme, et de le rendre plus souple, plus facile à configurer par l'utilisateur.

Le contenu même de la variable n'est pas modifié. Toutefois, il est des cas où cela serait préférable. La construction `${variable:=valeur}` peut être utilisée à cet effet. Si la variable n'existe pas ou si elle est vide, elle est alors remplie avec la valeur. Ensuite, dans tous les cas, le contenu de la variable est renvoyé.

```
$  echo $vide

$  echo ${vide:=contenu}
contenu
$  echo $vide
contenu
$
```

Lorsqu'il s'agit simplement de remplir la variable avec une valeur par défaut, le retour de l'expression ne nous intéresse pas. On ne peut toutefois pas l'ignorer purement et simplement, car le shell le considérerait comme une commande et déclencherait une erreur :

```
$    ${vide:=contenu}
bash: contenu: command not found
$
```

L'utilisation de la commande `echo`, même redirigée vers `/dev/null`, manque franchement d'élégance. Il est toutefois possible de demander au shell d'ignorer le résultat de l'évaluation de l'expression grâce à la commande interne deux-points « : » qui signifie « *aucune opération* ». En reprenant l'exemple `rm_secure`, on peut décider que l'utilisateur peut fixer directement le contenu de la variable `sauvegarde_rm` s'il le souhaite avant d'appeler le script. La première ligne deviendra donc :

```
   1       : ${sauvegarde_rm:=~/.rm_saved/}
```

Dans certaines situations, le script peut vraiment avoir besoin d'une valeur qu'il ne peut pas deviner. Si la variable en question n'existe pas, ou si elle est vide, le seul comportement possible est d'abandonner le travail en cours. La construction `${variable:?message}` réalise cette opération d'une manière simple et concise. Si la variable est définie et non vide, sa valeur est renvoyée. Sinon, le shell affiche le message fourni après le point d'interrogation, et abandonne le script ou la fonction en cours. Le message est préfixé du nom de la variable.

Comme précédemment, pour simplement vérifier si la variable est définie ou non, sans utiliser la valeur renvoyée, on peut utiliser la commande « : ». Nous allons insérer le test dans une petite fonction (définie directement sur la ligne de commande) pour vérifier que son exécution s'arrête bien quand le test échoue.

```
$   function ma_fonction
>   {
>     : ${ma_variable:?"n est pas définie"}
>     echo ma_variable = $ma_variable
>   }
$   ma_fonction
bash: ma_variable: n est pas définie
$   ma_variable=son_contenu
$   ma_fonction
ma_variable = son_contenu
$
```

Si le message n'est pas précisé, le shell en affiche un par défaut :

```
$   echo ${inexistante:?}
bash: inexistante: parameter null or not set
$
```

On dispose d'une dernière possibilité pour vérifier si une variable est définie ou non. Utilisée plus rarement, la construction ${variable:+valeur} renvoie la valeur fournie à droite du symbole :+ si la variable est définie et non vide, sinon elle renvoie une chaîne vide.

```
$   existante=4
$   echo ${existante:+1}
1
$   echo ${inexistante:+1}

$
```

Cette opération est surtout utile en la couplant avec le modificateur := pour obtenir une valeur précise si une variable est définie, et une autre valeur si elle ne l'est pas. Ici, la variable definie prendra pour valeur oui si var_testee est définie et non vide, et non dans le cas contraire :

```
$   var_testee=
$   definie=${var_testee:+oui}
$   : ${definie:=non}
$   echo $definie
non
$   var_testee=1
$   definie=${var_testee:+oui}
$   : ${definie:=non}
$   echo $definie
oui
$
```

Les quatre modificateurs précédents considèrent au même titre les variables indéfinies et les variables contenant une chaîne vide. Il existe quatre modificateurs similaires qui n'agissent que si la variable est vraiment indéfinie ; il s'agit de ${ - }, ${ = }, ${ ? }, et ${ + } :

```
$   unset indefinie
$   vide=""
$   echo ${indefinie-défaut}
défaut
$   echo ${vide-défaut}

$
```

Calcul arithmétique

Le shell permet de réaliser des calculs arithmétiques simples (on se limitera aux valeurs entières pour plus de portabilité), ce qui est parfois très précieux. Nous verrons plus avant que l'utilitaire système bc nous permettra de réaliser des opérations en virgule flottante.

Les calculs arithmétiques sont représentés par l'opérateur `$((opérations))`. Il est déconseillé d'utiliser sa forme ancienne, `$[opérations]`, car elle est considérée comme obsolète.

Les opérateurs arithmétiques disponibles sont les mêmes que dans la plupart des langages de programmation : `+`, `-`, `*`, et `/` pour les quatre opérations de base ; `%` pour le modulo ; `<<` et `>>` pour les décalages binaires à gauche et à droite ; `&`, `|`, et `^` pour les opérateurs binaires ; *Et*, *Ou* et *Ou Exclusif* ; et finalement `~` pour la négation binaire. Les opérateurs peuvent être regroupés entre parenthèses pour des questions de priorité. On peut placer des blancs (espaces) à volonté pour améliorer la lisibilité du code.

```
$  echo $((2 * (4 + (10/2)) - 1))
17
$  echo $((7 % 3))
1
```

Une constante numérique est considérée par défaut en base 10. Si elle commence par `0`, elle est considérée comme étant octale (base 8), et par `0x` comme hexadécimale (base 16). On peut aussi employer une représentation particulière `base#nombre` où l'on précise explicitement la base employée (jusqu'à 36 au maximum). Cela peut servir surtout pour manipuler des données binaires :

```
$  masque=2#000110
$  capteur=2#001010
$  echo $(($masque & $capteur))
2
$  echo $(($masque | $capteur))
14
$  echo $(($masque ^ $capteur))
12
$  echo $(($masque << 2))
24
$
```

Il arrive que les données numériques d'un calcul provienne d'un programme externe ou d'une saisie de l'utilisateur, et rien ne garantit qu'elles ne commenceront pas par un zéro, même si elles sont en décimal. Supposons que l'utilisateur remplisse la variable `x=010`, le calcul `$(($x+1))` renverrait le résultat (décimal) `9`, car le shell interpréterait le contenu de `x` comme une valeur octale. Pour éviter ceci, on peut forcer l'interprétation en décimal avec `$((10#$x+1))`. Ceci est utile lorsqu'on récupère des nombres provenant de fichiers formatés avec des colonnes de chiffres complétés à gauche par des zéros.

Les variables qui se trouvent à l'intérieur de la structure de calcul $(( ))$ ne sont pas tenues d'être précédées par le caractère $, mais cela améliore généralement la lisibilité du programme. Si la variable contient une chaîne de caractères représentant une opération, une différence entre les notations avec et sans $ peut apparaître par le jeu des priorités d'évaluation :

```
$  a=1+2
$  echo $((a))
3
$  echo $(($a))
3
```

Jusque-là aucune différence. Enchaînons avec une multiplication :

```
$  echo $(($a*2))
5
$  echo $((a*2))
6
$
```

La variable précédée du $ est remplacée par sa valeur littérale avant de faire l'évaluation globale. La variable sans $ est évaluée, puis son résultat est placé dans l'expression avant le calcul final.

Si une variable n'est pas définie, est vide, ou contient une chaîne non numérique, elle est interprétée comme une valeur nulle.

Il est aussi possible de réaliser, au sein de la structure $(( ))$, une ou plusieurs affectations de variables à l'aide de l'opérateur =.

```
$  echo $((x = 5 - 2))
3
$  echo $x
3
$  echo $((y = x * x + x + 1))
13
$  echo $y
13
$
```

Les affectations peuvent aussi se faire avec les raccourcis +=, -=, *=, /=, <<=, >>=, &=, |=, ^=. Par exemple, $((a+=4)) est équivalent à $((a=a+4)) ; $((a*=2)) équivaut à $((a=a*2)) ; ou encore $((masque&=0x01)) à $((masque=masque&0x01)).

Une affectation renvoie la valeur calculée, ce qui permet de la réutiliser dans une autre opération : `$((a*=b+=2))` correspond à `$((b=b+2))` suivie de `$((a=a*b))`. Bien entendu, ce genre d'écriture, franchement illisible, est totalement déconseillé.

La structure `$(( ))` peut également servir à vérifier des conditions arithmétiques. Les opérateurs de comparaison renvoient la valeur 1 pour indiquer qu'une condition est vérifiée, et 0 sinon. Il s'agit des comparaisons classiques `<`, `<=`, `>=`, `>`, ainsi que `==` pour l'égalité et `!=` pour la différence. Les conditions peuvent être associées par un *Et Logique* `&&` ou un *Ou Logique* `||`, ou encore être niées avec `!`.

```
$  echo $(((25 + 2) < 28))
1
$  echo $(((12 + 4) == 17))
0
$  echo $(((1 == 1) && (2 < 3)))
1
$
```

Nous verrons plus avant comment employer ces conditions dans des constructions `if-then`, `while-do`, etc.

Invocation de commande

Une dernière constructionn à base de l'opérateur `$` est appelée « substitution de commande ». Elle a la forme suivante : `$(commande)`. La forme `` `commande` ``, probablement héritée du shell C, est quant à elle peu recommandée, car moins lisible et difficile à imbriquer. La commande qui se trouve entre les parenthèses est exécutée, et tout ce qu'elle a écrit sur sa sortie standard est capturé et placé à son emplacement sur la ligne de commande. Par exemple l'invocation :

```
$  variable=$(ls -l)
```

placera le résultat de la commande `ls` dans la variable. Les caractères de saut de ligne qui se trouvent à la fin de la chaîne sont éliminés, mais ceux qui sont rencontrés dans le cours de la chaîne sont conservés. Lorsqu'on désire examiner le contenu d'une telle variable, il ne suffit donc pas d'appeler :

```
$  echo $variable
```

En effet, tout le contenu de la chaîne de caractères est ainsi placé sur la ligne de commande de `echo`, y compris les éventuelles successions d'espaces multiples, les tabulations et les retours à la ligne. Lors de l'interprétation de cette ligne de commande, le

shell va remplacer tous ces éléments, qu'il considère comme des séparateurs d'arguments,
par des espaces uniques. En voici un exemple :

```
$ cd /var/spool/lpd/
$ ls -l
total 3
drwxr-xr-x    2 root       lp             1024 Sep 21 13:59 lp0
-rw-r--r--    1 root       root              4 Oct  3 23:47 lpd.lock
drwxr-xr-x    2 root       lp             1024 Oct  2 18:35 photo
$ variable=$(ls -l)
$ echo $variable
total 3 drwxr-xr-x 2 root lp 1024 Sep 21 13:59 lp0 -rw-r--r-- 1 root root 4 Oct 3
23:47 lpd.lock drwxr-xr-x 2 root lp 1024 Oct 2 18:35 photo
$
```

Pour afficher correctement le contenu d'une variable qui renferme des espaces multiples,
des tabulations et des retours à la ligne, il faut que ce contenu soit protégé de l'interprétation du shell, ce qui s'obtient en l'encadrant par des guillemets. Nous reviendrons sur
ce mécanisme.

```
$ echo "$variable"
total 3
drwxr-xr-x    2 root       lp             1024 Sep 21 13:59 lp0
-rw-r--r--    1 root       root              4 Oct  3 23:47 lpd.lock
drwxr-xr-x    2 root       lp             1024 Oct  2 18:35 photo
$
```

Portées et attributs des variables

Les variables employées par le shell sont caractérisées par leur *portée*, c'est-à-dire par
une certaine visibilité dans les sous-processus, fonctions, etc.

Une variable qui est simplement définie avec une commande `variable=valeur`, sans autres
précisions, est accessible dans l'ensemble du processus en cours. Cela comprend les
fonctions que l'on peut invoquer :

```
$ var=123
$ function affiche_var
> {
>     echo $var
> }
```

```
$ affiche_var
123
$ var=456
$ affiche_var
456
$
```

La fonction a accès au contenu de la variable en lecture, mais aussi en écriture :

```
$ function modifie_var
> {
>    var=123
> }
$ var=456
$ echo $var
456
$ modifie_var
$ echo $var
123
$
```

Une fonction peut aussi définir une variable qui n'existait pas jusqu'alors, et qui sera désormais accessible par le reste du processus, même après la fin de la fonction. Pour observer ce phénomène, il faut configurer le shell avec la commande `set -u` pour qu'il fournisse un message d'erreur si on tente d'accéder à une variable indéfinie.

```
$ set -u
$ function definit_var
> {
>    nouvelle_var=123
> }
$ echo $nouvelle_var
bash: nouvelle_var: unbound variable
$ definit_var
$ echo $nouvelle_var
123
$
```

Une variable qui est définie sans autres précisions est partagée avec les scripts que l'on exécute avec la commande `source fichier` (ou le point `. fichier`). Nous avons utilisé cette propriété dans le script `rm_secure` du chapitre 2, et la variable `sauvegarde_rm`. En revanche, la variable n'est accessible ni par un script invoqué par l'intermédiaire d'un sous-processus, ni par le processus père qui a lancé le shell en cours.

Restriction de portée

La seule restriction possible de visibilité concerne les fonctions. Il est possible d'y déclarer des variables locales qui ne seront pas accessibles dans le processus supérieur. Elles seront en revanche parfaitement disponibles pour les sous-fonctions éventuellement invoquées.

Lorsqu'on déclare une variable avec le mot-clé `local`, et qu'elle existait déjà au niveau supérieur du script, la nouvelle instance masque la précédente jusqu'au retour de la fonction. Le script suivant va nous permettre de mettre en évidence ce comportement.

`var_locales.sh` :

```
 1    #! /bin/sh
 2
 3    function ma_fonction ()
 4    {
 5        local var="dans fonction"
 6        echo "  entrée dans ma_fonction"
 7        echo "  var = " $var
 8        echo "  appel de sous_fonction"
 9        sous_fonction
10        echo "  var = " $var
11        echo "  sortie de ma_fonction"
12    }
13
14    function sous_fonction ()
15    {
16        echo "    entrée dans sous_fonction"
17        echo "    var = " $var
18        echo "    modification de var"
19        var="dans sous_fonction"
20        echo "    var = " $var
21        echo "    sortie de sous_fonction"
22    }
23
24    echo "entrée dans le script"
25    var="dans le script"
26    echo "var = " $var
27    echo "appel de ma_fonction"
28    ma_fonction
29    echo "var = " $var
```

L'invocation résume bien l'accès uniquement local aux variables :

```
$ ./var_locales.sh
entrée dans le script
var =  dans le script
appel de ma_fonction
  entrée dans ma_fonction
  var =  dans fonction
  appel de sous_fonction
    entrée dans sous_fonction
    var =  dans fonction
    modification de var
    var =  dans sous_fonction
    sortie de sous_fonction
  var =  dans sous_fonction
  sortie de ma_fonction
var =  dans le script


$
```

On notera, toutefois, que le comportement des variables locales n'est pas tout à fait le même que dans d'autres langages de programmation. On peut constater que, dans les scripts shell, le masquage d'une variable globale par une variable locale concerne aussi les sous-fonctions qui peuvent être appelées à partir de la routine en question.

En C ou C++ par exemple, si une variable locale d'une routine a le même nom qu'une variable globale, la superposition ne recouvre que la portée de la routine en question, et pas les fonctions qu'elle peut appeler. En Perl et ses dérivés, les deux comportements sont possibles suivant l'emploi du mot-clé `local` ou de `my`.

Extension de portée – Environnement

Nous avons remarqué que, lorsqu'un processus lance un script par l'intermédiaire d'un appel `./script`, il ne lui transmet pas les variables définies d'une manière courante. Ces variables, en effet, sont placées en mémoire dans une zone de travail du shell, qui n'est pas copiée lorsqu'un nouveau processus démarre pour exécuter le script. Il est parfois indispensable de transmettre des données à ce nouveau script et il faut donc trouver un moyen de placer les variables dans une zone de mémoire qui sera copiée dans l'espace du nouveau processus. Cette zone existe : c'est l'*environnement* du processus.

L'environnement fait partie des éléments qui sont hérités lorsqu'un processus crée – grâce à l'appel système `fork()` – un nouveau processus fils. Pour qu'une variable y soit disponible, il faut qu'elle soit marquée comme *exportable*. On obtient cela tout simplement grâce à la commande interne export. Pour observer le comportement de ce mécanisme, nous définissons des variables, en exportons une partie, invoquons un nouveau shell (donc un sous-processus) et examinons celles qui sont visibles :

```
$ var1="variable non-exportée"
$ var2="première variable exportée"
$ export var2
$ export var3="seconde variable exportée"
$ /bin/sh
$ echo $var1

$ echo $var2
première variable exportée
$ echo $var3
seconde variable exportée
$
```

Une variable qui se trouve dans l'environnement, lors du démarrage d'un processus, est automatiquement exportée pour ses futurs processus fils. On peut le vérifier en continuant la manipulation et en invoquant un nouveau shell.

```
$ var2="variable modifiée dans le second shell"
$ /bin/sh
$ echo $var2
variable modifiée dans le second shell
$ echo $var3
seconde variable exportée
$ exit
exit
$
```

La variable var2 a été modifiée dans l'environnement du sous-shell (et de son fils), mais elle ne le sera pas dans l'environnement du shell original. Vérifions cela en remontant d'un niveau :

```
$ exit
exit
$ echo $var2
première variable exportée
$
```

La commande export marque les variables transmises en argument comme exportables
(par exemple, export var1 var2), mais peut aussi regrouper une ou plusieurs affectations
de variables sur la même ligne, par exemple :

```
$  export v1=1 v2=2
$  echo $v1 $v2
1 2
$
```

La fonction export offre plusieurs options avec lesquelles il est possible de manipuler
l'environnement.

« export -p » affiche la liste des éléments marqués comme exportables :

```
$  export -p
declare -x BASH_ENV="/home/ccb/.bashrc"
declare -x HISTFILESIZE="1000"
declare -x HISTSIZE="1000"
declare -x HOME="/home/ccb"
declare -x HOSTNAME="venux.ccb"
declare -x HOSTTYPE="i386"
declare -x INPUTRC="/etc/inputrc"
declare -x KDEDIR="/usr"
declare -x LANG="fr_FR"
declare -x LC_ALL="fr_FR"
declare -x LINGUAS="fr"
declare -x LOGNAME="ccb"
declare -x MAIL="/var/spool/mail/ccb"
declare -x OSTYPE="Linux"
declare -x PATH="/bin:/usr/bin:/usr/X11R6/bin:/usr/local/bin"
declare -x PS1="\$ "
declare -x QTDIR="/usr/lib/qt-2.0.1"
declare -x SHELL="/bin/bash"
declare  x SHLVL="1"
declare -x TERM="ansi"
declare -x USER="ccb"
declare -x USERNAME=""
$
```

On remarque que les variables sont précédées avec Bash d'un `declare -x` qui est synonyme de `export` pour ce shell. Avec Ksh les variables sont précédées du mot-clé `export`. On peut noter aussi que par convention le nom des variables d'environnement est écrit en majuscules. Ce n'est toutefois qu'une simple convention.

Les deux options suivantes de `export` sont spécifiques à Bash. L'option `export -n` enlève l'attribut « exportable » d'une variable. Elle n'est en revanche pas supprimée pour autant ; elle sera seulement indisponible dans les processus fils, comme en témoigne l'exemple suivant :

```
$  export var1="exportée"
$  /bin/sh
$  echo $var1
exportée
$  exit
exit
$  export -n var1
$  echo $var1
exportée
$  /bin/sh
$  echo $var1

$  exit
exit
$
```

`export -f` permet d'exporter une fonction. Par défaut, les fonctions ne sont pas copiées dans l'environnement du processus fils. La commande interne `declare -f` affiche la liste de celles qui sont définies dans la zone de travail en cours (mais pas nécessairement exportées). Nous voyons par exemple que, sur notre machine, la fonction `rm` définie dans le chapitre précédent n'est pas exportée dans l'environnement :

```
$  declare -f
declare -f rm ()
{
    local opt_force=0;
    local opt_interactive=0;
  ...
        mv -f "$1" "${sauvegarde_rm}/";
        shift;
    done
}
```

```
$ export -f
$ sh
$ declare -f
$ exit
exit
$
```

Pour qu'elle soit disponible dans un sous-shell, nous devons ajouter, dans le script rm_secure, la ligne suivante après la définition de la fonction :

```
106        export -f rm
```

De même, nous devons ajouter la commande export sur la ligne numéro 1 afin que la variable sauvegarde_rm soit également disponible dans les sous-shells.

Ainsi, lors de la connexion suivante, la fonction est bien disponible dans l'environnement des sous-shells :

```
$ export -f
declare -f rm ()
{
    local opt_force=0;
...
    done
}
$ sh
$ export -f
declare -f rm ()
{
    local opt_force=0;
...
    done
}
$ exit
exit
$
```

Les options de la commande export sont cumulables (par exemple, -f –n, pour annuler l'exportation d'une fonction). Le tableau suivant en rappelle la liste, ainsi que les options équivalentes de la commande declare de Bash (qui en compte d'autres que nous verrons ci-après). Pour cette dernière, une option précédée d'un + a l'effet inverse de l'option précédée d'un –.

Option export	Option declare	Signification
`export var`	`declare -x var`	Marque la variable pour qu'elle soit exportée dans l'environnement.
`export -p`	`declare`	Affiche la liste des éléments exportés.
`export -n var`	`declare +x var`	Retire l'attribut exportable de la variable.
`export -f fonct`	`declare -f fonct`	Exporte une fonction et non pas une variable.

Le contenu actuel de l'environnement peut aussi être consulté avec un utilitaire système nommé `printenv` sous Linux.

Il est important de bien comprendre qu'une variable exportée est simplement copiée depuis l'environnement de travail du shell père vers celui du shell fils. Elle n'est absolument pas partagée entre les deux processus, et aucune modification apportée dans le shell fils ne sera visible dans l'environnement du père.

Attributs des variables

Nous avons déjà vu qu'une variable pouvait être dotée d'un attribut « exportable » qui permet de la placer dans une zone mémoire qui sera copiée dans l'environnement de travail du processus. Deux autres attributs sont également disponibles, que l'on peut activer à l'aide de la commande `declare` de Bash ou `typeset` de Ksh.

Variable arithmétique

On peut indiquer avec `declare -i` ou `typeset -i` que le contenu d'une variable sera strictement arithmétique. Lors de l'affectation d'une valeur à cette variable, le shell procédera systématiquement à une phase d'évaluation arithmétique exactement semblable à ce qu'on obtient avec l'opérateur `$(( ))`. En fait, on peut considérer que, si une variable A est déclarée arithmétique, toute affectation du type A=xxx sera évaluée sous la forme A=$((xxx)).

Si la valeur que l'on essaie d'inscrire dans une variable arithmétique est une chaîne de caractères ou est indéfinie, la variable est remplie avec un zéro. Voici quelques exemples pour se fixer les idées : A est arithmétique, B et C ne le sont pas. On constate tout d'abord qu'une chaîne de caractères, « 1+1 » en l'occurrence, est évaluée différemment suivant le contexte.

```
$  declare -i A
$  A=1+1
$  echo $A
2
$  B=1+1
$  echo $B
1+1
$
```

Ce résultat a été obtenu avec Bash, mais le même comportement est observé avec Ksh en remplaçant `declare -i A` par `typeset -i A`.

Si on veut insérer des espaces dans la formule, il faut la regrouper en un seul bloc au moyen de guillemets ; nous reviendrons sur ce point ultérieurement.

```
$  A=4*7 + 67
sh: +: command not found
$  A="4*7 + 67"
$  echo $A
95
```

Lors de l'affectation d'une variable arithmétique, le contenu des variables éventuellement contenues dans l'expression est évalué sous forme arithmétique :

```
$  C=5*7
$  echo $C
5*7
$  A=C
$  echo $A
35
$
```

Nous pouvons d'ailleurs remarquer qu'à l'instar de la construction `$(( ))`, il n'était pas indispensable de mettre un `$` devant le `C` pour en prendre la valeur (cela améliorerait quand même la lisibilité). Vérifions finalement qu'une valeur non arithmétique est bien considérée comme un zéro :

```
$  A="ABC"
$  echo $A
0
$
```

Les commandes `declare -i` ou `typeset -i` seules affichent la liste des variables arithmétiques. La commande `declare +i var` avec Bash, ou `typeset +i var` avec Ksh, supprime l'attribut arithmétique d'une variable.

Les variables arithmétiques améliorent la lisibilité d'un script qui réalise de multiples calculs et en facilitent l'écriture.

Variable en lecture seule

L'option `-r` des commandes `declare` ou `typeset` permet de figer une variable afin qu'elle ne soit plus accessible qu'en lecture (ce qui en fait finalement une constante et non plus une variable !). Cela ne concerne toutefois que le processus en cours ; si la variable est exportée vers un shell fils, ce dernier pourra la modifier dans son propre environnement. Voyons quelques exemples :

```
$ A=Immuable
$ echo $A
Immuable
$ declare -r A
$ A=Modifiée
bash: A: read-only variable
$ echo $A
Immuable
$ unset A
unset: A: cannot unset: readonly variable
$ export A
$ sh
$ echo $A
Immuable
$ A=Changée
$ echo $A
Changée
$ exit
exit
$ echo $A
Immuable
$
```

Bash définit automatiquement quelques constantes non modifiables, concernant l'identification du processus en cours.

```
$ declare -r
declare -ri EUID="500"
declare -ri PPID="13881"
declare -ri UID="500"
$
```

On y recourt principalement pour définir des constantes en début de script, par exemple des limites ou des représentations symboliques de valeurs numériques. On peut alors les compléter avec l'option −i, qui indique qu'il s'agit de valeurs arithmétiques, par exemple :

```
declare -r  MSG_ACCUEIL="Entrez votre commande :"
declare -ri NB_PROCESSUS_MAX=256
declare -ri BIT_LECTURE=0x0200
declare -ri BIT_ECRITURE=0x0100
```

Paramètres

Dans la terminologie de la programmation shell, le concept de variable est inclus dans une notion plus large, celle de paramètres. Il s'agit pour l'essentiel de données en lecture seule, que le shell met à disposition pour que l'on puisse obtenir des informations sur l'exécution du script. Il en existe deux catégories : les paramètres *positionnels* et les paramètres *spéciaux*.

Paramètres positionnels

Les paramètres positionnels sont utilisés pour accéder aux informations qui sont fournies sur la ligne de commande lors de l'invocation d'un script, mais aussi aux arguments transmis à une fonction. Les arguments sont placés dans des paramètres qui peuvent être consultés avec la syntaxe $1, $2, $3, etc. Pour les paramètres positionnels, comme pour les paramètres spéciaux qui seront vus ci-après, l'affectation est ipso facto impossible, car on ne peut pas écrire 1=2 !

Le premier argument transmis est accessible en lisant $1, le deuxième dans $2, et ainsi de suite. Pour consulter le contenu d'un paramètre qui comporte plus d'un chiffre, il faut l'encadrer par des accolades ; ainsi, ${10} correspond bien au contenu du dixième argument, tandis que $10 est une chaîne constituée de la valeur du premier argument, suivie d'un zéro.

Par convention, l'argument numéro zéro contient toujours le nom du script tel qu'il a été invoqué. Le script suivant affiche les arguments existants, jusqu'au dixième, en vérifiant chaque fois si la chaîne correspondante n'est pas vide :

affiche_arguments.sh :

```
 1    #! /bin/sh
 2
 3    echo 0 : $0
 4    if [ -n "$1"  ] ; then echo 1  : $1   ; fi
 5    if [ -n "$2"  ] ; then echo 2  : $2   ; fi
 6    if [ -n "$3"  ] ; then echo 3  : $3   ; fi
 7    if [ -n "$4"  ] ; then echo 4  : $4   ; fi
 8    if [ -n "$5"  ] ; then echo 5  : $5   ; fi
 9    if [ -n "$6"  ] ; then echo 6  : $6   ; fi
10    if [ -n "$7"  ] ; then echo 7  : $7   ; fi
11    if [ -n "$8"  ] ; then echo 8  : $8   ; fi
12    if [ -n "$9"  ] ; then echo 9  : $9   ; fi
13    if [ -n "${10}" ] ; then echo 10 : ${10} ; fi
```

Ce script n'est ni élégant ni très efficace, mais nous en verrons une version améliorée plus bas. Il permet quand même de récupérer le contenu des arguments :

```
$  ./affiche_arguments.sh
0 : ./affiche_arguments.sh
$  ./affiche_arguments.sh premier deuxième troisième
0 : ./affiche_arguments.sh
1 : premier
2 : deuxième
3 : troisième
$  ./affiche_arguments.sh a b c d e f g h et dix
0 : ./affiche_arguments.sh
1 : a
2 : b
3 : c
4 : d
5 : e
6 : f
7 : g
8 : h
9 : et
10 : dix
$
```

Lors de l'invocation d'une fonction, les paramètres positionnels sont temporairement remplacés par les arguments fournis lors de l'appel. Le script suivant affiche le contenu de $0, $1, $2 dans et en dehors d'une fonction :

affiche_arguments_2.sh :

```
1    #! /bin/sh
2
3    function fonct ()
4    {
5        echo "  Dans la fonction : "
6        echo "  0 : $0"
7        echo "  1 : $1"
8        echo "  2 : $2"
9    }
10
```

```
11    echo "Dans le script : "
12    echo 0 : $0
13    echo 1 : $1
14    echo 2 : $2
15    echo "Appel de : fonct un deux"
16    fonct un deux
```

Nous pouvons remarquer qu'il n'y a pas de différence, sur le paramètre $0, entre l'intérieur et l'extérieur de la fonction :

```
$  ./affiche_arguments_2.sh premier deuxième
Dans le script :
0 : ./affiche_arguments_2.sh
1 : premier
2 : deuxième
Appel de : fonct un deux
  Dans la fonction :
  0 : ./affiche_arguments_2.sh
  1 : un
  2 : deux
$
```

Nous avons indiqué plus haut qu'il n'était pas possible d'affecter une valeur à un paramètre positionnel par une simple phrase 1=xxx ; malgré tout, il est quand même possible de modifier son contenu. Toutefois, la modification porte sur l'ensemble des arguments.

La fonction set permet, entre autres choses, de fixer la valeur des paramètres $1, $2, etc. Les valeurs transmises sur la ligne de commande de set, et qui ne font pas partie des (nombreuses) options de cette dernière, sont utilisées pour remplir les paramètres positionnels.

```
$  set a b c
$  echo $1 $2 $3
a b c
$  set d e
$  echo $1 $2 $3
d e
$
```

On remarquera que c'est l'ensemble des paramètres positionnels qui est modifié ; la valeur de $3 dans notre exemple est supprimée, même si on ne fournit que deux arguments à set.

On peut aussi modifier les paramètres positionnels dans un script en invoquant la commande shift. Celle-ci va décaler l'ensemble des paramètres : $1 est remplacé par $2, celui-ci par $3, et ainsi de suite. Le paramètre $0 n'est pas concerné par cette commande.

Paramètre	Avant shift	Après shift
$0	./mon_script	./mon_script
$1	azerty	uiop
$2	uiop	qsdf ghi
$3	qsdf ghi	(vide)

```
$ set a b c d e
$ echo $0 $1 $2 $3
-bash a b c
$ shift
$ echo $0 $1 $2 $3
-bash b c d
$ shift
$ echo $0 $1 $2 $3
-bash c d e
$ shift
$ echo $0 $1 $2 $3
-bash c d
$
```

Si l'instruction shift est suivie d'un nombre, ce dernier représente le nombre de décalages désirés. Par défaut, il s'agit d'un seul décalage mais, par exemple, shift 3 permet de remplacer $1 par $3, $2 par $4, etc. Il est possible de récrire une version un peu plus élégante du programme d'affichage des arguments, dans laquelle on boucle sur echo et shift tant que $1 n'est pas vide.

affiche_arguments_3.sh :

```
1    #! /bin/sh
2
3    while [ -n "$1" ] ; do
4        echo $1
5        shift
6    done
```

Le résultat correspond à nos attentes :

```
$   ./affiche_arguments_3.sh un deux trois quatre
un
deux
trois
quatre
$
```

Dans un vrai script, l'analyse des arguments de la ligne de commande doit être menée avec soin. Nous avons déjà rencontré une commande nommée `getopts` qui permet de rechercher les options dans la liste des arguments ; nous reviendrons sur cette fonction dans le chapitre 5.

Paramètres spéciaux

Nos programmes d'affichage des arguments ne sont pas suffisants, car ils ne sont pas capables de faire la différence entre un argument qui représente une chaîne vide (saisi avec `""` sur la ligne de commande) et la fin de la liste des arguments. En voici la preuve :

```
$   ./affiche_arguments.sh un "" deux trois
0 : ./affiche_arguments.sh
1 : un
3 : deux
4 : trois
$   ./affiche_arguments_3.sh un deux "" trois quatre
un
deux
$
```

Le premier script n'a pas affiché $2 car il l'a vu vide ; quant au second il s'est tout simplement arrêté après avoir rencontré un $3 vide, pensant être arrivé à la fin des arguments.

Pour corriger ce problème, il nous faudrait connaître le nombre de paramètres positionnels. Par chance, le shell nous y donne accès à travers l'un de ses paramètres spéciaux. Il s'agit simplement de paramètres en lecture seule qui nous donnent des indications sur l'environnement d'exécution du processus.

Comme pour les paramètres positionnels, le nom des divers paramètres spéciaux ($$, $*, $#, etc.) fait qu'il n'est pas possible de leur affecter une valeur avec la construction =. Ils ne sont donc, de fait, accessibles qu'en lecture seule.

Le nombre d'arguments, sans compter le paramètre $0, est contenu dans le paramètre $#. Cette valeur est naturellement modifiée par shift. Nous pouvons améliorer le script précédent de façon qu'il attende que $# soit égal à zéro avant de s'arrêter.

affiche_arguments_4.sh :

```
1    #! /bin/sh
2
3    while [ $# -ne 0 ]; do
4        echo $1
5        shift
6    done
```

Cette fois-ci, les arguments vides sont traités correctement :

```
$ ./affiche_arguments_4.sh un deux "" trois "" quatre cinq
un
deux

trois

quatre
cinq
$
```

Il est souvent utile de pouvoir manipuler en une seule fois l'ensemble des paramètres positionnels, afin de les transmettre à une fonction, à un autre script, à une commande, etc. Pour ce faire, on dispose de deux paramètres spéciaux, $* et $@. Le premier est quasiment obsolète, et l'on utilise toujours la séquence "$@". Voyons pourquoi.

L'un comme l'autre vont se développer pour représenter l'ensemble des paramètres positionnels. Avec $*, tous les paramètres vont être écrits les uns à la suite des autres. Le script suivant va invoquer affiche_arguments_5.sh, en lui transmettant l'ensemble de ses propres arguments :

affiche_arguments_5.sh :

```
1    #! /bin/sh
2
3    ./affiche_arguments.sh $*
```

Voici un exemple d'exécution :

```
$ ./affiche_arguments_5.sh un deux trois
0 :./affiche_arguments_5.sh
1 :un
2 :deux
3 :trois
$
```

Apparemment, tout fonctionne bien. Pourtant, un problème se pose lorsqu'un des arguments est une chaîne de caractères qui contient déjà un espace :

```
$  ./affiche_arguments_5.sh un deux "trois et quatre"
0 :./affiche_arguments_5.sh
1 :un
2 :deux
3 :trois
4 :et
5 :quatre
$
```

Toutefois, si nous appelons directement `affiche_arguments_5.sh`, le résultat est différent :

```
$  ./affiche_arguments_5.sh un deux "trois et quatre"
0 :./affiche_arguments_5.sh
1 :un
2 :deux
3 :trois et quatre
$
```

En fait, lors de l'évaluation de `$*`, tous les guillemets sont supprimés, et les arguments sont mis bout à bout. Si l'un d'eux contient un espace, il est scindé en plusieurs arguments. Cela peut paraître anodin, mais c'est en réalité très gênant. Supposons par exemple que nous souhaitions créer, comme c'est souvent l'usage, un script nommé `ll` qui serve à invoquer `ls` avec l'option `-l`, pour avoir un affichage long du contenu d'un répertoire. Notre première idée pourrait être celle-ci :

`ll_1.sh` :

```
1    #! /bin/sh
2    ls -l $*
```

À première vue, ce script fonctionne correctement :

```
$  ./ll_1.sh c*
-rwxr-xr-x  1 cpb    cpb     560 Oct  4 13:23 script_1.sh
-rwxr-xr-x  1 cpb    cpb     551 Oct 17 15:54 script_2.sh
$  ./ll_1.sh /dev/cdrom
lrwxrwxrwx  1 root   root      3 Aug 12  1999 /dev/cdrom -> hdc
$
```

Pourtant, si nous rencontrons un fichier dont le nom contient un blanc typographique (comme c'est souvent le cas sur les partitions Windows), le résultat est différent :

```
$  ls -d /mnt/dos/P*
/mnt/dos/Program Files
$  ./11_1.sh -d /mnt/dos/P*
ls: /mnt/dos/Program: Aucun fichier ou répertoire de ce type
ls: Files: Aucun fichier ou répertoire de ce type
$
```

L'option -d que nous avons ajoutée demande à ls d'afficher le nom du répertoire, Program Files en l'occurrence, et non pas son contenu. Le problème est que notre script a invoqué ls en lui passant sur la ligne de commande le nom du fichier séparé en deux morceaux. En fait, ls a reçu en argument $1 l'option -d, en $2 le mot /mnt/dos/Program, et en $3 le mot Files.

On peut alors s'interroger sur le comportement de $* lorsqu'il est encadré par des guillemets. Le résultat du développement sera bien conservé en un seul morceau, sans séparer les deux moitiés du nom de fichier. Hélas, le problème n'est toujours pas réglé, car lorsque "$*" est évalué, il est remplacé par la liste de tous les arguments regroupés au sein d'une même expression, encadrée par des guillemets. Si nous essayons de l'utiliser pour notre script, le fonctionnement en sera pire encore :

11_2.sh :

```
1    #! /bin/sh
2    ls -l "$*"
```

Ce script pourrait en effet fonctionner avec un nom de fichier contenant un blanc. Toutefois, tous les arguments étant regroupés en un seul, il ne pourrait accepter qu'un seul nom de fichier à la fois :

```
$  ./11_2.sh /mnt/dos/Mes documents/Etiquettes CD.cdr
-rw-rw-r-- 1 cpb    cpb    12610 Nov 27  2006 /mnt/dos/Mes documents/Etiquettes
CD.cdr
$  ./11_2.sh c*
ls: script_1.sh script_2.sh: Aucun fichier ou répertoire
de ce type
$
```

Lors de la seconde invocation, ls a reçu un unique argument constitué de la chaîne "script_1.sh script_2.sh".

Il nous faudrait donc un paramètre spécial, qui, lorsqu'il se développe entre guillemets, fournisse autant d'arguments qu'il y en avait à l'origine, mais en protégeant chacun d'eux par des guillemets. Ce paramètre existe et il est noté $@. Lorsqu'il n'est pas encadré de guillemets, il se comporte exactement comme $*. Sinon, il se développe comme nous le souhaitons :

`11.sh` :

```
1    #! /bin/sh
2    ls -l "$@"
```

Cette fois-ci, le script agit comme nous le voulons :

```
$  ./11.sh c*
-rwxr-xr-x  1 cpb    cpb        560 Oct  4 13:23 script_1.sh
-rwxr-xr-x  1 cpb    cpb        551 Oct 17 15:54 script_2.sh
$  ./11.sh -d /mnt/dos/P*
dr-xr-xr-x 34 ccb    ccb       8192 Aug  6  2006 /mnt/dos/Program Files
$
```

Ainsi, dans la plupart des cas, lorsqu'un programme devra manipuler l'ensemble de ces arguments, il sera préférable d'employer le paramètre `"$@"` plutôt que `$*`.

D'autres paramètres spéciaux sont disponibles, comme `$$`, `$!` ou `$?`, que nous étudierons ultérieurement.

Protection des expressions

Il peut arriver que certaines expressions possèdent des caractères qui ont une signification particulière pour le shell, et que nous ne souhaitions pas qu'ils soient interprétés par ce dernier. Par exemple, afficher le prix américain $5 n'est pas si facile :

```
$  echo $5

$  echo "$5"

$
```

En effet, le shell peut en déduire que nous voulons afficher le contenu du cinquième paramètre positionnel, vide en l'occurrence. De même, le symbole # sert à introduire un commentaire qui s'étend jusqu'à la fin de la ligne, et le sens d'un message peut en être modifié :

```
$  echo en Fa # ou en Si ?
en Fa
$
```

Une autre surprise attend le programmeur qui veut réaliser un joli cadre autour du titre de son script :

```
$   echo ********************

affiche_arguments.sh affiche_arguments_2.sh affiche_arguments_3.sh
affiche_arguments_4.sh affiche_arguments_5.sh affiche_arguments_6. sh
extraction_serveurs.sh ll .sh ll_1.sh ll_2.sh message.news var_locales.sh

$
```

Le caractère * remplace n'importe quelle chaîne dans un nom de fichier. La commande echo reçoit donc en argument la liste des fichiers du répertoire courant.

> **Echo en substitut à ls**
>
> Comme echo est généralement une commande interne du shell, cette fonctionnalité permet de consulter le contenu d'un répertoire sans accéder à /bin/ls. Bien des administrateurs l'ont utilisée pour accéder à un système sur lequel ils venaient par erreur de détruire /bin, alors qu'un shell était toujours connecté.

La solution adéquate consiste à protéger le caractère spécial de l'interprétation du shell. Cela peut s'effectuer de plusieurs manières. On peut ainsi utiliser le caractère *backslash* (barre oblique inverse) \, les apostrophes ' ', ou encore les guillemets " ".

Protection par le caractère backslash

Ce caractère sert à désactiver l'interprétation du caractère qu'il précède. Ainsi, on peut écrire :

```
$   echo \$5
$5
$   echo Fa \# ou Do \#
Fa # ou Do #
$   echo \*\*\*
***

$
```

Le caractère *backslash* peut servir à préfixer n'importe quel caractère, y compris lui-même :

```
$   echo un \\ précède \$5
un \ précède $5
$
```

Lorsqu'il précède un retour chariot, le *backslash* a pour effet de l'éliminer et la saisie continue sur la ligne suivante.

```
$  echo début \
>  et fin.
début et fin.
$
```

Protection par apostrophes

La protection des expressions par un *backslash* qui précède chaque caractère spécial est parfois un peu fastidieuse et on lui préfère souvent le mécanisme de protection par des apostrophes, qui permet de manipuler toute l'expression en une seule fois. Entre des apostrophes, tous les caractères rencontrés perdent leur signification spéciale. Cela signifie que le *backslash* est un caractère comme les autres, et que l'on ne peut pas l'employer pour protéger une apostrophe. Le seul caractère qui ne puisse pas être inclus dans une chaîne protégée par des apostrophes est donc l'apostrophe elle-même.

```
$  echo '#\$"&>|'
#\$"&>|
$
```

Lorsqu'un retour chariot est présent dans une chaîne entre apostrophes, la représentation du code est inchangée :

```
$  echo 'début
>  milieu
>  et fin'
début
milieu
et fin
$
```

Protection par guillemets

La protection par des apostrophes est totale, chaque caractère gardant sa signification littérale (on parle de protection *forte*). Il arrive pourtant que l'on préfère quelque chose d'un peu moins strict. La protection par les guillemets est plus adaptée dans ce cas, puisqu'elle permet de conserver l'unité d'une chaîne de caractères sans fragmentation en différents mots.

Entre les guillemets, les caractères $, apostrophe et *backslash* retrouvent leur signification spéciale, alors que les autres sont réduits à leur acception littérale. En fait, le *backslash* et le $ n'ont un sens particulier que s'ils sont suivis d'un caractère pour lequel l'interprétation spéciale a un sens. Voyons quelques exemples :

```
$  A="ABC DEF"
$  B="$A $ \$A \ \" "
$  echo $B
ABC DEF $ $A \ "
$
```

Dans l'affectation de la variable B, le premier $ est suivi de A ; l'évaluation fournit le contenu de la variable A. Le deuxième $ est suivi par un blanc et une interprétation autre que littérale n'aurait pas de sens. Le troisième $ est précédé d'un *backslash*, il n'a donc pas de sens particulier et l'on affiche les deux caractères $A. Le *backslash* suivant précède un espace, la seule interprétation est donc littérale. Comme le premier guillemet est précédé d'un *backslash*, il est littéral et ne sert pas à fermer la chaîne ; il est donc affiché. Le second guillemet, en revanche, clôt l'expression.

Les guillemets sont très utiles pour préserver les espaces, tabulations et retours chariot dans une expression. Nous en avions vu un exemple plus haut, lorsque nous affections le résultat de la commande ls à une variable. Si on avait voulu afficher le contenu de cette variable en conservant les retours à la ligne, il aurait fallu empêcher le shell de procéder à la séparation des arguments et à leur remise en forme, séparés par des espaces. On aurait donc encadré la variable par des guillemets :

```
$  var=$(ls /dev/hda1*)
$  echo $var
/dev/hda1 /dev/hda10 /dev/hda11 /dev/hda12 /dev/hda13 /dev/hda14
/dev/hda15 /dev/hda16
$  echo "$var"
/dev/hda1
/dev/hda10
/dev/hda11
/dev/hda12
/dev/hda13
```

```
/dev/hda14

/dev/hda15

/dev/hda16

$
```

Nous avons vu que l'interprétation du paramètre spécial `$@`, lorsqu'il est encadré par des guillemets, est particulière. À ce propos, nous avons indiqué qu'il vaut généralement mieux utiliser `"$@"` que `$*`, mais cela est également vrai pour des paramètres isolés. Lorsqu'un script emploie une variable dont la valeur est configurée par l'utilisateur (paramètres positionnels, variable d'environnement, etc.), la prudence envers son contenu est de rigueur, car des caractères blancs peuvent s'y trouver, perturbant son interprétation par le shell. Ainsi, on préférera encadrer systématiquement ces paramètres par des guillemets, comme cela a été fait dans le script `rm_secure.sh` du précédent chapitre, et plus particulièrement pour sa variable `$sauvegarde_rm`.

En conclusion, la protection par des guillemets est la plus utilisée, peut-être parce qu'elle rappelle la manipulation des chaînes de caractères dans les langages comme le C. Elle est très commode, car elle conserve l'évaluation des variables, tout en préservant la mise en forme de l'expression. On emploie la protection par apostrophes lorsque le respect strict du contenu d'une chaîne est nécessaire. Il faut faire attention à ne pas confondre cette protection avec l'encadrement par des apostrophes inverses ` ` que l'on rencontre dans une forme ancienne d'invocation de commande, à laquelle on préfère de nos jours `$( )`.

Nous encourageons vivement le lecteur à expérimenter les diverses formes de protection, en incluant dans ses chaînes des caractères spéciaux (`$`, `&`, `<`, `"`, etc.).

Tableaux

Nous n'avons évoqué, jusqu'à présent, que des variables scalaires. Les shells récents permettent toutefois de manipuler des tableaux qui contiennent autant de données qu'on le souhaite (la seule limitation étant celle de la mémoire du système). Nous avons repoussé la présentation des tableaux à la fin de ce chapitre, car ils ne présentent aucune difficulté d'assimilation, et nous allons rapidement voir leurs particularités par rapport aux constructions étudiées jusqu'ici. Notez que les tableaux ne fonctionnent pas avec les shells purement Posix (comme Dash sous Linux Ubuntu) et qu'il faut, pour les utiliser, invoquer `/bin/bash`. La notation :

```
tableau[i]=valeur
```

a pour effet de définir un emplacement mémoire pour la i^e case du tableau, et de la remplir avec la valeur voulue. La consultation se fera ainsi :

```
${tableau[i]}
```

Les accolades sont obligatoires pour éviter les ambiguïtés avec `${tableau}[i]`.

Les index des tableaux sont numérotés à partir de zéro. En fait, ${tableau[0]} est identique à $tableau. Cela signifie donc que n'importe quelle variable peut être considérée comme le rang zéro d'un tableau qui ne contient qu'une case. On peut aussi ajouter autant de membres qu'on le désire à une variable existante :

```
$  var="valeur originale"
$  echo $var
valeur originale
$  echo ${var[0]}
valeur originale
$  var[1]="nouveau membre"
$  echo ${var[0]}
valeur originale
$  echo ${var[1]}
nouveau membre
$
```

Les notations ${table[*]} et ${table[@]} fournissent une liste de tous les membres du tableau. Placées entre guillemets, ces deux notations présentent les mêmes différences que $* et $@ pour les paramètres positionnels. ${#table[i]} fournit la longueur du i^e membre du tableau, alors que ${#table[*]}, comme ${#table[@]}, fournissent le nombre de membres :

```
$  echo ${#var[@]}
2
$  echo ${#var[*]}
2
$  echo ${#var[0]}
16
$  echo ${#var[1]}
14
$
```

Évaluation explicite d'une expression

L'une des grosses différences entre les langages compilés et les langages interprétés est qu'il est généralement possible, avec ces derniers, de construire de toutes pièces une expression, puis de l'évaluer comme s'il s'agissait d'une partie du programme en cours. Ce mécanisme est très utile dans les langages d'intelligence artificielle comme Lisp.

Le shell propose une fonction nommée `eval` qui permet d'obtenir ce comportement. Elle sert à réclamer au shell une seconde évaluation des arguments qui lui sont transmis. Pour bien comprendre ce que cela signifie, il nous faut procéder par étapes successives. Tout d'abord, on définit une variable A, et une variable B contenant une chaîne de caractères dans laquelle on trouve l'expression $A.

```
$   A="Contenu de A"
$   B=" A = \$A"
$   echo $B
A = $A
$
```

Lors de l'affectation de B, nous avons protégé le caractère $ pour qu'il ne soit pas vu comme une consultation du contenu de A. Examinons à présent ce qui se passe lorsqu'on invoque `eval` avant `echo` :

```
$   eval echo $B
A = Contenu de A
$
```

En fait, lorsque le shell interprète la ligne « `eval echo $B` », il remplace $B par le contenu de la variable, puis invoque `eval` en lui passant en arguments « `echo` », « `A` », « `=` » et « `$A` ». Le travail d'`eval` consiste alors à regrouper ses arguments en une seule ligne « `echo A = $A` » qu'il fait réévaluer par le shell. Celui-ci remplace alors $A par son contenu et affiche le résultat attendu.

Il faut bien comprendre que l'évaluation de $A étant retardée, le contenu de cette variable n'est pas inscrit dans la variable B. Si on modifie A et que l'on interroge à nouveau $B au travers d'un `eval`, on obtient :

```
$   eval echo $B
A = Contenu de A
$ A="Nouveau contenu"
$ eval echo $B
A = Nouveau contenu
$
```

Les implications sont très importantes, car nous sommes à même de construire dynamiquement, au sein d'un script, des commandes dont nous demandons l'évaluation au shell :

```
$  commande="echo \$B"
$  echo $commande
echo $B
$  eval $commande
A = $A
$
```

On peut même imbriquer un appel à eval au sein de la chaîne évaluée :

```
$  commande="eval echo \$B"
$  echo $commande
eval echo $B
$  eval $commande
A = Nouveau contenu
$
```

Le petit script suivant est une représentation très simplifiée de la boucle d'interprétation du shell. Il lit (avec la fonction read que nous verrons dans le prochain chapitre) la saisie de l'utilisateur dans sa variable ligne et en demande l'évaluation au shell. Si la saisie est vide, le script se termine.

mini_shell.sh :

```
 1    #! /bin/sh
 2
 3    while true ; do
 4      echo -n "? "
 5      read ligne
 6      if [ -z "$ligne" ] ; then
 7        break;
 8      fi
 9      eval $ligne
10    done
```

Son fonctionnement est naturellement très simple, mais néanmoins intéressant :

```
$  ./mini_shell.sh

?  ls

affiche_arguments.sh      affiche_arguments_6.sh   ll_1.sh

affiche_arguments_2.sh    calcule_paques.sh        ll_2.sh

affiche_arguments_3.sh    calcule_paques_2.sh      message.news

affiche_arguments_4.sh    extraction_serveurs.sh   mini_shell.sh

affiche_arguments_5.sh    ll.sh                    var_locales.sh

?  A=123456

?  echo $A

123456

?  B='A = $A'

?  echo $B

A = $A

?  eval echo $B

A = 123456

?   (Entrée)

$
```

Conclusion

Ce chapitre nous a servi à mettre en place les principes de l'évaluation des expressions par le shell. Nous pouvons à présent étudier les constructions propres à la programmation, ainsi que les commodités offertes par Bash ou Ksh pour écrire des scripts puissants.

Exercices

3.1 – Majuscules et minuscules dans les fichiers (facile)

Écrivez un script qui prend une liste de fichiers en argument et qui appelle la commande tr, avec les ensembles [[:upper:]] et [[:lower:]], pour passer le contenu des fichiers en majuscules. Attention, il faut toujours travailler avec un fichier temporaire, ne jamais utiliser le même fichier en redirection d'entrée et de sortie.

Écrivez ensuite le script symétrique qui transforme le contenu des fichiers en minuscules.

3.2 – Majuscules, minuscules et noms de fichiers (facile)

Écrivez deux scripts sur le modèle de l'exercice précédent qui convertissent les noms des fichiers – mais pas leur contenu.

3.3 – Arithmétique et invocation de commande (plutôt facile)

Écrivez un script qui appelle la commande `cal` pour afficher un calendrier de l'année prochaine.

Conseil : utilisez la commande `date` avec un argument de formatage pour obtenir l'année courante.

3.4 – Extractions de motifs (moyen)

Votre script devra prendre en argument un nom de fichier complet (avec son chemin d'accès) et afficher successivement le nom seul et le chemin seul.

Utilisez pour cela les extractions de préfixe `${...#...}` et de suffixes `${...%...}`. N'appelez pas les commandes `basename` et `dirname` qui effectuent directement ce travail !

3.5 – Contournement des apostrophes (difficile)

Créez un programme capable d'écrire son propre code source sur sa sortie standard. Il en existe des versions dans de nombreux langages, et la création d'un tel script pour le shell est un défi amusant, essentiellement en raison de l'impossibilité d'inclure une apostrophe, même protégée par un *backslash* dans une expression encadrée par des apostrophes.

Un algorithme possible est décrit dans *[Hofstadter 1985] Gödel, Escher, Bach – Les Brins d'une guirlande éternelle*. On se reportera à ce livre fameux de Douglas Hofstadter pour comprendre en détail l'intérêt intellectuel d'un tel mécanisme.

4

Éléments
de programmation shell

Ce chapitre va nous permettre d'étudier les éléments de base de la programmation de scripts pour le shell. Nous y verrons les enchaînements – parfois complexes – de commandes, ainsi que les redirections d'entrées-sorties dans leurs formes simples et avancées.

Nous avons déjà rencontré quelques structures de contrôle, comme les tests ou les boucles ; nous en ferons l'inventaire complet ici.

Commandes et code de retour

Commande simple

L'opération la plus élémentaire que l'on puisse effectuer avec le shell est appelée *commande simple*. Elle est composée en théorie d'affectations de variables suivies d'une séquence de mots, elle-même suivie d'opérateurs de redirection. Par chance, chaque élément de cette commande prétendue simple est facultatif. Dans la pratique donc, il s'agit soit d'une affectation de variables, soit d'une séquence de mots (le premier étant la commande à exécuter), éventuellement suivie d'opérateurs de redirection.

Lorsqu'une affectation de variable précède la commande (sur la même ligne), le contenu de la variable ne prend la valeur indiquée que pendant l'exécution de la commande.

Ce mécanisme, bien que rarement employé, permet de modifier une variable d'environnement pendant l'exécution d'une commande, sans changer sa valeur pour le reste du script. Voici quelques exemples de commandes simples :

```
$  A=1
$  echo $A
1
$  A=1 B=2 C=$(($A + $B))
$  echo $C
3
$  date
lun oct 23 09:53:57 CEST 2000
$ LANG=
$  find . -name test.sh -exec chmod 755 {} \;
```

Vérifions l'affectation temporaire de variable pendant l'exécution d'une commande :

```
$  echo $LANG
fr_FR
$  date
dim oct  7 08:55:51 CEST 2007
$  LANG=en_US  date
Sun Oct  7 08:55:54 CEST 2007
$  LANG=de_DE  date
So 7. Okt 08:55:57 CEST 2007
$  LANG=it_IT  date
dom ott  7 08:56:00 CEST 2007
$  echo $LANG
fr_FR
$
```

Lorsqu'il se termine, un processus sous Unix renvoie toujours un *code de retour*. Il s'agit d'une valeur entière qui est disponible pour son processus père. Cette valeur peut être consultée, à l'aide des instructions de test que nous verrons plus bas. Lors de l'exécution d'une commande simple, le code de retour est celui de l'instruction invoquée. Si la commande simple est une affectation, le code de retour est nul.

Pipelines

Il est souvent intéressant d'envoyer la sortie d'une commande simple directement en entrée d'une autre commande. On obtient cela en les couplant par l'opérateur |, nommé habituellement tube (*pipe*), qui construit ainsi un pipeline. On peut enchaîner autant de commandes simples que l'on veut, chacune agissant à la manière d'un filtre pour traiter les données fournies par la précédente. Ce mécanisme correspond aux principes fondamentaux des systèmes Unix où l'on peut faire coopérer des utilitaires spécialisés, chacun d'eux étant très efficace pour une tâche donnée. Par exemple, le pipeline suivant sert à afficher l'espace libre (en kilo-octet) sur la partition qui contient le répertoire de travail :

```
$ df -k . | tail -1 | sed "s/  */ /g" | cut -d " " -f 4
699802
$
```

Détaillons son fonctionnement : df affiche des statistiques en kilo-octets (option -k) sur le répertoire courant (point .), comme ceci :

```
$ df -k .
Filesystem          1k-blocks      Used Available Use% Mounted on
/dev/hda5             3616949    2730039    699802 80% /
$
```

Pour éliminer la ligne d'en-tête, nous transférons le résultat en entrée de la commande tail à laquelle nous demandons (par son option -1) de n'afficher qu'une seule ligne en partant de la fin. En voici le résultat :

```
$ df -k . | tail -1
/dev/hda5             3616949    2730039    699802 80% /
$
```

Le champ qui nous intéresse est le quatrième. Nous l'extrairons en utilisant la commande cut (et son option -f 4) ; toutefois, il faut connaître le séparateur de champs. Ici, il s'agit de l'espace (indiqué par l'option -d " " de cut). Avant cela, il faut éliminer les occurrences successives de l'espace en les remplaçant par un seul caractère. C'est le rôle joué par la commande sed à laquelle nous fournissons une chaîne de caractères "s/ */ /g" qui demande ce remplacement (les scripts sed seront étudiés dans un chapitre ultérieur). La sortie de cette commande est donc :

```
$ df -k . | tail -1 | sed "s/  */ /g"
/dev/hda5 3616949 2730039 699802 80% /
$
```

L'invocation finale de cut permet de ne conserver que le quatrième champ :

```
$ df -k . | tail -1 | sed "s/  */ /g" | cut -d " " -f 4
699802
$
```

Il peut paraître étrange d'être obligé d'invoquer successivement quatre commandes pour obtenir un résultat somme toute assez simple, mais il ne faut pas oublier que chacune de ces quatre étapes est remplie par un utilitaire très performant et très fiable, capable de s'adapter à des situations très différentes.

Notez que *Awk*, que nous étudierons dans un autre chapitre, permet de regrouper avantageusement les trois dernières étapes de notre pipeline.

Chaque commande simple est exécutée par un processus indépendant et tous les processus se déroulent simultanément. Chaque processus attend que son prédécesseur dans le *pipeline* lui envoie des données et les traite dès qu'elles sont disponibles, puis transmet ses résultats à son successeur. Bien sûr, une commande comme tail, qui affiche les dernières lignes de son entrée standard, est obligée d'attendre que son prédécesseur ait fini d'envoyer toutes ses données avant de travailler mais, dans la plupart des cas, les actions ont lieu simultanément. L'exemple le plus simple en est donné par le pipeline « cat | cat ». La première commande simple cat copie son *entrée standard* (le clavier du terminal) vers sa *sortie standard* (le tube). La seconde copie son entrée standard (le tube) vers sa sortie standard (l'écran du terminal). Comme le terminal affiche également un écho des touches frappées, nous voyons les lignes se répéter au fur et à mesure de la saisie :

```
$  cat | cat
première ligne
première ligne
deuxième
deuxième
troisième et dernière
troisième et dernière
    (Contrôle-D)
$
```

Nous remarquons deux choses :

- La saisie se fait ligne par ligne. C'est une question de configuration du terminal, que nous pouvons modifier en employant l'option -icanon de la commande stty. Cela n'entre pas dans le cadre de notre propos ; on remarquera simplement que la lecture des données depuis le premier cat a lieu par lignes entières.

- Pour terminer la saisie, on presse la touche Contrôle-D, qui signifie « fin de fichier » (abrévié souvent EOF, pour *End Of File*). Le premier cat se termine alors, et ferme sa sortie standard, ce que le second `cat` perçoit comme une fin de fichier également, avant de se terminer à son tour.

Figure 4–1

Exécution du tube
cat | cat

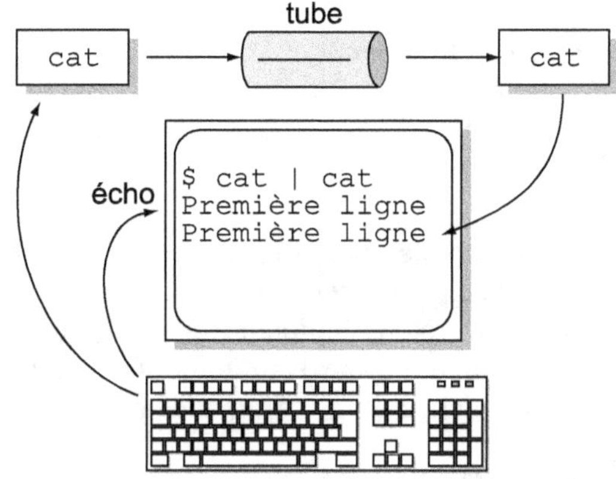

Nous voyons bien dans cet exemple que les deux processus progressent parallèlement, les données d'entrée de l'un étant combinées avec les données de sortie de l'autre.

Le code de retour d'un pipeline est celui de sa dernière commande.

Listes de pipelines

On peut combiner plusieurs pipelines dans une même *liste* de commandes. Il s'agit ainsi d'organiser les connexions entre plusieurs opérations. Quatre symboles peuvent être utilisés pour séparer les opérations, et leurs significations respectives sont indiquées dans le tableau suivant.

Symbole	Connexion	Détail
;	Séquencement	La seconde opération ne commence qu'après la fin de la première. Le point-virgule peut être remplacé par un retour chariot, ce qui correspond à la présentation habituelle des scripts.
&	Parallélisme	La première opération est lancée à l'arrière-plan, et la seconde démarre simultanément ; elles n'ont pas d'interactions entre elles.
&&	Dépendance	La seconde opération n'est exécutée que si la première a renvoyé un code de retour nul, ce qui, par convention, signifie « succès ».
||	Alternative	La seconde opération n'est exécutée que si la première a renvoyé un code de retour non nul, ce qui, par convention, signifie « échec ».

Exécutions séquentielles

Nous allons voir quelques exemples qu'il est assez difficile de démontrer par écrit, aussi le lecteur est-il encouragé à tester les opérations pour bien observer l'enchaînement des opérations. Nous commençons par le *séquencement* avec le point-virgule, relation la plus courante, puisqu'il s'agit d'exécuter les commandes une à une en attendant chaque fois que la précédente soit terminée.

```
$  echo début ; sleep 5 ; echo milieu ; sleep 5 ; echo fin
début
     (5 secondes s'écoulent)
milieu
     (à nouveau 5 secondes)
fin
$
```

On notera que la seconde opération commence quelle que soit la manière dont la précédente s'est terminée. Par exemple, la commande false est un utilitaire qui renvoie toujours un code de retour indiquant un échec (pour tester des scripts par exemple), tandis que true est un outil renvoyant toujours un code de réussite. Nous pouvons vérifier que la réussite ou l'échec d'une commande n'influe pas sur la suivante :

```
$  echo début ; false ; echo fin
début
fin
$  echo début ; true ; echo fin
début
fin
$
```

Il y a une divergence de comportement entre Bash et Ksh lorsqu'une opération est interrompue par un signal. Avec Bash en mode interactif, le processus correspondant est annihilé, mais l'opération suivante a lieu normalement. Pour preuve, nous envoyons le signal SIGINT en pressant la touche Contrôle-C durant l'exécution de la commande sleep, ce qui a pour effet de la « tuer ».

Nous vérifions que la commande echo ultérieure a bien lieu.

```
$  echo début ; sleep 20 ; echo fin
début
        (Contrôle-C)
fin
$
```

Avec Ksh, le déroulement est différent, l'interruption d'une commande termine toute la séquence :

```
$  echo début ; sleep 20 ; echo fin
début
        (Contrôle-C)
$
```

Quoiqu'il en soit, cette divergence de comportement ne concerne que l'exécution *interactive* d'une séquence de commandes. Si les commandes sont enchaînées au sein d'un script, et que l'on presse Contrôle-C, l'exécution du script complet est immédiatement interrompue.

Exécutions parallèles

Le second type de connexions entre les pipelines est le *parallélisme*, c'est-à-dire les exécutions simultanées des commandes, sans synchronisation. Le shell lance le premier processus à l'arrière-plan ; il n'a donc en principe pas accès au terminal. L'écriture sur ce terminal sera généralement tolérée – avec des restrictions que nous verrons plus bas – mais la lecture y est impossible.

Le dernier pipeline de la liste est exécuté au premier plan. Nous créons un script qui affiche cinq fois son premier argument, avec des sommeils d'une seconde entre chaque affichage.

`boucle_arg.sh` :

```
1    #! /bin/sh
2    i=0
3    while [ $i -lt 5 ] ; do
4      echo $1
5      i=$((i + 1))
6      sleep 1
7    done
```

Nous allons invoquer ce script à deux reprises, en les séparant par l'opérateur &, et vérifier que les exécutions sont bien simultanées.

```
$   ./boucle_arg.sh 1 & ./boucle_arg.sh 2
[1] 6437
1
2
1
2
1
2
1
2
1
2
[1]+  Done                    ./boucle_arg.sh 1
$
```

Nous remarquons que Bash affiche une première ligne inattendue : « `[1] 6437` ». Il s'agit en réalité d'un message envoyé sur la *sortie d'erreur standard* du processus (qui correspond par défaut à l'écran du terminal). Ce message ne représente d'ailleurs pas une erreur mais simplement une information significative pour l'utilisateur. Elle indique que la commande qui est dotée du numéro de processus 6437 passe à l'arrière-plan, et que le numéro de job 1 lui est attribué. Symétriquement, lorsque cette commande se termine, Bash affiche la ligne « [1]+ Done », suivie du nom du programme exécuté.

Nous pouvons bien vérifier que l'imbrication des deux boucles est correcte, les processus s'exécutant simultanément. Il est alors possible de se livrer à une expérience intéressante en « tuant » le pipeline en avant-plan avec Contrôle-C, alors que celui qui est à l'arrière-plan continuera à se dérouler. Pour pimenter un peu l'action, nous lançons trois boucles en parallèle.

```
$  ./boucle_arg.sh 1 & ./boucle_arg.sh 2 & ./boucle_arg.sh 3
[1] 6462
[2] 6463
1
2
3
1
2
3
     (Contrôle-C)
$ 1
2
1
2
1
2
```

Nous voyons qu'il y a bien deux jobs à l'arrière-plan et que les affichages sont bien entre-mêlés. Lorsque nous pressons Contrôle-C, le processus à l'avant-plan reçoit le signal SIGINT qui le tue. Il s'agit de la boucle 3, qui disparaît alors. Comme le shell n'a plus de job à l'avant-plan, il affiche son symbole d'invite ($). Malgré tout, les deux autres commandes continuent à boucler à l'arrière-plan et affichent leurs messages réguliè-rement, ce qui explique la séquence de 1 et de 2 persistante, alors que le shell attend une saisie.

Si un processus à l'arrière-plan essaie de lire sur son terminal, un signal SIGTTIN l'inter-rompra sans le tuer pour autant (pour le réveiller, il faudra lui envoyer un signal SIGCONT ou le ramener au premier plan avec la commande fg – *foreground*).

Dans de nombreux cas, on ne peut pas tolérer qu'un processus à l'arrière-plan puisse écrire sur l'écran du terminal en même temps que le processus à l'avant-plan, venant perturber l'affichage. Pour éviter cela, on peut configurer le terminal afin qu'il envoie un signal SIGTTOU à tout processus à l'arrière-plan qui essaie d'écrire sur l'écran. Ce signal interrompt le processus sans le tuer, et on peut le réveiller ensuite.

Pour configurer de cette façon le terminal, il faut employer l'option tostop de la commande stty. On la replacera dans son état par défaut avec l'option –tostop. Une fois que le processus sera suspendu, on le réveillera en le ramenant à l'avant-plan avec la commande fg.

```
$  stty tostop
$  ./boucle_arg.sh 1 & ./boucle_arg.sh 2
[1] 6500
2
2
2
2
2


[1]+  Stopped (tty output)      ./boucle_arg.sh 1
$  fg
./boucle_arg.sh 1
1
1
1
1
1
$  stty -tostop
$
```

Lorsqu'une liste – ne comportant éventuellement qu'un seul élément – se termine par le symbole &, le shell lance tous les pipelines à l'arrière-plan et reprend immédiatement la main pour afficher son symbole d'invite et attendre une saisie. En revanche, il attendra une pression sur la touche Entrée avant d'afficher le message « [1]+ Done » à la fin du processus.

```
$  date &
[1] 6595
$ mar oct 24 11:07:23 CEST 2000
          (Entrée)
[1]+  Done                    date
$
```

Les commandes internes fg et bg sont conçues pour être employées d'une manière interactive. On peut leur fournir en argument un numéro de job. fg, nous l'avons vu, permet de ramener au premier plan un processus qui s'exécutait en arrière-plan. S'il est suspendu, il reçoit automatiquement le signal SIGCONT qui le relance. bg sert à basculer un job en arrière-plan, comme s'il était suivi d'un & dans une liste de commandes. En pratique, bg ne sert qu'avec des jobs suspendus (soit par une tentative de lecture, voire, dans certains cas, d'écriture sur le terminal, soit par un signal SIGTSTP émis avec la séquence de touches Contrôle-Z alors que le processus était en avant-plan).

```
$   ./boucle_arg.sh 1
1
1

    (Contrôle-Z)
[1]+  Stopped                 ./boucle_arg.sh 1
$   fg
./boucle_arg.sh 1
1
1
1
$   ./boucle_arg.sh 1
1
1
1

    (Contrôle-Z)
[1]+  Stopped                 ./boucle_arg.sh 1
$   bg
[1]+ ./boucle_arg.sh 1 &
$ 1
1

    (Entrée)
[1]+  Done                    ./boucle_arg.sh 1
$
```

Lorsqu'une commande suivie du symbole & est lancée à l'arrière-plan par le shell, un code de retour nul (réussite) est immédiatement renvoyé. Le véritable code de retour fourni par le processus ne pourra être récupéré que par l'intermédiaire de la commande wait. Le numéro d'identification (*PID*) du dernier processus lancé à l'arrière-plan est disponible dans un paramètre spécial noté $!. Nous reviendrons sur l'utilisation de &, $!, ainsi que de la commande interne wait plus avant.

Exécutions dépendantes

Lorsque deux pipelines sont séparés par le symbole `&&`, l'exécution du second est assujettie à la valeur de retour du premier. Si le premier pipeline renvoie une valeur nulle, signifiant par convention « réussite », alors le shell exécute le second ; sinon, ce dernier est ignoré. Ainsi la ligne `gcc exemple.c -o exemple && ./exemple` demande-t-elle la compilation par `gcc` d'un fichier source `exemple.c` pour obtenir l'exécutable `exemple` puis, si la compilation se déroule sans erreur, le lancement du programme compilé. Cela peut donner des listes assez longues, comme dans le script suivant :

`test_et_logique.sh` :

```
echo -n "Fichier à examiner : " &&
read F &&
echo -n "Texte recherché : " &&
read T &&
grep $T $F > /dev/null &&
echo "Le texte $T a été trouvé"
```

Les commandes `read` et `grep` seront détaillées ultérieurement.

```
$  ./test_et_logique.sh
Fichier à examiner : *.sh
Texte recherché : absent
$  ./test_et_logique.sh
Fichier à examiner : *.sh
Texte recherché : /dev/null
Le texte /dev/null a été trouvé
$
```

La valeur de retour d'une liste liée par `&&` est celle renvoyée par le dernier pipeline exécuté. On peut considérer qu'il s'agit d'un moyen de lier par un *ET* logique les codes de retour des pipelines, même si certains d'entre eux ne sont pas exécutés (dès qu'un pipeline échoue, l'exécution de la liste s'arrête). On peut employer cet opérateur pour lier logiquement des conditions dans un test `if-then-fi`. Par exemple :

```
if dans_secteur $i $x $y && secteur_en_alerte $i ; then
  declencher_alarme_sur_secteur $i
fi
```

Étant donné qu'une liste connectée par des `&&` est interrompue dès qu'une opération échoue, certains l'emploient pour rendre l'écriture des tests plus concise, en remplaçant complètement la construction `if-then-fi`. La lisibilité en est tantôt améliorée – lorsque des tests similaires se répètent sur des lignes successives – tantôt dégradée ; il faut choisir avec soin l'endroit où il convient d'employer ce type d'enchaînement.

Par exemple, la commande interne `[ ]` est un test qui renvoie zéro (*vrai*) ou une autre valeur (*faux*) en fonction des paramètres et des options qui lui sont transmises. On peut donc la faire suivre d'un &&, et d'une commande qui ne sera exécutée que si le test réussit. L'option -lt (*lesser than*) signifie « *inférieur strictement à* ».

```
$  A=1
$  [ $A -lt 2 ] && echo vrai
vrai
$  A=3
$  [ $A -lt 2 ] && echo vrai
$
```

Nous obtenons le même résultat que :

```
if [ $A -lt 2 ] ; then
    echo vrai
fi
```

Si plusieurs tests doivent être imbriqués, ou s'il faut exécuter plusieurs instructions conditionnées par le test, la construction if-then-fi est probablement plus lisible. D'un autre côté, une fois que l'on a assimilé l'utilisation de && en remplacement d'un test, on peut apprécier la concision d'une séquence :

```
[ $T -lt $Seuil_bas  ] && regulation +1
[ $T -gt $Seuil_haut ] && regulation -1
[ $T -lt $Seuil_mini ] && alarme "Température trop basse"
[ $T -gt $Seuil_maxi ] && alarme "Température trop élevée"
```

Exécutions optionnelles

Symétriquement, il existe une connexion || avec laquelle la seconde partie de la liste de pipelines n'est exécutée que si la première partie a échoué (en renvoyant une valeur non nulle). La liste s'interrompt donc dès qu'une opération réussit. Le code de retour renvoyé est celui du dernier pipeline exécuté. On peut considérer cette connexion comme un *OU* logique entre les codes de retour des pipelines, tout en conservant à l'esprit que les derniers d'entre eux ne sont pas toujours exécutés.

On l'utilise surtout dans deux cas : lier logiquement les conditions d'un test if-then-fi, et déclencher des actions sur erreur. La liaison par un *OU* logique s'obtient naturellement :

```
if [ $r -lt $r_min ] || [ $g -lt $g_min ] || [ $b -lt $b_min ]
then
  echo "Niveau d'encre insuffisant"
fi
```

Lorsqu'une opération cruciale échoue dans un script, il faut généralement afficher un message d'erreur, et interrompre le processus. On peut employer || pour cela :

```
ping -c 1 $host || { echo "$host n'est pas accessible" ; exit 1 }
```

Ce type de construction permet d'améliorer la robustesse d'un script, comme nous le verrons ultérieurement.

Commandes composées

L'exemple précédent fait apparaître un regroupement de commandes entre accolades { } que l'on nomme « *commande composée* ». Il s'agit simplement d'une construction qui permet de considérer plusieurs opérations comme un seul bloc de commandes. Cela sert surtout à gérer les priorités des relations entre pipelines. Si les accolades étaient absentes de l'exemple précédent, || ayant précédence sur ;, la commande `exit 1` serait toujours invoquée même lorsque la commande `ping` réussit son action. Les commandes composées ont une autre utilité : elles permettent d'appliquer une redirection globale des entrées-sorties sur un ensemble d'opérations, comme nous le verrons plus bas.

Il faut bien noter qu'il doit y avoir des espaces entre les accolades et les commandes qu'elles encadrent. Ce caractère n'est pas un séparateur comme pouvaient l'être &, && ou ||, et ne doit donc pas être juxtaposé à un nom de commande.

Il faut bien distinguer les commandes composées, que l'on encadre par des accolades, des cas d'utilisation de ce symbole pour développer des chaînes de caractères à partir d'une liste d'éléments séparés par des virgules, comme dans l'expression :

```
cp /var/log/{cron,maillog,messages,secure} sauvegarde/
```

Une autre structure permet de définir des commandes composées : le regroupement entre parenthèses ( ). Son comportement est en revanche totalement différent. Les pipelines sont alors exécutés dans un *sous-shell*. Un nouveau processus est créé et donc toute modification de l'environnement apportée dans le regroupement entre parenthèses n'aura plus aucun effet une fois extrait de cette structure. Il existe toutefois une différence notable par rapport aux scripts : les variables du shell – même celles qui n'ont pas été explicitement exportées – sont disponibles pour le sous-shell. Vérifions qu'une variable non exportée (B en l'occurrence) est disponible, mais que les modifications n'influent pas sur l'environnement du shell père :

```
$  A=1 ; B=2 ; export A
$  echo Sh1 $A $B; (echo Sh2 $A $B; A=3; B=4) ; echo Sh1 $A $B
Sh1 1 2
Sh2 1 2
Sh1 1 2
$
```

Nous remarquons qu'à la différence des accolades, les parenthèses peuvent être accolées aux commandes qu'elles encadrent !

Les deux types de commandes composées { } et ( ) renvoient le code de retour de la liste de commandes exécutée.

Redirections d'entrées-sorties

La redirection des entrées-sorties d'un processus est l'une des fonctionnalités essentielles des systèmes de type Unix et le shell est l'outil le plus simple pour mettre en place ces redirections.

Entrées-sorties standards

Par convention, lorsqu'un processus démarre, il dispose de trois *descripteurs de fichiers* – des canaux de communication – déjà ouverts. Ces descripteurs sont configurés par le processus père mais pas par le noyau ; il s'agit bien d'une simple convention, pas d'un fonctionnement intimement lié au fonctionnement du système.

Le premier descripteur (numéro 0) est ouvert en lecture, et dirigé par défaut vers le clavier du terminal. On l'appelle *entrée standard* du processus.

Le deuxième descripteur (numéro 1), ouvert en écriture, est la *sortie standard* du processus, configurée par défaut vers l'écran du terminal.

Enfin, le troisième descripteur (numéro 2) est ouvert en écriture également vers l'écran ; il est appelé *sortie d'erreur standard*.

Figure 4–2

Descripteurs des entrées-sorties standards

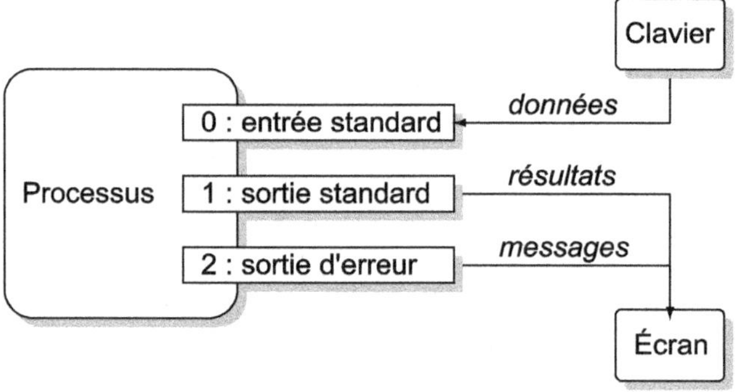

L'*entrée standard* est utilisée pour obtenir les données sur lesquelles un processus va travailler. Lorsqu'il s'agit du terminal, le descripteur est ouvert, en réalité, en lecture et en écriture. Lorsqu'il s'agit d'une redirection depuis un fichier, ce dernier est ouvert en lecture seule. Dans un script shell, l'entrée standard peut être consultée au moyen de la commande read, que nous détaillerons plus bas et qui remplit une variable avec une chaîne de caractères lue depuis le clavier.

La *sortie standard* sert à afficher les résultats du programme. On peut très bien la rediriger dans un fichier ou dans un tube vers l'entrée standard d'une autre commande. Dans les scripts, on écrit sur la sortie standard avec la commande echo.

La *sortie d'erreur* a pour fonction d'afficher immédiatement les messages de diagnostic relatifs au fonctionnement du programme, plutôt que ses résultats proprement dits. Par défaut, ces messages sont envoyés vers le terminal, comme la sortie standard. Si cette dernière est redirigée vers un tube ou un fichier, les messages d'erreur restent en revanche sur l'écran. Les deux descripteurs sont bien distincts. La sortie d'erreur standard peut être utilisée dans les scripts shell au moyen d'une redirection particulière que nous verrons plus bas.

Redirection des entrées et sorties standards

La première façon de procéder pour rediriger les entrées-sorties des processus, c'est d'utiliser l'opérateur tube (*pipe*) | pour créer des pipelines, comme nous l'avons déjà vu. Dans ces conditions, la sortie standard d'une commande est directement connectée à l'entrée standard de la suivante. Pour tester cette opération, nous allons tenter d'écrire avec echo un message dans un tube, puis de l'y relire avec read.

Figure 4–3

Redirection
echo | read

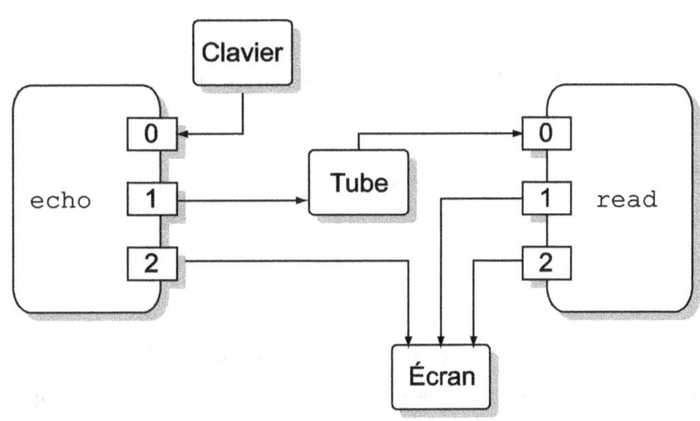

Faisons un essai avec Ksh :

```
$  echo "Mon message" | read VAR
$  echo $VAR
Mon message
$
```

Parfait. Essayons à présent avec Bash :

```
$  echo "Mon message" | read VAR
$  echo $VAR

$
```

Apparemment, cela ne fonctionne pas ! En fait, en réfléchissant un peu sur le principe des pipelines, on comprend que chaque commande est lancée dans un processus fils et que, dans celui-ci, la modification d'une variable d'environnement (la variable VAR remplie par la commande read) n'a aucune influence sur l'environnement du processus père (le shell interactif). Pour que notre expérience réussisse, il faut que nous affichions le résultat dans le même sous-processus que la lecture. Nous réalisons cela en groupant les commandes :

```
$  echo "Mon message" | (read VAR ; echo "VAR = $VAR")
VAR = Mon message
$
```

Toutefois, les shells peuvent – comme c'est le cas avec Ksh – exécuter la dernière commande d'un pipeline à l'intérieur du processus shell père. Dans ce cas, la variable VAR remplie est bien la même que celle affichée.

Cette manipulation montre que la programmation sous shell n'est pas toujours aussi simple que l'on peut le croire et que seuls des tests approfondis permettent de s'assurer de la portabilité d'un script.

Notons qu'une autre manière de procéder, surtout utile pour stocker le résultat d'un long pipeline, consisterait à diriger la sortie standard de la première commande dans la variable désirée, avec l'opérateur $( ).

```
$  VAR=$(echo "Mon message")
$  echo $VAR
Mon message
$
```

Il est souvent utile de dévier l'entrée standard d'un processus pour lire le contenu d'un fichier. Cela permet évidemment de traiter des données qui sont enregistrées sur disque, mais peut aussi servir à automatiser des programmes en mémorisant au préalable les lignes de commande à saisir. L'opérateur qui permet d'alimenter l'entrée standard à partir d'un fichier est < (suivi du nom du fichier). La commande read peut servir à lire une ligne complète dans un fichier, en l'occurrence un script écrit plus haut :

```
$  read LIGNE < boucle_arg.sh
$  echo $LIGNE
#! /bin/sh
$
```

Figure 4–4

Redirection
read < fichier

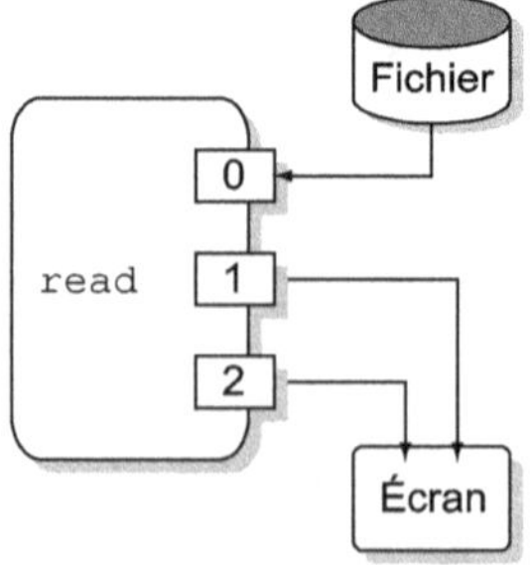

Symétriquement, on peut diriger la sortie standard d'un processus afin qu'elle aboutisse dans un fichier plutôt que sur le terminal. On emploie l'opérateur > suivi du nom du fichier à remplir. Un fichier qui existait avant le lancement de la commande est écrasé, mais on peut utiliser dans ce cas l'opérateur >> qui ajoute les informations à la fin du fichier en préservant son contenu précédent.

```
$  echo === Début === > ls.txt
$  cat ls.txt
=== Début ===
$  ls /etc/passw* >> ls.txt
$  cat ls.txt
=== Début ===
/etc/passwd
/etc/passwd-
/etc/passwd.bak
$  echo === Fin === >> ls.txt
$  cat ls.txt
=== Début ===
/etc/passwd
/etc/passwd-
/etc/passwd.bak
=== Fin ===
$
```

Figure 4–5

*Redirection
echo > fichier*

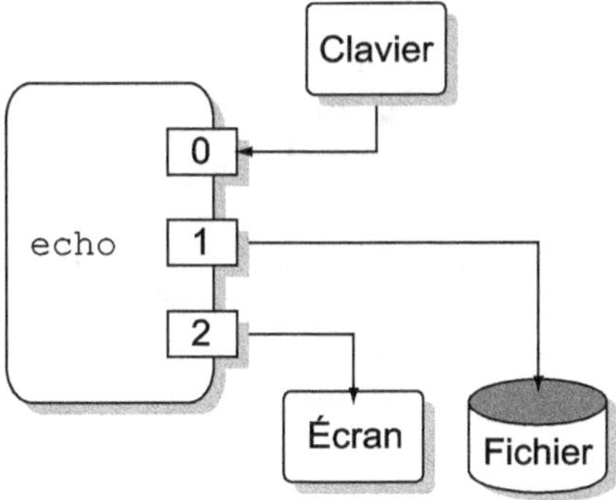

Les utilitaires Unix fournissent souvent des informations de diagnostic plus ou moins importantes sur leur sortie d'erreur. Par défaut, elles sont envoyées sur l'écran au même titre que les données écrites sur la sortie standard, mais il est parfois indispensable de les séparer. Pour manipuler la sortie d'erreur standard, nous créons un petit script qui utilise la redirection >&2 que nous verrons plus bas pour envoyer les arguments de sa ligne de commande vers la sortie d'erreur. Il agira donc comme la commande `echo`, mais en envoyant les informations sur la sortie d'erreur au lieu de la sortie standard.

`echo_erreur.sh` :

```
# ! /bin/sh
echo "$@" >&2   # >&2 sera décrit plus bas
```

Les opérateurs utilisés pour rediriger la sortie d'erreur sont 2> et 2>>, qui agissent similairement à > et >>.

```
$  ./echo_stderr Ce message va sur la sortie erreur
Ce message va sur la sortie erreur
$  ./echo_stderr Ce message va sur la sortie erreur > fichier
Ce message va sur la sortie erreur
$  cat fichier
$  ./echo_stderr Ce message va sur la sortie erreur 2> fichier
$  cat fichier
Ce message va sur la sortie erreur
$
```

Ces opérateurs sont très utiles lorsque l'on souhaite ne conserver que les résultats d'une commande, sans tenir compte des erreurs. Par exemple, lorsqu'on cherche un fichier sur le disque à l'aide de la commande `find`, il arrive qu'un grand nombre de répertoires n'en autorisent pas le parcours et l'affichage est alors fortement perturbé par de nombreux messages d'erreur :

```
$  find / -name passwd
find: /var/tmp: Permission non accordée
find: /var/lib/nfs/sm: Permission non accordée
find: /var/lib/nfs/sm.bak: Permission non accordée
find: /var/lib/slocate: Permission non accordée
find: /var/log/squid: Permission non accordée
find: /var/run/news: Permission non accordée
find: /var/spool/at: Permission non accordée
find: /var/spool/cron: Permission non accordée
find: /var/spool/news/.xauth: Permission non accordée
find: /var/spool/squid: Permission non accordée
find: /var/gdm: Permission non accordée
find: /proc/6/fd: Permission non accordée
/etc/passwd
find: /etc/X11/xdm/authdir: Permission non accordée
find: /etc/default: Permission non accordée
/etc/pam.d/passwd
find: /tmp/orbit-da5id: Permission non accordée
find: /proc/1/fd: Permission non accordée
```

```
find: /proc/2/fd: Permission non accordée
find: /proc/3/fd: Permission non accordée
find: /proc/4/fd: Permission non accordée
    [...]
$
```

On peut alors renvoyer la sortie d'erreur vers /dev/null qui est un *pseudo-périphérique* spécial, sorte de trou noir capable d'ingurgiter aveuglément tout ce qu'on lui envoie. Il ne reste plus à l'écran que la sortie standard qui affiche les résultats utiles :

```
$  find / -name passwd 2>/dev/null
/etc/passwd
/etc/pam.d/passwd
/usr/bin/passwd
$
```

On utilise souvent une construction du même genre avec la commande grep, pour rechercher une chaîne de caractères dans tous les fichiers d'un répertoire, car elle envoie un message d'erreur pour chaque sous-répertoire rencontré :

```
$  cd /etc
$  grep snmp *
grep: CORBA: est un répertoire
grep: X11: est un répertoire
grep: amd.conf: Permission non accordée
grep: amd.net: Permission non accordée
grep: at.deny: Permission non accordée
grep: charsets: est un répertoire
grep: codepages: est un répertoire
grep: conf.linuxconf: Permission non accordée
grep: cron.d: est un répertoire
grep: cron.daily: est un répertoire
rpc:snmp    100122  na.snmp snmp-cmc snmp-synoptics snmp-unisys
grep: cron.hourly: est un répertoire
grep: cron.monthly: est un répertoire
grep: cron.weekly: est un répertoire
    [...]
$  grep snmp * 2>/dev/null
rpc:snmp    100122  na.snmp snmp-cmc snmp-synoptics snmp-unisys
services:snmp        161/udp              # Simple Net Mgmt Proto
services:snmp-trap 162/udp    snmptrap   # Traps for SNMP
$
```

Parfois, on souhaite au contraire regrouper les deux sorties afin de les envoyer dans un unique fichier, ou de les faire transiter toutes les deux dans un tube. On notera en effet que dans un pipeline, seule la sortie standard d'un processus est envoyée via le tube au processus suivant. La sortie d'erreur continue dans ce cas à être dirigée vers l'écran :

```
$  grep snmp /etc/* | cat > fichier
grep: /etc/CORBA: est un répertoire
grep: /etc/X11: est un répertoire
grep: /etc/amd.conf: Permission non accordée
grep: /etc/amd.net: Permission non accordée
grep: /etc/at.deny: Permission non accordée
grep: /etc/charsets: est un répertoire
grep: /etc/codepages: est un répertoire
grep: /etc/conf.linuxconf: Permission non accordée
grep: /etc/cron.d: est un répertoire
grep: /etc/cron.daily: est un répertoire
rpc:snmp    100122  na.snmp snmp-cmc snmp-synoptics snmp-unisys
grep: /etc/cron.hourly: est un répertoire
grep: /etc/cron.monthly: est un répertoire
grep: /etc/cron.weekly: est un répertoire
    [...]
$  cat fichier
/etc/rpc:snmp    100122  na.snmp snmp-cmc snmp-synoptics snmp-unisys
/etc/services:snmp        161/udp            # Simple Net Mgmt Proto
/etc/services:snmp-trap  162/udp  snmptrap  # Traps for SNMP
$
```

Pour regrouper les deux sorties, on emploie l'opération 2>&1, qui demande au shell d'appliquer au descripteur de fichier numéro 2 (sortie d'erreur) la même redirection que celle qui est appliquée au descripteur 1 (sortie standard). Les lecteurs familiarisés avec la programmation système en C reconnaîtront ici un appel système dup2(1, 2), qui duplique la configuration du descripteur de fichier numéro 1, referme éventuellement le descripteur 2 et le remplace par la copie du 1.

Il faut bien comprendre que l'opération 2>&1 ne fusionne pas les deux sorties mais recopie simplement la configuration de la sortie standard sur celle d'erreur. Si on applique une modification ultérieure au descripteur numéro 1, avec une redirection > par exemple, la sortie d'erreur ne sera pas affectée.

En règle générale, on placera l'opération 2>&1 en dernier, après toutes les redirections éventuelles. Voici un petit script qui envoie une ligne de message sur chacune de ses sorties.

`deux_sorties.sh :`

```
1    #! /bin/sh
2    echo Cette ligne va sur la sortie standard
3    ./echo_stderr Ce message est envoyé sur la sortie d\'erreur
```

On remarquera au passage que l'apostrophe contenue dans le deuxième message est protégée par un *backslash* pour éviter que le shell ne l'interprète. Dans les exemples présentés ci-après, on va observer que la fusion des deux sorties doit être appliquée après une éventuelle redirection de la première pour que l'opération fonctionne comme on le souhaite :

```
$  ./deux_sorties.sh
Cette ligne va sur la sortie standard
Ce message est envoyé sur la sortie d'erreur
$  ./deux_sorties.sh 2>&1 > fichier
Ce message est envoyé sur la sortie d'erreur
$  cat fichier
Cette ligne va sur la sortie standard
$  ./deux_sorties.sh > fichier 2>&1
$  cat fichier
Cette ligne va sur la sortie standard
Ce message est envoyé sur la sortie d'erreur
$
```

Dans un pipeline, en revanche, les dérivations des sorties standards vers les tubes sont établies avant que le shell n'interprète les différentes commandes et leurs éventuelles redirections. En conséquence, l'opération 2>&1 conserve bien sa signification. Nous pouvons vérifier que le pipeline ne redirige par défaut que la sortie standard, mais que la fusion opère bien comme nous le désirons :

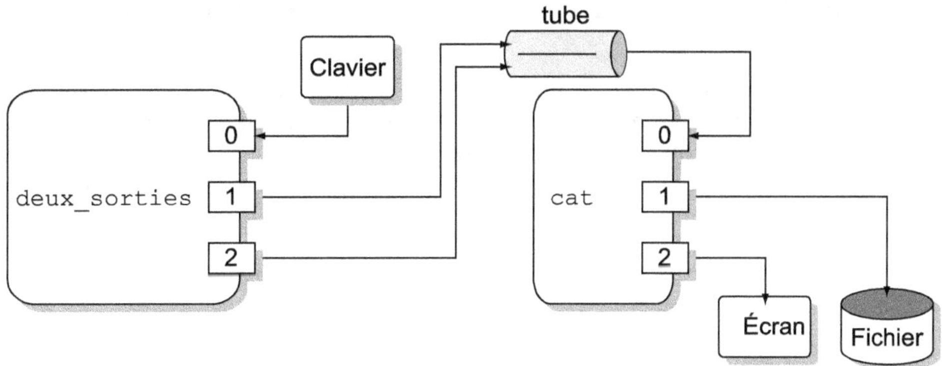

Figure 4–6

Pipeline deux_sorties 2>&1 | cat > fichier

On notera bien que la sortie d'erreur de la seconde commande n'est pas affectée par le regroupement opéré dans la première. On peut en avoir le cœur net en remplaçant la commande cat par un second appel à deux_sorties (qui ignorera les données reçues sur son entrée standard) dans lequel on verra que les sorties sont indépendantes :

```
$  ./deux_sorties.sh 2>&1 | ./deux_sorties.sh > fichier
Ce message est envoyé sur la sortie d'erreur
$  cat fichier
Cette ligne va sur la sortie standard
$
```

Pour agir globalement sur les sorties standards et d'erreur de tout le pipeline, on peut encadrer ce dernier entre parenthèses :

```
$  (./deux_sorties.sh | cat ) > /dev/null
Ce message est envoyé sur la sortie d'erreur
$  (./deux_sorties.sh | cat ) > /dev/null 2>&1
$
```

La plupart des applications qui utilisent la bibliothèque C – c'est-à-dire la majorité des commandes et utilitaires Linux et Unix – n'emploient pas directement les descripteurs de fichiers qui représentent des mécanismes d'entrées-sorties de bas niveau, mais préfèrent les flux. Il s'agit d'une interface de niveau plus élevé, qui gère automatiquement des mémoires tampons sur les fichiers. Ainsi les écritures répétées dans un fichier sont-elles rendues plus efficaces en ne faisant intervenir les éléments mécaniques, lents, du disque que lorsqu'un *buffer* est plein. Sauf configuration contraire, la sortie d'erreur n'est pas dotée de *buffer*, alors que la sortie standard en utilise un. Lorsque les deux sorties sont regroupées, il ne faut donc pas s'attendre à une synchronisation correcte entre les deux flux de données.

Le type de *buffer* utilisé pour la sortie standard est différent selon qu'elle est reliée à un terminal ou dirigée vers un fichier. Il s'agit d'un *buffer* fonctionnant ligne par ligne dans le premier cas, et par blocs bruts dans le second.

Par exemple, lorsque nous exécutons la commande :

```
$  grep snmp /etc/* > fichier 2>&1
$
```

La commande grep trouve peu de lignes contenant le mot snmp dans les fichiers du répertoire /etc. Ces résultats restent donc dans le *buffer* jusqu'à la fin de l'exécution de la commande. Les messages d'erreur qui indiquent que l'on a rencontré des sous-répertoires sont à l'inverse écrits immédiatement (la sortie d'erreur n'a pas de *buffer*). Le fichier a donc l'allure suivante :

```
grep: /etc/CORBA: est un répertoire

grep: /etc/X11: est un répertoire

grep: /etc/amd.conf: Permission non accordée

grep: /etc/amd.net: Permission non accordée

grep: /etc/at.deny: Permission non accordée

grep: /etc/charsets: est un répertoire

    [...]

grep: /etc/wine: est un répertoire

grep: /etc/wvdial.conf: Permission non accordée

Fichier binaire /etc/ld.so.cache concorde

/etc/rpc:snmp    100122  na.snmp snmp-cmc snmp-synoptics snmp-unisys

/etc/services:snmp     161/udp              # Simple Net Mgmt Proto

/etc/services:snmp-trap 162/udp  snmptrap  # Traps for SNMP
```

En revanche, si nous recherchons toutes les lignes contenant le mot-clé `root`, la sortie standard est davantage sollicitée. Le *buffer* va être rempli à plusieurs reprises, et la commande :

```
$  grep root /etc/* > fichier 2>&1

$
```

fournit un fichier qui a une allure différente, où les écritures des deux sorties sont entremêlées (les lignes de la sortie d'erreur sont préfixées par `grep`) :

```
grep: /etc/CORBA: est un répertoire

grep: /etc/X11: est un répertoire

grep: /etc/amd.conf: Permission non accordée

    [...]

grep: /etc/httpd: est un répertoire

grep: /etc/gtk: est un répertoire

/etc/aliases:postmaster:        root

/etc/aliases:bin:               root

/etc/aliases:daemon:            root

[...]

/etc/inetd.conf:#time    stream  tcp     nowait  root    internal

/etc/inetd.conf:#time    dgram   udp     wait    root    internal

grep: /etc/ioctl.save: Permission non accordée

grep: /etc/isdn: est un répertoire
```

```
[...]
grep: /etc/vga: est un répertoire
grep: /etc/wine: est un répertoire
grep: /etc/wvdial.conf: Permission non accordée
/etc/inetd.conf:telnet stream tcp nowait root /usr/sbin/tcpd in.telnetd
/etc/inetd.conf:shell  stream  tcp  nowait root /usr/sbin/tcpd in.rshd
[...]
```

On retiendra donc qu'il n'est généralement pas possible de regrouper les sorties standards et d'erreur, et d'obtenir un résultat vraiment exploitable. C'est la raison pour laquelle l'opération 2>&1 est surtout utilisée pour rendre une commande silencieuse, en envoyant les sorties vers /dev/null.

Enfin, on notera qu'il est possible d'abréger une redirection commune des deux sorties, du type >fichier 2>&1, en une seule opération &>fichier, mais que cette méthode est assez rarement utilisée.

Redirections avancées

Comme les opérateurs 2> et 2>> ont pu le laisser deviner plus haut, les redirections offertes par le shell peuvent être bien plus riches que les simples déviations des entrées ou sorties standards. En réalité, les opérateurs de redirection se généralisent dans les formes suivantes : n<, n>, et n>>, dans lesquelles n représente un numéro de descripteur de fichier (par défaut, 0 pour <, et 1 pour > et >>).

L'opérateur de duplication peut aussi être appliqué à n'importe quel descripteur, et pas uniquement aux sorties standards et d'erreur. Ainsi la notation n>&m, où n et m sont deux numéros de descripteurs, permet-elle de dupliquer m et d'en affecter une copie à n, après avoir fermé ce dernier si besoin est.

Nous comprenons alors le sens de la redirection >&2 utilisée dans le script echo_stderr plus haut. Celle-ci permet d'envoyer sur la sortie d'erreur ce que la commande echo envoie habituellement sur sa sortie standard.

Ce principe est très utilisé dans la gestion d'erreur des scripts shell, pour s'assurer que les messages d'erreur sont envoyés sur la bonne sortie, conformément aux usages Unix courants.

```
if [ -a "$FICHIER" ] ; then
    echo "Le fichier $FICHIER n'existe pas !" >&2
    exit 1
fi
```

Nous pouvons ouvrir un descripteur en lecture et en écriture, grâce à l'opérateur n<>, ou fermer avec n>&- un descripteur afin qu'il ne soit plus accessible. Ces symboles sont très rarement utilisés dans les scripts shell.

Une dernière redirection est très utile pour construire des scripts qui permettent d'automatiser des commandes complexes. Il s'agit de l'opérateur << introduisant ce que l'on nomme habituellement un « document en ligne » ou « *here document* ». Cet opérateur doit être suivi d'un mot qui représente une étiquette. L'entrée standard de la commande est alors alimentée avec le texte qui se trouve à la suite, jusqu'à ce que l'on rencontre une ligne qui ne comprenne que l'étiquette mentionnée plus haut. Le schéma général est le suivant :

```
commande << ETIQUETTE
Ici se trouve le texte qui sera envoyé sur l'entrée
standard de la commande. L'ETIQUETTE peut
y apparaître, tant qu'elle n'est pas seule sur une ligne.
Le message se finit ici.
ETIQUETTE
```

L'étiquette peut prendre la forme d'un mot (souvent FIN, END ou EOF) ou de caractères que l'on n'utilisera pas dans le message (*** par exemple). Si on utilise l'opérateur <<- à la place de <<, toutes les tabulations en début de ligne sont supprimées, y compris celles qui se situent devant l'étiquette finale. Cela est très pratique pour indenter le texte d'une manière plus lisible, par exemple :

```
if [ -e fichier ] ; then
    commande <<- ETIQUETTE
        Ceci est le texte, qui se trouve
        ainsi indenté de manière lisible
        et claire.
    ETIQUETTE
fi
```

L'utilisation de ce type de redirection est souvent associée à l'émission de courrier ou à la programmation différée de commande interactive. Nous allons écrire un script assez intéressant, qui permet d'automatiser les transferts *FTP*. Pour cela, nous appellerons l'utilitaire ftp et nous redirigerons son entrée standard vers un document en ligne qui contient les commandes à employer (open, cd, get, quit, etc.). Le premier problème que nous rencontrons est l'authentification de l'utilisateur. Lorsqu'une connexion *FTP* est établie, l'application nous demande un nom d'utilisateur et un mot de passe. La difficulté réside en ceci que l'utilitaire ftp n'accepte pas de redirection d'entrée pour la saisie de ces informations. Pour automatiser son fonctionnement, il autorise néanmoins l'existence d'un fichier spécial, ~/.netrc, dans lequel on peut stocker l'identifiant et le mot de passe pour chaque machine à laquelle on est habitué à se connecter. Dans de nombreux cas, l'identifiant sera anonymous et le mot de passe sera représenté par l'adresse e-mail de l'utilisateur. Ce fichier ~/.netrc ne doit pas être lisible par d'autres personnes.

Dans un second temps, nous allons établir la connexion effective sur le site distant, et transférer les fichiers désirés. Pour cela, nous utiliserons les commandes *FTP* suivantes :

- open suivi du nom de la machine, qui établit la connexion en recherchant les paramètres dans ~/.netrc.

- bin qui indique que le transfert correspond à des fichiers binaires. Cela n'est véritablement utile que dans de rares cas, pour éviter les interprétations erronées des caractères \n et \r si on contacte un serveur sous Dos. Même si cette commande n'est en principe pas utile, je l'emploie systématiquement car il m'est arrivé de rechercher tout un après-midi un bogue inexistant dans un logiciel qui essayait d'interpréter un fichier binaire malencontreusement endommagé par un client *FTP* sous Windows.

- prompt qui indique à ftp de ne pas demander de confirmation fichier par fichier lors de transferts multiples.

- cd suivi du chemin d'accès où se trouvent les fichiers.

- mget suivi du nom des fichiers à récupérer. Ce nom peut en effet inclure des caractères génériques (comme *) pour transférer plusieurs fichiers.

Le fichier ~/.netrc doit contenir les lignes suivantes :

- machine suivi du nom de la station à contacter.

- login suivi du nom de l'utilisateur. Souvent, on utilisera le compte anonymous pour les transferts depuis les serveurs publics sur Internet.

- password suivi du mot de passe. Lorsque le transfert emploie le compte anonymous, on remplit par convention le mot de passe avec l'adresse e-mail du demandeur, ce qui permet aux administrateurs d'établir des statistiques d'utilisation de leur serveur.

Notre programme attend les arguments suivants sur sa ligne de commande :

- machine à contacter ;

- chemin d'accès sur l'hôte distant ;

- fichiers à transférer ;

- nom de connexion (facultatif, par défaut anonymous) ;

- mot de passe (facultatif, par défaut adresse e-mail).

ftpauto.sh :

```
1    #! /bin/sh
2
3    # Paramétrage du transfert désiré
4
5    MACHINE=${1:?Pas de machine indiquée}
6    CHEMIN=${2:?Pas de chemin indiqué}
7    FICHIERS=${3:?Pas de fichiers indiqués}
8
9    LOGIN=${4:-anonymous}
10   PASSWORD=${5:-$USER@$HOSTNAME}
11
12   # D'abord sauver l'éventuel fichier ~/.netrc
13
14   if [ -f ~/.netrc ] ; then
15       mv ~/.netrc ~/.netrc.back
```

```
16    fi
17
18    # Créer un nouveau ~/.netrc avec les infos concernant
19    # uniquement la connexion voulue
20
21    ANCIEN_UMASK=$(umask)
22    umask 0177
23    echo machine $MACHINE > ~/.netrc
24    echo login $LOGIN >> ~/.netrc
25    echo password $PASSWORD >> ~/.netrc
26    umask $ANCIEN_UMASK
27
28    # Lancer la connexion
29    ftp <<- FIN
30        open $MACHINE
31        bin
32        prompt
33        cd $CHEMIN
34        mget $FICHIERS
35        quit
36    FIN
37
38    # Effacer .netrc et récupérer l'ancien
39
40    rm -f ~/.netrc
41    if [ -f ~/.netrc.back ] ; then
42        mv ~/.netrc.back ~/.netrc
43    fi
```

Dans les premières versions de ce script, je commençais par créer le fichier `.netrc` puis je modifiais ses permissions d'accès grâce à la commande `chmod`. Il s'agissait d'une faille de sécurité, puisqu'il existait un « petit » intervalle de temps pendant lequel le fichier n'était pas correctement protégé. L'utilisation de la commande `umask`, comme on le fait ici, permet de garantir la confidentialité de ce fichier dès sa création.

Nous pouvons vérifier son fonctionnement :

```
$ ls man*
ls: man*: Aucun fichier ou répertoire de ce type
$ ./ftpauto.sh ftp.lip6.fr pub/linux/french/docs man-fr*
Interactive mode off.
$ ls man*
man-fr-0.9.tar.gz
$
```

Ce petit script peut être très utile pour programmer des rapatriements lorsque le réseau est moins chargé, ou pour automatiser des transferts périodiques de données (sauvegardes par exemple).

On peut utiliser avantageusement les documents en ligne pour automatiser la plupart des commandes interactives. Par exemple j'ai rencontré des programmeurs qui automatisaient ainsi le formatage de partitions de mémoire flash avec l'outil `fdisk` pour produire en série des installations de Linux sur systèmes embarqués.

Une autre utilisation courante, qui vous sera proposée en exercice, consiste à piloter avec un script shell l'utilitaire `mysql` permettant d'interroger une base de données en lui transmettant des requêtes *SQL*.

Structures de contrôle

En algorithmique, l'exécution des instructions se définit classiquement selon trois types d'enchaînements :

- *Séquence* : les instructions sont exécutées l'une après l'autre, chacune attendant la fin de la précédente pour démarrer.
- *Sélection* : certaines instructions seront exécutées ou non en fonction d'une condition.
- *Itération* : une instruction est répétée plusieurs fois, en fonction d'une condition.

Nous pouvons ajouter aux possibilités des scripts shell les exécutions parallèles de tâches, que nous avons pu rencontrer dans les commandes composées.

Les exécutions en séquence ont déjà été étudiées avec les commandes composées et les pipelines. Nous allons donc analyser les deux mécanismes de sélection, puis ceux d'itération.

Sélection d'instructions

Construction if-then-else

Nous avons déjà rencontré la structure `if-then-else`, qui permet d'exécuter des instructions sous certaines conditions. Voici la syntaxe complète de cette construction :

```
if condition_1
then
    commande_1
elif condition_2
then
    commande_2
else
    commande_n
fi
```

La `condition_1` est exécutée. Il peut s'agir d'une commande composée quelconque, mais on emploie souvent la commande `[ ]` pour vérifier une condition. Nous la détaillerons plus avant. Le code de retour de `condition_1` est examiné. S'il est nul, alors la condition est considérée comme vraie. Dans ce cas, la commande composée `commande_1` est exécutée, puis le contrôle est transféré à la fin de la construction, après le `fi`.

Si le code de retour de `condition_1` est non nul, elle n'est pas vérifiée. Le contrôle passe alors à la deuxième partie de la sélection, l'instruction `elif` (contraction de `else if`, sinon si). La `condition_2` est exécutée puis, si elle est vérifiée, la `commande_2`. Sinon, le contrôle passe à la dernière partie, indiquée par `else`, et la `commande_n` est exécutée.

Il faut nécessairement séparer la condition indiquée après un `if` du mot-clé `then`. Pour cela, on insère généralement un retour à la ligne comme nous l'avons fait ci-dessus, mais on peut également utiliser un point-virgule à cet effet :

```
if condition ; then
    commande
fi
```

Conditions et tests

Dans une construction `if-then`, la condition qui se trouve après le `if` – ou le `elif` - est représentée par une fonction dont le code de retour correspond à une valeur vraie (0) ou fausse (retour non nul). Dans de très nombreux cas, les conditions que nous souhaiterons vérifier consisteront en des comparaisons numériques, comparaisons de chaînes de caractères, ou consultations de l'état d'un fichier. Pour ce faire, le shell nous offre un opérateur interne nommé `test` qui accepte les arguments suivants en ligne de commande :

Option	Vraie si
`-a fichier` `-e fichier`	Le fichier indiqué existe. L'option −a n'est pas définie dans Single Unix version 3 et on lui préférera -e.
`-b fichier`	Le fichier indiqué est un nœud spécial qui décrit un périphérique en mode bloc.
`-c fichier`	Le fichier indiqué est un nœud spécial qui décrit un périphérique en mode caractère.
`-d repertoire`	Le répertoire indiqué existe.
`-f fichier`	Le fichier indiqué est un fichier régulier.
`-g fichier`	Le bit *Set-GID* du fichier indiqué est positionné.
`-h fichier` `-L fichier`	Le fichier indiqué est un lien symbolique.
`-G fichier`	Le fichier indiqué appartient au même groupe que le *GID* effectif du processus invoquant la commande test.
`-k fichier`	Le bit *Sticky* du fichier indiqué est positionné.
`-n chaine`	La longueur de la chaîne indiquée est non nulle.
`-N fichier`	Le fichier a été modifié depuis son dernier accès en lecture.
`-O fichier`	Le fichier indiqué appartient au même utilisateur que l'*UID* effectif du processus invoquant la commande test.
`-p fichier`	Le fichier indiqué est un tube nommé (file *FIFO*).
`-r fichier`	Le fichier indiqué est lisible.
`-s fichier`	La taille du fichier indiqué est non nulle.
`-S fichier`	Le fichier indiqué est une *socket*.

Option	Vraie si
`-t descripteur`	Le descripteur de fichier correspond à un terminal.
`-u fichier`	Le *bit Set-UID* du fichier indiqué est positionné.
`-w fichier`	On peut écrire dans le fichier indiqué.
`-x fichier`	Le fichier indiqué est exécutable.
`-z chaine`	La longueur de la chaîne indiquée est nulle.
`chaine`	La chaîne est non nulle.
`chaine_1 = chaine_2`	Les deux chaînes sont identiques.
`chaine_1 != chaine_2`	Les deux chaînes sont différentes.
`chaine_1 < chaine_2`	La première chaîne apparaît avant la seconde, dans un tri lexicographique croissant.
`chaine_1 > chaine_2`	La première chaîne apparaît après la seconde, dans un tri lexicographique croissant.
`valeur_1 -eq valeur_2`	Les deux valeurs arithmétiques sont égales.
`valeur_1 -ge valeur_2`	La première valeur est supérieure ou égale à la seconde.
`valeur_1 -gt valeur_2`	La première valeur est strictement supérieure à la seconde.
`valeur_1 -le valeur_2`	La première valeur est inférieure ou égale à la seconde.
`valeur_1 -lt valeur_2`	La première valeur est strictement inférieure à la seconde.
`valeur_1 -ne valeur_2`	Les deux valeurs arithmétiques sont différentes.
`fichier_1 -ef fichier_2`	Le `fichier_1` est le même que le `fichier_2`. Il peut s'agir de deux noms (liens physiques) différents dans le système de fichiers, correspondant au même contenu sous-jacent. La comparaison concerne le numéro de périphérique de support et le numéro d'*i-nœud*.
`fichier_1 -nt fichier_2`	La date de dernière modification du `fichier_1` est plus récente que celle du `fichier_2`.
`fichier_1 -ot fichier_2`	La date de dernière modification du `fichier_1` est plus ancienne que celle du `fichier_2`.

Les mêmes options peuvent être utilisées dans la commande interne `[ ]` qui est un synonyme de `test`.

Si on indique un nom de fichier correspondant à un lien symbolique, seules les options `-h` et `-L` s'occuperont du lien proprement dit ; les autres options traiteront la cible visée par le lien. Le script suivant étudie les fichiers indiqués en argument, et présente leurs caractéristiques.

`test_fichier.sh` :

```
 1    #! /bin/sh
 2
 3    for i in "$@" ; do
 4        echo "$i : "
 5        if [ -L "$i" ] ; then echo "  (lien symbolique) " ; fi
 6        if [ -e "$i" ] ; then
 7            echo -n "  type = "
 8            if [ -b "$i" ] ; then echo "spécial bloc " ; fi
 9            if [ -c "$i" ] ; then echo "spécial caractère " ; fi
10            if [ -d "$i" ] ; then echo "répertoire " ; fi
11            if [ -f "$i" ] ; then echo "fichier régulier " ; fi
12            if [ -p "$i" ] ; then echo "tube nommé " ; fi
```

```
13              if [ -S "$i" ] ; then echo "socket " ; fi
14              echo -n "  bits = "
15              if [ -g "$i" ] ; then echo -n "Set-GID " ; fi
16              if [ -u "$i" ] ; then echo -n "Set-UID " ; fi
17              if [ -k "$i" ] ; then echo -n "Sticky " ; fi
18              echo ""
19              echo -n "  accès = "
20              if [ -r "$i" ] ; then echo -n "lecture " ; fi
21              if [ -w "$i" ] ; then echo -n "écriture " ; fi
22              if [ -x "$i" ] ; then echo -n "exécution " ; fi
23              echo ""
24              if [ -G "$i" ] ; then echo "  appartient à notre GID" ; fi
25              if [ -O "$i" ] ; then echo "  appartient à notre UID" ; fi
26         else
27              echo "  n'existe pas"
28         fi
29     done
```

Dans le script, chaque occurrence de $i est encadrée par des guillemets, afin que les fichiers dont le nom contient une espace puissent être traités correctement. Essayez de supprimer les guillemets et examinez le comportement du script.

```
$  ./test_fichier.sh test_fichier.sh
test_fichier.sh :
  type = fichier régulier
  bits =
  accès = lecture écriture exécution
  appartient à notre GID
  appartient à notre UID
$  ./test_fichier.sh /dev
/dev :
  type = répertoire
  bits =
  accès = lecture exécution
$  ./test_fichier.sh /dev/tty
/dev/tty :
  type = spécial caractère
  bits =
  accès = lecture écriture
$  ./test_fichier.sh "/mnt/dos/Mes documents"
/mnt/dos/Mes documents :
  type = répertoire
  bits =
  accès = lecture écriture exécution
  appartient à notre GID
  appartient à notre UID

$
```

L'option -t permet de vérifier si un descripteur correspond bien à un terminal, comme le montre l'exemple suivant :

```
$ if [ -t 0 ] ; then echo Oui ; else echo Non ; fi
Oui
$ if [ -t 3 ] ; then echo Oui ; else echo Non ; fi
Non
$ (if [ -t 3 ] ; then echo Oui ; else echo Non ; fi ) 3>&2
Oui
$
```

En ce qui concerne les comparaisons de chaînes, il est recommandé de toujours encadrer le nom des variables par des guillemets, afin d'éviter les erreurs, susceptibles de se produire si une chaîne est vide :

```
$ VAR1=abcd
$ VAR2=
$ if [ $VAR1 = $VAR2 ] ; then echo Oui ; else echo Non ; fi
[: abcd: unary operator expected
Non
$ if [ "$VAR1" = "$VAR2" ] ; then echo Oui ; else echo Non ; fi
Non
$ VAR2=abcd
$ if [ "$VAR1" = "$VAR2" ] ; then echo Oui ; else echo Non ; fi
Oui
$
```

On peut associer plusieurs conditions avec les opérateurs suivants :

Option	Vraie si
! condition	La condition est fausse.
condition_1 -a condition_2	Les deux conditions sont vraies.
condition_1 -o condition_2	L'une au moins des conditions est vraie.

Ces options rendant les expressions difficilement lisibles, il est préférable de juxtaposer directement plusieurs commandes de test à l'aide des symboles && || et !, déjà rencontrés :

```
$  min=15
$  max=23
$  val=19
$  if [ $val -lt $min ] || [ $val -gt $max ]; then echo Alarme; fi
$  val=14
$  if [ $val -lt $min ] || [ $val -gt $max ]; then echo Alarme; fi
Alarme
$  val=25
$  if [ $val -lt $min ] || [ $val -gt $max ]; then echo Alarme; fi
Alarme
$
```

Construction case-esac

La seconde structure de sélection proposée par le shell est introduite par le mot-clé `case`, et terminée par `esac`. La forme générale en est la suivante :

```
case expression in
    motif_1 ) commande_1 ;;
    motif_2 ) commande_2 ;;
    ...
esac
```

L'expression indiquée à la suite du `case` est évaluée puis son résultat est comparé (en tant que chaîne de caractères) avec les différents motifs fournis ensuite. Si la correspondance entre l'expression et un motif est réalisée, les commandes composées qui suivent le motif sont exécutées, puis le contrôle passe à la fin de la structure, après le `esac`.

Les motifs peuvent contenir des caractères génériques du shell, comme l'astérisque qui remplace n'importe quelle séquence de caractères, le point d'interrogation qui remplace un unique caractère, ou un encadrement de caractères entre crochets indiquant une alternative ou un intervalle. Des motifs peuvent également être juxtaposés avec un symbole | signifiant *OU*.

L'exemple suivant – que l'on peut considérer comme une portion de script d'installation d'une application sous Linux – va invoquer l'utilitaire `uname` pour connaître le numéro de version du noyau en cours d'utilisation. En fonction du résultat, il s'arrêtera ou poursuivra l'exécution, éventuellement après avoir interrogé l'utilisateur. Afin de pouvoir « tricher » et tester les différents cas, on n'invoque l'utilitaire `uname` que si aucun argument n'a été indiqué sur la ligne de commande, sinon on emploie le premier transmis en guise de numéro de version.

`test_noyau.sh` :

```
1    #! /bin/sh
2
3    i=$(uname -r)
```

```
4    i=${1:-$i}
5
6    case "$i" in
7      3.* ) Type_noyau="3" ;;
8      2.6.* ) Type_noyau="2.6" ;;
9      2.4.* | 2.5.* ) Type_noyau="2.4" ;;
10     2.* | 1.* | 0.* )   echo "Trop ancien, impossible de continuer"
11                         exit 1 ;;
12     * )      Type_noyau="Inconnu"
13              echo "Noyau inconnu ; continuer l'installation ?"
14              read Reponse
15              case "$Reponse" in
16                  O* | o* | Y* | y* )
17                      echo Ok ;;
18                  * ) exit 1 ;;
19              esac ;;
20   esac
21   echo "Installation pour noyau de type $Type_noyau"
```

On peut remarquer que l'imbrication de deux structures `case-esac` ne pose pas de problème.

```
$  uname -r
3.2.0-29
$  ./test_noyau.sh
Installation pour noyau de type 3
$  ./test_noyau.sh 2.2.12
Trop ancien, impossible de continuer
$  ./test_noyau.sh 2.6.29
Installation pour noyau de type 2.6
$  ./test_noyau.sh 3.1
Installation pour noyau de type 3
$  ./test_noyau.sh 4.0
Noyau inconnu ; continuer l'installation ?
o
Ok
Installation pour noyau de type Inconnu
$ ./test_noyau.sh 4.1
Noyau inconnu ; continuer l'installation ?
non
$
```

Comme la sélection `case` accepte la mise en correspondance de motifs sous forme de chaînes comportant des caractères génériques, cette construction permet des applications bien plus puissantes que ses homologues dans les langages de programmation plus classiques, qui n'acceptent que des arguments numériques ou des chaînes fixes.

Il est possible d'utiliser `case` pour définir une fonction qui vérifie si une chaîne de caractères peut correspondre à un motif contenant des caractères génériques. Les définitions de fonctions sont détaillées plus bas dans ce chapitre. La fonction `correspondance()` suivante renvoie une valeur vraie (0) ou fausse (1) suivant que son premier argument $1 peut être mis en correspondance avec le second $2.

```
function correspondance
{
    case "$1" in
        $2)  return 0 ;;
        *)   return 1 ;;
    esac
}
```

Nous pouvons en vérifier le fonctionnement en définissant directement la fonction en ligne de commande :

```
$  function correspondance {
> case "$1" in
>   $2) return 0;;
>   *)  return 1;;
> esac
> }
$ if correspondance "azer" "azer"; then echo Oui; else echo Non; fi
Oui
$ if correspondance "azer" "azur"; then echo Oui; else echo Non; fi
Non
$ if correspondance "azer" "az?r"; then echo Oui; else echo Non; fi
Oui
$ if correspondance "azer" "a*r"; then echo Oui; else echo Non; fi
Oui
$ if correspondance "azer" "a*b"; then echo Oui; else echo Non; fi
Non
$
```

Ce mécanisme peut être utile lorsqu'on désire élargir le champ d'action d'un script en le rendant plus général.

Itérations d'instructions

Les séquences d'instructions se présentent traditionnellement sous deux formes : celles qui consistent en un nombre limité de boucles (*répéter 10 fois la séquence*) et celles qui dépendent d'une condition d'arrêt (*recommencer tant que le maximum n'est pas atteint*). Les deux constructions proposées par le shell reflètent ces deux mécanismes.

Répétitions while-do et until-do

Les deux structures `while-do-done` et `until-do-done` servent à répéter une séquence d'instructions jusqu'à ce qu'une condition soit vérifiée. Elles se présentent ainsi :

```
while condition
do
    commandes
done
```

et

```
until condition
do
    commandes
done
```

La première construction répète les commandes composées qui se trouvent dans le corps de la boucle tant que (*while*) la condition est vérifiée. La seconde les répète jusqu'à ce que (*until*) la condition devienne vraie ; en d'autres termes, elle les répète tant que la condition est fausse. Le code de retour général est celui de la dernière commande exécutée.

Ces structures permettent d'émuler le fonctionnement de la boucle `for` telle qu'elle se présente dans les langages comme le C, en assurant un comptage. Par exemple, le script suivant affiche la factorielle d'un entier passé en argument (on pourrait réduire le programme en utilisant une variable de moins, mais la lisibilité serait amoindrie).

`factorielle.sh` :

```
1    #! /bin/sh
2
3    n=${1:-1}
4    i=1
5    f=1
6    while [ $i -le $n ] ; do
7        f=$((f * i))
8        i=$((i + 1))
9    done
10
11   echo "$n! = $f"
```

Le script gère correctement le calcul 0!, en revanche, le calcul n'est exact que jusqu'à 20! environ (cela dépend du shell) car, au-delà, le résultat dépasse les limites de l'arithmétique entière :

```
$ ./factorielle.sh 0
0! = 1
$ ./factorielle.sh 1
1! = 1
$ ./factorielle.sh 4
4! = 24
$ ./factorielle.sh 5
5! = 120
$ ./factorielle.sh 10
10! = 3628800
$ ./factorielle.sh 20
20! = 2432902008176640000
$ ./factorielle.sh 21
21! = -4249290049419214848
```

Rupture de séquence avec break et continue

Lorsqu'on utilise une construction de répétition while ou until, il arrive fréquemment que, dans le corps même de la boucle, des instructions influent sur la condition utilisée pour limiter les itérations. Les ruptures de séquences qui se produisent dans ces boucles sont introduites par les mots-clés break et continue.

Le premier sert à sortir immédiatement de la boucle en cours, en transférant le contrôle après le done associé au while-do ou until-do. Certains programmeurs préfèrent écrire autant que possible leurs algorithmes sous forme de boucles infinies dont ils demandent explicitement la sortie grâce à break. La lisibilité est ainsi quelque peu améliorée dans le cas où plusieurs voies de sortie distinctes seraient rencontrées. En voici un exemple :

interprete_chaine.sh

```
1    #! /bin/sh
2
3    while true ; do
4        echo -n "[Commande]>"
5        if ! read chaine ; then
6            echo "Saisie invalide"
7            break
8        fi
9        if [ -z "$chaine" ] ; then
10           echo "Saisie vide"
11           break
```

```
12        fi
13        if [ "$chaine" = "fin" ] ; then
14            echo "Fin demandée"
15            break
16        fi
17        eval $chaine
18    done
19    echo "Au revoir"
```

Ce mini-interpréteur offre trois sorties possibles :

```
$  ./interprete_chaine.sh
[Commande]>ls
descente_repertoires.sh  test_fichier.sh      deux_sorties.sh
test_noyau.sh            echo_stderr.sh       ftpauto.sh
test_select.sh           interprete_chaine.sh factorielle.sh
[Commande]>     (Entrée)
Saisie vide
Au revoir
$  ./interprete_chaine.sh
[Commande]>     (Contrôle-D)  Saisie invalide
Au revoir
$  ./interprete_chaine.sh
[Commande]>ls /dev | wc
   2395    2395   14963
[Commande]>fin
Fin demandée
Au revoir
$
```

La commande `true` renvoie toujours vrai, à l'inverse de son acolyte `false`. En dehors de `while true ; do` et de `until false ; do`, on les emploie également lors de la mise au point d'un script pour remplacer temporairement une commande et vérifier ainsi ce qui se passe lorsqu'elle échoue ou réussit.

Le mot-clé `break` du shell peut également être suivi d'un entier indiquant le nombre de boucles imbriquées dont on désire sortir en une seule fois. Par défaut, la valeur est 1, mais il est ainsi possible de transférer le contrôle à la fin d'une boucle extérieure plus large. On notera que les scripts qui font usage de cette possibilité sont souvent moins lisibles et plus difficiles à maintenir.

Le mot-clé `continue` permet de renvoyer le contrôle au début de la boucle. On revient ainsi immédiatement à l'emplacement du test `while` ou `until` sans exécuter les instructions suivantes. Nous en verrons un exemple dans le script présenté plus bas dans le paragraphe qui traite des fonctions. Comme pour `break`, il est possible d'ajouter un argument entier qui indique combien de boucles imbriquées doivent être traversées pour revenir au début.

Construction for-do

La boucle `for` est un grand classique que l'on rencontre dans la plupart des langages de programmation. Hélas, son fonctionnement dans les scripts shell est totalement différent de celui qui est habituellement mis en œuvre dans les autres langages. Une boucle `for-do-done` avec le shell se présente ainsi :

```
for variable in liste_de_mots
do
    commandes
done
```

La variable va prendre successivement comme valeur tous les mots de la liste suivant `in` et le corps de la boucle sera répété pour chacune de ces valeurs. Voyons un exemple :

exemple_for_1.sh :

```
1    #! /bin/sh
2
3    for i in 1 2 3 5 7 11 13 ; do
4        echo "$i² = $((i * i))"
5    done
```

dont l'exécution affiche les carrés des premiers entiers indiqués :

```
$   ./exemple_for_1.sh
1² = 1
2² = 4
3² = 9
5² = 25
7² = 49
11² = 121
13² = 169
$
```

On utilise souvent `for` avec les listes `"$@"` et `*` qui représentent respectivement l'ensemble des paramètres de la ligne de commande et la liste des fichiers présents dans le répertoire en cours. Par défaut, `for` utilise la liste `in "$@"` si on omet ce mot-clé.

exemple_for_2.sh :

```
1    #! /bin/sh
2
3    for i ; do
4        echo $i
5    done
```

L'itération a bien lieu pour tous les paramètres en ligne de commande :

```
$  ./exemple_for_2.sh ab cd "ef gh"
ab
cd
ef gh
$
```

On utilise aussi assez souvent la boucle `for` dans une invocation sur une seule ligne, directement depuis le symbole d'invite du shell, pour traiter un ensemble de fichiers en une seule fois :

```
$  ls
data.tgz  doc.tgz  icones.tgz  sons.tgz  src.tgz
$  for i in *.tgz ; do mv $i ${i%%.tgz}.tar.gz ; done
$  ls
data.tar.gz  doc.tar.gz  icones.tar.gz  sons.tar.gz  src.tar.gz
$
```

Toutefois, pour ce genre d'opération qui peut se révéler destructrice, il est préférable de s'assurer de la validité de la commande en l'exécutant d'abord « à blanc », précédée d'un `echo` qui affichera les modifications prévues :

```
$  for i in *.tgz ; do echo mv $i ${i%%.tgz}.tar.gz ; done
mv data.tgz data.tar.gz
mv doc.tgz doc.tar.gz
mv icones.tgz icones.tar.gz
mv sons.tgz sons.tar.gz
mv src.tgz src.tar.gz
$
```

On remarquera encore que si certains fichiers risquent de comporter un espace dans leur nom, il faut encadrer de guillemets les utilisations de `$i` et `${i%%.tgz}`.

Choix et itération avec select-do

La construction `select-do-done` est une structure assez originale qui peut se révéler très utile dans certains scripts. Elle se présente sous l'aspect suivant :

```
select variable in liste_de_mots
do
    commandes
done
```

Le shell développe et affiche sur la sortie d'erreur la liste de mots qui est fournie, en les faisant précéder de numéros d'ordre. Il affiche ensuite le symbole d'invite représenté par la variable interne `PS3` et lit une ligne depuis son entrée standard. Si elle contient un numéro qui représente l'un des mots affichés, ce dernier est placé dans la variable dont le nom est précisé après le `select`. Ensuite, les commandes sont exécutées, puis le processus recommence.

La boucle s'arrête lorsque la lecture révèle une fin de fichier (pression sur Contrôle-D depuis le clavier par exemple), ou si un break est rencontré au cours des commandes. Lorsque la lecture renvoie une ligne vide, l'ensemble des mots est affiché à nouveau et la saisie reprend. Si la ligne lue ne correspond à aucun mot affiché, la variable reste vide, mais la saisie est transmise dans la variable spéciale REPLY.

Ce mécanisme permet de créer rapidement des menus simples dans des scripts, ou d'établir une sélection de fichiers à traiter. L'exemple suivant est un peu complexe, mais il illustre plusieurs points intéressants. Il s'agit d'un script qui affiche la liste des fichiers du répertoire en cours et propose plusieurs actions sur le fichier sélectionné :

menu_fichier.sh :

```
 1     #! /bin/sh
 2
 3     # Cette fonction reçoit en argument le nom d'un fichier, et
 4     # propose les différentes actions possibles.
 5
 6     function action_fichier ()
 7     {
 8         local reponse
 9         local saisie
10
11         echo "**********************************************"
12         PS3="
13 Action sur $1 : "
14
15         select reponse in Infos Copier Déplacer Détruire Retour
16         do
17             case $reponse in
18                 Infos )
19                     echo
20                     ls -l $1
21                     echo
22                     ;;
23                 Copier )
24                     echo -n "Copier $1 vers ? "
25                     if ! read saisie ; then continue ; fi
26                     cp $1 $saisie
27                     ;;
28                 Déplacer )
29                     echo -n "Nouvel emplacement pour $1 ? "
30                     if ! read saisie ; then continue ; fi
31                     mv $1 $saisie
32                     break
33                     ;;
34                 Détruire )
35                     if rm -i $1 ; then break; fi
36                     ;;
37                 Retour )
38                     break
39                     ;;
40                 * ) if [ "$REPLY" = "0" ] ; then break ; fi
```

```
41                     echo "$REPLY n'est pas une réponse valide"
42                     echo
43                     ;;
44         esac
45      done
46   }
47
48   # Cette routine affiche la liste des fichiers présents dans
49   # le répertoire, et invoque la fonction action_fichier si la
50   # saisie est correcte. Elle se termine si on sélectionne "0"
51   function liste_fichiers ()
52   {
53      echo "********************************************"
54      PS3="Fichier à traiter : "
55      select fichier in *
56      do
57         if [ ! -z "$fichier" ] ; then
58             action_fichier $fichier
59             return 0
60         fi
61         if [ "$REPLY" = "0" ] ; then
62             return 1
63         fi
64         echo "==> Entrez 0 pour Quitter"
65         echo
66      done
67   }
68
69   # Exemple de boucle tant qu'une fonction réussit.
70   # Le deux-points dans la boucle signifie "ne rien faire"
71
72   while liste_fichiers ; do : ; done
73
```

Pour commencer, la fonction `action_fichier` initialise la variable `PS3` – celle qui sera affichée avant la saisie – avec une chaîne comportant un retour à la ligne ! Cela ne pose aucun problème et améliore l'interface du logiciel. On constate ensuite qu'en fonction de l'opération réclamée, la commande correspondante (`ls`, `cp`, `mv`, `rm`) est invoquée et que l'on sort de la boucle si le fichier a été déplacé ou supprimé.

La fonction `liste_fichiers` affiche tous les fichiers et invoque la routine précédente si la saisie est correcte.

Attention, un `return` dans une construction `select` ne fait sortir que de cette boucle et pas de la fonction complète. Dans les deux cas, l'exécution continue après le `done`. Ici, il n'y a aucune instruction, mais on peut y ajouter un `echo` pour en avoir le cœur net.

La boucle `while` ne contient qu'un test, qui vérifie si le code de retour de `liste_fichiers` est bien vrai (nul). Le corps de la boucle ne contient aucune instruction utile, ce que l'on représente par le caractère :.

Voici quelques exemples d'exécution :

```
$  ./menu_fichier.sh
*********************************************
1) doc.tgz          3) menu_fichier.sh  5) src.tgz
2) icones.tgz       4) sons.tgz
Fichier à traiter : 2
*********************************************
1) Infos       3) Déplacer        5) Retour
2) Copier      4) Détruire

Action sur icones.tgz : 2
Copier icones.tgz vers ? essai
1) Infos       3) Déplacer        5) Retour
2) Copier      4) Détruire

Action sur icones.tgz : 5
*********************************************
1) doc.tgz          3) icones.tgz        5) sons.tgz
2) essai            4) menu_fichier.sh  6) src.tgz
Fichier à traiter : 2
*********************************************
1) Infos       3) Déplacer        5) Retour
2) Copier      4) Détruire
Action sur essai : 4
Détruire essai ? o
*********************************************
1) doc.tgz          3) menu_fichier.sh  5) src.tgz
2) icones.tgz       4) sons.tgz
Fichier à traiter : 5
*********************************************
1) Infos       3) Déplacer        5) Retour
2) Copier      4) Détruire

Action sur src.tgz : 3
Nouvel emplacement pour src.tgz ? sources.tar.gz
*********************************************
1) doc.tgz          3) menu_fichier.sh  5) sources.tar.gz
2) icones.tgz       4) sons.tgz
Fichier à traiter : 0
$
```

Bien sûr, la présentation n'est ni très esthétique ni très ergonomique, mais la structure `select` permet quand même de simplifier l'interface de petits scripts en proposant à l'utilisateur un choix de commandes ou de fichiers qu'il peut manipuler sans compliquer le développement du programme. Cela peut être très utile, par exemple, dans des scripts d'installation où l'utilisateur choisit des modules ou des répertoires à copier.

Fonctions

Nous avons déjà rencontré à plusieurs reprises des fonctions, ne serait-ce que dans le dernier exemple. Nous allons examiner quelques points de détail les concernant. D'une manière générale, une fonction se définit ainsi :

```
function nom_de_la_fonction
{
    commandes
}
```

Toutefois, on peut supprimer le mot-clé `function` à condition d'ajouter deux parenthèses seules après le nom de la fonction « () », soit les parenthèses, mais pas les deux à la fois. On peut donc écrire au choix :

```
function ma_fonction
{
  ...
}
```

ou

```
ma_fonction ()
{
  ...
}
```

> **Attention**
>
> Le fait d'écrire `function` et d'ajouter les parenthèses n'est pas portable, mais cela fonctionne sur de nombreux shells.

J'ai souvent tendance à conserver plutôt `function` que les parenthèses, considérant que cet indice marque bien le fait que l'on est en train de définir une fonction, même aux yeux de quelqu'un qui n'est pas familiarisé avec la programmation shell. Ce n'est toutefois qu'une question de choix personnel, et chacun est libre d'employer l'écriture de son choix. Lorsque la portabilité du script est importante, on utilisera plutôt la seconde forme, avec les parenthèses, car c'est celle préconisée par les spécifications Single Unix version 3.

De même, l'accolade ouvrante peut être placée juste après les parenthèses, même si le positionnement en début de ligne pour une définition de fonction est généralement considéré comme l'écriture la plus lisible en programmation shell.

Les arguments que l'on transmet à une fonction sont placés à la suite de son nom lors de l'invocation. Ils ne sont pas indiqués lors de la définition de la fonction – il n'existe pas de notion de prototype – mais seront placés automatiquement dans les paramètres positionnels $1, $2...$n, où on pourra les consulter dans le corps de la fonction.

Une attitude défensive dans la programmation de script imposerait que l'on vérifie au moins que le bon nombre d'arguments a bien été transmis. Cela est possible grâce au paramètre spécial $# qui contient le nombre de paramètres positionnels reçus. Par exemple :

`fonction_1.sh` :

```
 1    #! /bin/sh
 2
 3    function trois_arg
 4    {
 5        # Cette routine attend trois arguments
 6        if [ $# -ne 3 ] ; then
 7            echo "Nombre d'arguments erronés dans trois_arg()"
 8            return
 9        fi
10        echo "Traitement des arguments de trois_arg ()"
11    }
12
13    trois_arg
14    trois_arg un deux trois quatre
15    trois_arg un deux trois
```

Lors de l'exécution de ce script, les deux premières invocations sont bien rejetées :

```
$  ./fonction_1.sh

Nombre d'arguments erronés dans trois_arg()

Nombre d'arguments erronés dans trois_arg()

Traitement des arguments de trois_arg ()

$
```

On peut aussi créer une fonction qui prend un nombre variable d'arguments :

`fonction_2.sh` :

```
 1    #! /bin/sh
 2
 3    function additionne
 4    {
 5        # Cette routine additionne tous ses arguments, et
 6        # affiche le résultat sur la sortie standard
 7        local somme
 8        local i
 9        somme=0
10        for i in "$@" ; do
11            somme=$((somme + i))
12        done
13        echo $somme
14    }
15
16    # Appeler la fonction avec les arguments reçus
17    # en ligne de commande.
18    additionne "$@"
```

Nous pouvons directement effectuer les expériences depuis la ligne de commande, un argument non numérique étant considéré comme nul :

```
$  ./fonction_2.sh 1 2 3
6
$  ./fonction_2.sh 1 2 trois
3
$  ./fonction_2.sh 1 2 3 4 5 6 7 8 9 10
55
$
```

Au sein d'une fonction, le paramètre positionnel `$0` conserve la même valeur que dans le reste du script, c'est-à-dire le nom et le chemin d'accès du fichier contenant le script. On peut donc l'employer pour afficher des messages d'erreur.

Le mot-clé `local` permet d'indiquer qu'une variable ne sera visible que dans la fonction où elle est définie. L'intérêt en est double :

- Éviter de modifier involontairement une variable également utilisée à l'extérieur de la fonction. Cela est d'autant plus vrai lorsqu'on utilise des variables aux noms courants, comme `i`, `f`, `tmp`, etc. Le risque est moins grand avec `adresse_ip_serveur` ; toutefois, la déclaration de la variable avec `local` nous protégera contre tout risque d'interférence avec le reste du script.

- L'utilisation des variables locales rend possible l'appel *récursif* de la fonction. Le script présenté ci-après utilise ce mécanisme pour afficher l'arborescence des sous-répertoires à partir d'un point donné de la hiérarchie de fichiers. La déclaration locale de f est obligatoire car, autrement, l'appel récursif de la fonction aurait modifié son contenu avant le retour.

descente_repertoires.sh :

```
1    #! /bin/sh
2
3    function explore_repertoire
4    {
5        local f
6        local i
7        # Faire précéder le nom du répertoire reçu en premier
8        # argument par autant de caractères blancs que la
9        # valeur du second argument.
10       i=0
11       while [ $i -lt $2 ] ; do
12           echo -n " "
13           i=$((i + 1))
14       done
15       echo "$1"
16       # Se déplacer dans le 1er répertoire. Si échec -> abandon
17       if ! cd "$1" ; then return ; fi
18       # Balayer tout le contenu du répertoire
19       for f in * ; do
20           # Sauter les liens symboliques
21           if [ -L "$f" ] ; then
22               continue
23           fi
24           # Si on a trouvé un sous-répertoire, l'explorer en
25           # incrémentant sa position (de 4 pour l'esthétique)
26           if [ -d "$f" ] ; then
27               explore_repertoire "$f" $(($2 + 4))
28           fi
29       done
30       # Revenir dans le répertoire initial
31       cd ..
32   }
33
34   # Lancer l'exploration à partir de l'argument
35   explore_repertoire "$1" 0
```

On peut remarquer dans ce script l'emploi de la commande `continue` pour passer à l'élément suivant de l'itération en sautant la fin de la boucle.

```
$  ./descente_repertoires.sh /dev/
/dev/
    ida
    inet
    pts
    rd
$  ./descente_repertoires.sh /usr/src/linux/arch/
/usr/src/linux/arch/
    i386
        boot
            compressed
            tools
        kernel
        lib
        math-emu
        mm
$  ./descente_repertoires.sh /proc/sys/net/
/proc/sys/net/
    802
    core
    ethernet
    ipv4
        conf
            all
            default
            eth0
            lo
        neigh
            default
            eth0
            lo
        route
    token-ring
    unix
$
```

Quand une fonction se termine, elle renvoie un code de retour qui correspond à celui de la dernière instruction exécutée. L'instruction `return` permet, si on le désire, de préciser explicitement un code de retour.

On prendra bien note que le code de retour ne sert que dans les tests (par exemple, `if`) mais qu'il ne peut normalement pas être stocké dans une variable, ou affiché. Il n'est pas utilisé pour transmettre un résultat, mais bien une condition de réussite ou d'échec.

Le code de retour correspond à une valeur vraie s'il est nul, et fausse sinon. En voici une illustration :

`fonction_3.sh` :

```
 1    #! /bin/sh
 2
 3    function renvoie_un ()
 4    {
 5        return 1
 6    }
 7
 8    function renvoie_zero ()
 9    {
10        return 0
11    }
12
13    echo -n "renvoie_un : "
14    if renvoie_un ; then echo vrai ; else echo faux ; fi
15    echo -n "renvoie_zero : "
16    if renvoie_zero ; then echo vrai ; else echo faux ; fi
```

Ce script se déroule ainsi :

```
$  ./fonction_3.sh
renvoie_un : faux
renvoie_zero : vrai
$
```

Lorsqu'une fonction doit renvoyer une valeur qui doit être utilisée par la suite, par exemple stockée dans une variable, deux possibilités s'offrent à nous :

• La fonction peut écrire son résultat sur sa sortie standard grâce à la commande `echo`, la valeur pouvant être récupérée grâce à l'opérateur `$( )` que nous avons rencontré au chapitre précédent.

• La routine peut transmettre son résultat dans une variable *globale* (surtout pas locale !) qui, par convention, prendra le même nom que la fonction.

Ces deux méthodes sont illustrées dans le script suivant :

`fonction_4.sh` :

```
 1    #! /bin/sh
 2
 3    function carre
 4    {
```

```
 5        echo $(($1 * $1))
 6    }
 7
 8    function cube
 9    {
10        cube=$(($1 * $1 * $1))
11    }
12
13    x=$1
14    x2=$(carre $x)
15    cube $x
16    x3=$cube
17
18    echo "x=$x     x^2=$x2      x^3=$x3"
```

dont l'exécution donne :

```
$   ./fonction_4.sh 2
x=2     x^2=4     x^3=8
$   ./fonction_4.sh 3
x=3     x^2=9     x^3=27
$
```

On peut très bien envisager, selon le même principe, de renvoyer des résultats sous forme
de chaînes de caractères :

```
$ function elimine_chemin
> {
>   elimine_chemin=${1##*/}
> }
$  elimine_chemin /usr/src/linux/README
$ echo $elimine_chemin
README
$  function elimine_suffixe
>  {
>    echo ${1%%\.*}
>  }
$  base=$(elimine_suffixe fichier.c)
$  echo $base
fichier
$
```

Enfin, indiquons que Bash et Ksh sont compatibles avec la notion d'alias. Il s'agit d'un concept ancien moins performant que les fonctions, puisque cette notion ne permet pas d'utiliser directement des arguments. L'utilisation des alias est à présent déconseillée, et on leur préfère les fonctions.

Conclusion

Nous avons pu mettre en place dans ce chapitre les mécanismes qui permettent de faire fonctionner des programmes shell. Nous avons étudié en détail les commandes et leur composition, ainsi que les structures de contrôle indispensables à l'écriture d'algorithmes. Il devient évident que les possibilités des scripts shell sont loin d'être négligeables et que nous allons pouvoir écrire des programmes vraiment intéressants. En présentant les fonctions et les utilitaires sur lesquels nous pourrons asseoir nos scripts, le prochain chapitre va développer la vraie dimension de ces scripts.

Exercices

4.1 – Redirection de l'entrée standard (facile)

Pourquoi `ls` trouve-t-il toujours les mêmes fichiers lorsqu'on invoque les commandes suivantes ?

- `ls < /dev`
- `ls < /etc`
- `ls < /usr/bin`

4.2 – Redirection vers fichier inaccessible (facile)

Sur de nombreux systèmes Unix actuels, le fichier `/etc/shadow` masque les mots de passe et n'est pas accessible – même en lecture – pour les utilisateurs courants. Nous avons vu dans l'exercice précédent que `ls` ne lit pas son entrée standard.

Que se passe-t-il alors si nous invoquons la ligne suivante ? Pourquoi ?

```
$  ls < /etc/shadow
```

N. B. : s'il n'y a pas de fichier `/etc/shadow` sur votre système, créez un fichier interdit en lecture ainsi :

```
$  touch my_shadow
$  chmod 000 my_shadow
$
```

4.3 – Redirection pour une commande inexistante (facile)

Que se passe-t-il si on essaie d'exécuter une commande inexistante en ayant redirigé sa sortie standard vers un fichier ?

4.4 – Affectation temporaire de variable (moyen)

Essayez de prévoir le résultat des commandes suivantes, puis exécutez-les. Que se passe-t-il et pourquoi ?

```
$   VAR=1234
$   echo $VAR
$   VAR=5678   echo $VAR
$   echo $VAR
```

4.5 – Structures de boucle for-do-done (facile)

Écrivez un script qui affiche le nom de chaque fichier du répertoire dans lequel il se trouve, en le faisant précéder d'un numéro d'ordre, comme dans l'exemple suivant :

```
$   ./numerote_fichiers.sh
1) boucle.sh
2) numerote_fichiers.sh
3) test_fichier.sh
$
```

Utilisez pour cela une structure `for-do-done`.

4.6 – Structures de boucle while-do-done (facile)

Ce second exercice va vous permettre de vous familiariser avec les structures de boucle `while`, que l'on utilise très fréquemment dans les scripts shell, pour les itérations (comptage, etc.).

Écrivez un script qui affiche à cinq reprises le contenu de sa ligne de commande, en dormant une seconde entre chaque affichage.

Pour endormir un script, on invoque la commande Unix `sleep`.

Invoquez trois exemplaires de ce script en parallèle (sur la même ligne de commande), chacun avec un argument différent pour vérifier que les exécutions sont bien simultanées, les écritures étant enchevêtrées, ainsi :

```
$  ./boucle.sh AAA & ./boucle.sh BBB & ./boucle.sh CCC
AAA
CCC
BBB
AAA
BBB
CCC
AAA
BBB
CCC
AAA
CCC
BBB
AAA
CCC
BBB
$
```

(Les messages concernant le contrôle des jobs ont été supprimés de l'exécution ci-dessus.)

4.7 – Tests des caractéristiques d'un fichier (moyen)

Cet exercice va vous permettre d'utiliser les nombreuses options de test offertes par le shell pour déterminer les caractéristiques d'un fichier.

Écrivez un script qui utilise les options de la commande `test` (ou `[ ]`) pour décrire les fichiers qui lui sont passés en argument.

Les options standards sont décrites dans la page de manuel *test(1)*.

5

Commandes, variables et utilitaires système

Nous avons étudié en détail les structures offertes par le langage de programmation des scripts shell, ainsi que les mécanismes d'évaluation des expressions. Tout cela ne serait pourtant pas d'une grande utilité sans l'existence de fonctions utilitaires sur lesquelles il convient d'appuyer nos programmes. Nous savons en effet remplir et évaluer des variables, faire des boucles ou sélectionner des instructions, mais nous n'avons pas étudié les moyens qui sont à notre disposition pour interfacer notre script avec le système.

Il est important, quel que soit le langage de programmation étudié, de bien distinguer ce qui fait partie du langage lui-même (mots-clés, directives, symboles…) de ce qui relève de facilités externes offertes par le système ou des bibliothèques de fonctions. Cette distinction est par exemple très marquée avec le langage C où il est nécessaire de réclamer explicitement l'inclusion des déclarations des routines externes – y compris les opérations d'entrées-sorties de base comme `printf()`, `scanf()`, ou `fgets()` - pour éviter les plaintes du compilateur. À l'inverse, avec certains langages, le Basic par exemple, il est plus difficile de différencier les opérations qui appartiennent à une bibliothèque système des mots-clés du langage.

Le shell offre quelques commandes internes qui peuvent être assimilées à des fonctions de bibliothèques. Ce rôle est toutefois complété pour l'essentiel par des utilitaires système standards que l'on retrouve normalement sur tout système Unix et qui effectuent les tâches les plus importantes.

Commandes internes

Les commandes internes du shell peuvent se répartir en trois catégories essentielles :

- la configuration du comportement du shell ;
- l'exécution de scripts ;
- les interactions avec le système.

Il convient d'y ajouter les commandes internes relatives à l'utilisation du shell en mode interactif (historique, contrôle des jobs, configuration du clavier, etc.) que nous n'étudierons pas, car nous nous limitons à la programmation de scripts. Il existe également des fonctions avancées (traitement des signaux, gestion du parallélisme, etc.) moins utiles pour les scripts courants.

Comportement du shell

set

Le comportement du shell est largement configurable à l'aide de la commande set.

Cette dernière comporte un nombre important d'options. On pourra consulter la page de manuel de Bash ou Ksh pour en connaître le détail. Les plus intéressantes, en ce qui concerne la programmation, sont les suivantes :

Option	Signification

`-a`
ou
`-o allexport`
	Toutes les variables créées ou modifiées seront automatiquement exportées dans l'environnement des processus fils.

`-n`
ou
`-o noexec`
	Ne pas exécuter les commandes du script mais les afficher pour permettre le débogage.

`-u`
ou
`-o nounset`
	La lecture du contenu d'une variable inexistante déclenchera une erreur. Cela est très précieux pour la mise au point des scripts.

`-v`
ou
`-o verbose`
	Afficher le contenu du script au fur et à mesure de son exécution.

`-x`
ou
`-o xtrace`
	Permettre le suivi du script instruction par instruction. Nous décrirons cela dans le prochain chapitre.

L'utilisation d'un + à la place du - devant une option permet de réclamer le comportement opposé.

Il est conseillé de commencer systématiquement un script par set -u pour détecter immédiatement les fautes de frappe dans l'écriture du nom d'une variable.

Exécution des scripts et commandes

source

Le lancement d'un script ou d'une commande externe peut se faire de plusieurs maniè-res. Tout d'abord, on peut appeler directement le programme, sur la ligne de commande ou dans une ligne de script, si le fichier se trouve dans un répertoire mentionné dans la variable PATH, ou si le chemin d'accès est indiqué en entier. Dans ce cas, un processus fils est créé, grâce à l'appel système fork(), et ce nouveau processus va exécuter la commande indiquée. Dès que celle-ci se termine, le processus fils « meurt » également. Le processus père attend la fin de son fils et en reçoit un code – dont il tient compte ou non – expliquant les circonstances de la terminaison du processus. La création d'un processus fils peut être mise en évidence grâce à la variable spéciale $$ qui, nous le verrons plus bas, contient le PID (*Process Identifier*) du processus.

affiche_pid.sh :

```
1    #! /bin/sh
2    echo "PID du shell : $$"
```

L'exécution montre bien que le numéro de PID évolue au fur et à mesure des invocations :

```
$  echo $$
2199
$  ./affiche_pid.sh
PID du shell : 2273
$  ./affiche_pid.sh
PID du shell : 2274
$  ./affiche_pid.sh
PID du shell : 2275
$
```

Dans le cas d'un script shell, on peut également demander que l'exécution ait lieu dans l'environnement en cours, le shell lisant le script ligne à ligne et l'interprétant direc-tement. Pour cela, on utilise la commande source, que l'on peut également abréger en un simple point. Cela présente deux avantages essentiels :

- le script exécuté peut modifier l'environnement du shell courant, aussi bien les variables que le répertoire de travail ;
- le fichier n'a pas besoin d'être exécutable.

Ce second point mérite quelques explications : sur la plupart des systèmes Linux, on laisse la possibilité à un utilisateur quelconque de monter une clé USB ou un CD-Rom dans l'arborescence des fichiers. Toutefois, pour éviter les problèmes de sécurité, l'admi-nistrateur interdit généralement l'exécution des fichiers qui se trouvent sur ces supports. Il devient plus difficile dans ces conditions de fournir une application sur un CD ou une clé USB avec un script qui automatise toute l'installation, puisqu'il faudrait demander au destinataire de copier le script dans un répertoire temporaire, de le rendre exécutable puis de le lancer, ou encore de remonter le support avec l'option `-o exec` de `mount`.

Par chance, l'utilisation de `source` vient à notre aide et nous pouvons prévoir un script qui assurera toutes les manipulations nécessaires à l'installation, et demander simplement à l'utilisateur de faire quelque chose comme :

```
mount /mnt/cdrom
source /mnt/cdrom/install
umount /mnt/cdrom
```

Il faut toutefois penser à ceci : si un script exécuté avec `source` se termine par une instruction `exit` – que nous détaillons ci-dessous – c'est le shell lui-même qui s'achève.

L'utilisation de `source` est réservée aux scripts shell, comme en témoigne l'exemple suivant, dans lequel on remarque que le script `affiche_pid.sh` garde bien le même numéro de `PID` que le shell :

```
$   echo $$
2199
$   source affiche_pid.sh
PID du shell : 2199
$   . affiche_pid.sh
PID du shell : 2199
$   ./affiche_pid.sh
PID du shell : 2345
$   source /bin/ls
source: /bin/ls: cannot execute binary file
$
```

exec

Il est malgré tout possible de demander, grâce à la commande interne `exec`, qu'un fichier binaire soit exécuté par le même processus que le shell. À ce moment, toute l'image mémoire du shell est remplacée définitivement par celle de l'exécutable réclamé. Lorsque le programme se terminera, le processus « mourra » sans revenir au shell :

```
$   exec /bin/date
mer déc  6 13:59:03 CET 2000
   (fin de la connexion)
```

Il y a une autre façon d'utiliser `exec` pour modifier les redirections d'entrées-sorties en cours de script. Lorsque `exec` n'a pas d'argument, les éventuelles redirections sont mises en place, et le script continue normalement. Voici un aperçu de ce mécanisme :

exemple_exec.sh :

```
1    #! /bin/sh
2    echo "Cette ligne est écrite avant le exec"
3    exec > sortie.txt
4    echo "Cette ligne est écrite après le exec"
```

La redirection de la sortie standard en cours de script est bien appliquée :

```
$  ./exemple_exec.sh
Cette ligne est écrite avant le exec
$  cat sortie.txt
Cette ligne est écrite après le exec
$  rm sortie.txt
$
```

exit

Il est parfois nécessaire de terminer un script shell brutalement, sans attendre d'arriver à la dernière instruction, ou depuis l'intérieur d'une fonction, comme c'est le cas dans la gestion d'erreurs critiques. Une commande interne, nommée exit, termine immédiatement le shell en cours, en renvoyant le code de retour indiqué en argument. Si ce code est absent, exit renvoie le code de la dernière commande exécutée.

Par convention, un code nul correspond à une réussite, et prend une valeur vraie dans un test if. Un code non nul signifie « échec » et renvoie une valeur fausse pour if. Le script suivant vérifie s'il a bien reçu un argument et s'il s'agit bien d'un fichier avant d'invoquer la commande file qui affiche le type du fichier.

exemple_exit :

```
1    #! /bin/sh
2
3    function verifie_fichier
4    {
5        if [ ! -f $1 ] ; then
6            echo "$1 n'existe pas !"
7            exit 1
8        fi
9    }
10
11   if [ $# -ne 1 ]; then
12       echo "Syntaxe : $0 fichier"
13       exit 1
14   fi
15
16   verifie_fichier $1
17   file $1
18   exit 0
```

Nous pouvons tester les trois `exit` possibles :

```
$  ./exemple_exit.sh
Syntaxe : ./exemple_exit.sh fichier
$  ./exemple_exit.sh /etc/passwords
/etc/passwords n'existe pas !
$  ./exemple_exit.sh /etc/passwd
/etc/passwd: ASCII text
$
```

Pour vérifier les codes de retour, nous devons encadrer l'appel par un test :

```
$  if ./exemple_exit.sh ; then echo Vrai ; else echo Faux ; fi
Syntaxe : ./exemple_exit.sh fichier
Faux
$  if ./exemple_exit.sh /etc/pass; then echo Vrai; else echo Faux; fi
/etc/pass n'existe pas !
Faux
$  if ./exemple_exit.sh /etc/passwd; then echo Vrai; else echo Faux; fi
/etc/passwd: ASCII text
Vrai
$
```

On notera toutefois que l'appel `exit` termine entièrement le shell en cours. Lors d'une invocation classique, le processus fils créé pour exécuter le script se finit et le processus père reprend la main. En revanche, lors d'une invocation avec `source` ou `exec`, le shell original est également terminé.

Interactions avec le système

Répertoire de travail

Chaque processus dispose d'un répertoire de travail. Lorsqu'un utilisateur se connecte, le shell est lancé dans son répertoire personnel indiqué dans le fichier `/etc/passwd`. Pour changer de répertoire, on utilise la commande interne `cd`. Il s'agit nécessairement d'une commande interne et pas d'un utilitaire système `/bin/cd`, car l'exécution dans un processus fils ne permettrait pas de modifier le répertoire de travail du processus père.

La commande `cd` a quelques particularités intéressantes :

- `cd` seul revient dans le répertoire indiqué dans la variable `HOME` configurée lors de la connexion de l'utilisateur. Si cette variable n'existe pas, `cd` ne fait rien.

- `cd -` ramène dans le répertoire précédent. On peut alterner ainsi entre deux répertoires avec des invocations `cd -` successives.

- Lorsque l'argument de `cd` n'est pas un chemin complet, le sous-répertoire de destination est recherché par des balayages des répertoires indiqués dans la variable `CDPATH`. Celle-ci n'est que rarement configurée. Lorsqu'elle n'existe pas, `cd` considère qu'elle vaut « . » : c'est-à-dire qu'il ne recherche la destination que dans les sous-répertoires du répertoire courant.

Inversement, pour retrouver le nom du répertoire courant, on peut recourir à une commande interne nommée `pwd` qui fournit ce nom sur sa sortie standard. Il est préférable d'employer cette commande car elle est optimisée, même s'il existe un utilitaire système `/bin/pwd`.

Entrées-sorties

echo

Nous avons déjà largement utilisé la commande `echo` qui permet à un script d'envoyer sur la sortie standard un message constitué de ses arguments mis bout à bout. Il s'agit d'une commande interne du shell, mais il en existe souvent un équivalent sous forme d'exécutable binaire `/bin/echo`. Les options reconnues par la version Gnu (Linux) de `echo` et de son implémentation interne dans Bash sont :

Option	echo interne	/bin/echo	Signification
`-n`	●	●	Ne pas effectuer de saut de ligne après l'affichage. Cela permet de juxtaposer des messages lors d'appels successifs, ou d'afficher un symbole invitant l'utilisateur à une saisie.
`-e`	●	●	Interpréter les séquences particulières de caractères, décrites plus bas.
`-E`	●	●	Ne pas interpréter les séquences spéciales. Il s'agit du comportement par défaut.
`--version`		●	Afficher le numéro de version de l'utilitaire.
`--help`		●	Afficher un écran d'aide.

Les deux versions de `echo` peuvent interpréter des séquences spéciales de caractères lorsqu'elles les rencontrent dans les chaînes d'arguments. Cela n'est effectué que si l'option `-e` est précisée. Les séquences sont résumées dans le tableau suivant :

Séquence	Signification
`\\`	Affichage du caractère \ littéral
`\XXX`	Affichage du caractère dont le code Ascii est XXX exprimé en octal
`\a`	Sonnerie
`\b`	Retour en arrière d'un caractère
`\c`	Éliminer le saut de ligne final (comme l'option `-n`)

Séquence	Signification
\f	Saut de page
\n	Saut de ligne
\r	Retour chariot en début de ligne
\t	Tabulation horizontale
\v	Tabulation verticale

On peut utiliser ces séquences pour contrôler grossièrement le mouvement du curseur. Par exemple, la commande :

```
while true ; do D=$(date) ; echo -en "\r$D " ; done
```

affiche la date en permanence en bas à gauche de l'écran, chaque écriture écrasant la précédente.

read

Un script doit non seulement envoyer des résultats sur la sortie standard, mais aussi pouvoir lire les saisies de l'utilisateur depuis l'entrée standard. Cette tâche est réalisée par la fonction interne read. Elle prend en argument un ou plusieurs noms de variables, lit une ligne depuis l'entrée standard, puis la scinde en différents mots pour remplir les variables indiquées. Le découpage a lieu en utilisant comme séparateurs les caractères présents dans la variable spéciale IFS. Le premier mot trouvé est placé dans la première variable, le suivant dans la deuxième et ainsi de suite, jusqu'à la dernière variable qui recevra tout le restant de la ligne. Si aucun nom de variable n'est indiqué, tout le contenu de la ligne est affecté à la variable spéciale REPLY.

La fonction read est interne au shell ; il ne serait pas possible d'utiliser un fichier exécutable binaire /bin/read qui serait exécuté dans un sous-processus et ne modifierait donc pas les variables d'environnement du shell père.

Pour la même raison, il ne faut pas utiliser read dans un pipeline, car chaque commande peut être exécutée dans un processus indépendant.

Supposons par exemple que nous souhaitions retrouver le nom complet de l'utilisateur à partir de son nom de connexion en consultant le fichier /etc/passwd. Ce dernier est constitué de lignes qui contiennent les champs suivants, séparés par des deux-points :

- identifiant ;
- mot de passe (généralement absent car dissimulé dans le fichier /etc/shadow) ;
- numéro d'identification de l'utilisateur ;
- numéro d'identification du groupe principal auquel appartient l'utilisateur ;
- nom complet de l'utilisateur ;
- répertoire personnel de connexion ;
- shell utilisé.

Nous pourrions être tentés d'écrire :

```
IFS=":" ; grep $USER /etc/passwd | read ident passe uid gid nom reste
```

Hélas, cela ne fonctionne pas de manière portable car `read` est exécuté dans un sous-processus et ne modifie pas la variable `ident` du shell père.

Le plus gênant c'est que cette commande fonctionne sur certaines versions du shell Korn. Ce dernier considère qu'un `read` en dernière position d'un pipeline doit être exécuté par le shell père. Toutefois cette écriture ne sera absolument pas portable.

Une solution consiste à stocker le résultat des commandes en amont de `read` dans une variable, puis à assurer la lecture avec une entrée standard redirigée depuis cette variable au moyen d'un document en ligne :

`lit_nom.sh` :

```
1    #! /bin/sh
2
3    A=$(grep $USER /etc/passwd)
4    IFS=":"
5    read ident passe uid gid nom restant <<FIN
6    $A
7    FIN
8    echo "Le nom de $ident est : $nom"
```

L'écriture du script est un peu compliquée à première vue, mais cela fonctionne comme on le souhaitait :

```
$  ./lit_nom.sh
Le nom de cpb est : Christophe Blaess
$
```

Le comportement du shell par rapport à la variable `IFS` est parfois un peu déroutant. Il faut savoir qu'elle lui sert essentiellement à séparer les mots obtenus sur une ligne, de façon à distinguer les commandes et les arguments. Par défaut, `IFS` contient les caractères espace, tabulation et retour chariot. Cette variable a été employée à de nombreuses reprises pour exploiter des failles de sécurité, aussi les shells modernes prennent-ils à son encontre des mesures draconiennes :

- `IFS` n'est jamais exportée dans l'environnement des sous-processus.

- `IFS` est réinitialisée à sa valeur par défaut à chaque démarrage du shell (elle n'est donc pas importée).

Voici une autre explication au fait que la ligne naïve de lecture du nom de l'utilisateur depuis le fichier `/etc/passwd` avec un pipeline ne fonctionne pas, `IFS` reprenant sa valeur par défaut dans chacun des sous-processus.

On notera qu'il est également possible d'utiliser la commande `cat` pour effectuer des entrées-sorties, surtout s'agissant de messages qui doivent se présenter sur plusieurs lignes. Voici un exemple de présentation de menu :

`menu.sh` :

```
 1    #! /bin/sh
 2
 3    cat << FIN
 4        **********************
 5        * titre du programme *
 6        **********************
 7
 8        1 - Première option
 9        2 - Seconde option
10
11        0 - Fin
12    FIN
13
14    while [ "$REPLY" != "0" ] ; do
15        echo -n "Votre choix : "
16        read
17        case "$REPLY" in
18            1 ) echo "Option numéro 1" ;;
19            2 ) echo "Option numéro 2" ;;
20            0 ) echo "Au revoir" ;;
21            * ) echo "Option invalide !" ;;
22        esac
23    done
```

```
$   ./menu.sh
        **********************
        * titre du programme *
        **********************

        1 - Première option
        2 - Seconde option

        0 - Fin
Votre choix : A
Option invalide !
Votre choix : 1
Option numéro 1
Votre choix : 2
Option numéro 2
Votre choix : 0
Au revoir
$
```

L'exécution présente bien l'écran voulu :

D'une façon symétrique, `cat` peut servir à lire dans une même variable plusieurs lignes de texte en une seule fois. La saisie doit se terminer par le caractère `EOF`, qui s'obtient en pressant `Contrôle-D` – à moins d'avoir fait des choses peu recommandables avec la commande `stty`, dont nous reparlerons. Pour que le contenu de la variable soit affiché sur plusieurs lignes, il faut l'encadrer par des guillemets, comme cela a déjà été expliqué dans le chapitre précédent, sinon les arguments de `echo` sont tous regroupés sur la même ligne.

Maintenant que l'on sait que le caractère retour chariot est contenu dans la valeur par défaut de `IFS`, on comprend pourquoi les lignes sont regroupées lors de l'invocation de `echo` comme s'il s'agissait d'arguments juxtaposés sur la ligne de commande.

```
$  A=$(cat)
 Voici un texte
 qui s'étend sur
 plusieurs lignes
 (Contrôle-D)
$  echo "$A"
Voici un texte
qui s'étend sur
plusieurs lignes
$  echo $A
Voici un texte qui s'étend sur plusieurs lignes
$
```

Arguments en ligne de commande

La tradition impose aux utilitaires Unix de faire en sorte que l'utilisateur puisse adapter leur comportement grâce à des options en ligne de commande. Pour être tout à fait exact, on recommande également que le paramétrage soit possible parallèlement, grâce à des variables d'environnement, mais que les options en ligne de commande aient priorité sur ces dernières. Les scripts shell n'échappent pas à cette règle, et on peut souvent juger de leur qualité en évaluant la généralité de la tâche effectuée et la souplesse du comportement qui est configuré au moyen des options en ligne dc commande.

L'analyse correcte des options n'est pas une tâche très aisée, d'une part parce que plusieurs d'entre elles peuvent être regroupées (`ls -alF` au lieu de `ls -a -l -F`) et, d'autre part, parce que certaines seulement prennent un argument. Il vaut donc mieux éviter d'avoir à récrire ces routines dans chaque script, et le shell nous propose directement une fonction de haut niveau nommée `getopts`.

Nous avons déjà rencontré `getopts` dans le chapitre 2, pour la lecture des options du script `rm_secure`. Sa mise en œuvre est en général la suivante :

```
while getopts liste_d_options option ; do
    case $option in
        option_1 ) ... ;;
        option_2 ) ... ;;
        ? ) ... ;;
    esac
done
```

Le premier argument qui se trouve à la suite de `getopts` est une chaîne contenant toutes les lettres acceptées par le script pour introduire une option. Si une option doit être à son tour complétée par un argument, on fait suivre la lettre d'un deux-points. Par exemple, les options de la commande `touch` reconnues par les systèmes *SUSv3* comprennent au moins :

Option	Signification
`-a`	Mettre à jour la date et l'heure du dernier accès au fichier.
`-c`	Ignorer les fichiers qui n'existent pas.
`-m`	Mettre à jour la date et l'heure de dernière modification du fichier.
`-r fichier`	Utiliser la date et l'heure du fichier indiqué plutôt que la date actuelle.
`-t date`	Utiliser la date et l'heure fournies plutôt que la date actuelle.

On peut écrire comme ceci la chaîne qui décrit les options : `acmr:t:`.

À chaque appel, la fonction `getopts` incrémente la variable interne `OPTIND` qui vaut zéro par défaut au début du script, et examine l'argument de la ligne de commande ayant ce rang. S'il s'agit d'une option simple, qui ne réclame pas d'argument, elle place la lettre correspondante dans la variable dont le nom a été fourni à la suite de la chaîne d'options. S'il s'agit d'une option qui nécessite un argument supplémentaire, elle en vérifie la présence, et le place dans la variable spéciale `OPTARG`. La fonction `getopts` renvoie une valeur vraie si une option a été trouvée, et fausse sinon. Ainsi, après lecture de toutes les options qui se trouvent en début de ligne de commande, on peut accéder aux arguments qui suivent, simplement en sautant les `OPTIND-1`, premiers mots grâce à l'instruction `shift`.

Lorsqu'une option illégale est rencontrée, `getopts` remplit la variable d'option avec un point d'interrogation. La description du fonctionnement de `getopts` est un peu complexe à première lecture, mais son utilisation est en fait plus simple qu'il n'y paraît. Le script suivant met en pratique ces premières étapes :

`exemple_getopts_1.sh` :

```
1    #! /bin/sh
2
3    while getopts "abc:d:" option ; do
```

```
 4          echo -n "Analyse argument numéro $OPTIND : "
 5          case $option in
 6              a ) echo "Option A" ;;
 7              b ) echo "Option B" ;;
 8              c ) echo "Option C, argument $OPTARG" ;;
 9              d ) echo "Option D, argument $OPTARG" ;;
10              ? ) echo "Inconnu" ;;
11          esac
12      done
13      shift $((OPTIND - 1))
14      while [ $# -ne 0 ] ; do
15          echo "Argument suivant : " $1
16          shift
17      done
```

Les options a et b ne nécessitent pas d'arguments supplémentaires, contrairement aux options c et d. S'il reste des éléments sur la ligne de commande, une fois que toutes les options sont analysées, on les affiche tels quels :

```
$ ./exemple_getopts_1.sh -a -c arg1 suite ligne
Analyse argument numéro 2 : Option A
Analyse argument numéro 4 : Option C, argument arg1
Argument suivant :  suite
Argument suivant :  ligne
$ ./exemple_getopts_1.sh -bad arg1 -c arg2
Analyse argument numéro 1 : Option B
Analyse argument numéro 2 : Option A
Analyse argument numéro 3 : Option D, argument arg1
Analyse argument numéro 5 : Option C, argument arg2
$ ./exemple_getopts_1.sh -zb et fin
./exemple_getopts_1.sh: illegal option -- z
Analyse argument numéro 1 : Inconnu
Analyse argument numéro 2 : Option B
Argument suivant :  et
Argument suivant :  fin
$
```

Nous remarquons que les options peuvent être regroupées dans n'importe quel ordre et que getopts affiche un message en cas d'option inconnue (-z dans le dernier exemple). Ce comportement peut être configuré de deux manières différentes qui ne donnent pas tout à fait le même résultat. Par défaut, en cas d'erreur (option inconnue ou argument supplémentaire manquant), le shell affiche un message et place le caractère « ? » dans la variable d'option :

```
$  ./exemple_getopts_1.sh -z
./exemple_getopts_1.sh: illegal option -- z
Analyse argument numéro 2 : Inconnu
$  ./exemple_getopts_1.sh -c
./exemple_getopts_1.sh: option requires an argument -- c
Analyse argument numéro 2 : Inconnu
$
```

Lorsque la variable OPTERR contient la valeur 0, le shell n'affiche pas de message d'erreur, place le caractère « ? » dans la variable d'option et efface la variable OPTARG. Le script suivant met ce comportement en avant :

exemple_getopts_2.sh :

```
 1    #! /bin/sh
 2
 3    OPTERR=0
 4    while getopts "abc:d:" option ; do
 5        case $option in
 6            a ) echo "Option -a" ;;
 7            b ) echo "Option -b" ;;
 8            c ) echo "Option -c, argument $OPTARG" ;;
 9            d ) echo "Option -d, argument $OPTARG" ;;
10            ? ) echo "Option inconnue" ;;
11        esac
12    done
```

Cette fois, les messages ne sont plus présents :

```
$  ./exemple_getopts_2.sh -z
Option inconnue
$  ./exemple_getopts_2.sh -d
Option inconnue
$
```

Nous pouvons observer que le comportement est identique pour deux cas d'erreur différents. Cela est un peu gênant en termes de dialogue avec l'utilisateur, aussi le shell propose-t-il de différencier les deux situations. Lorsque le premier caractère de la chaîne contenant les options est un deux-points, getopts n'affiche aucun message d'erreur, mais adopte le comportement suivant :

1. lorsqu'une lettre d'option illégale est rencontrée, le caractère « ? » est placé dans la variable d'option, et la lettre est placée dans OPTARG ;

2. si un argument supplémentaire est manquant, le caractère « : » est placé dans la variable d'option, et la lettre de l'option qui nécessite l'argument est placée dans OPTARG.

exemple_getopt_3.sh :

```
 1    #! /bin/bash2
 2
 3    while getopts ":abc:d:" option ; do
 4       case $option in
 5          a ) echo "Option -a" ;;
 6          b ) echo "Option -b" ;;
 7          c ) echo "Option -c, argument $OPTARG" ;;
 8          d ) echo "Option -d, argument $OPTARG" ;;
 9          : ) echo "Argument manquant pour l'option -$OPTARG" ;;
10          ? ) echo "Option -$OPTARG inconnue" ;;
11       esac
12    done
```

Nous voyons que les situations sont bien différenciées, les messages d'erreur étant ainsi plus explicites :

```
$  ./exemple_getopts_3.sh -a -z

Option -a

Option -z inconnue

$  ./exemple_getopts_3.sh -c

Argument manquant pour l'option -c

$
```

La fonction interne getopts n'est pas limitée à la lecture des arguments d'un script. On peut l'utiliser directement pour lire les arguments d'une fonction. Cela présente un intérêt, surtout lorsque cette fonction est exportée dans l'environnement, comme pour le remplacement de rm au chapitre 2. Dans ce cas, les variables n'étant pas réinitialisées par un lancement du shell, il est important de ramener OPTIND à zéro avant la première invocation de getopts.

Il n'est pas possible avec getopts de gérer directement les options longues à la manière des utilitaires *GNU* (--verbose par exemple) mais, comme nous l'avions déjà évoqué précédemment, un artifice permet de les proposer quand même dans un script shell. On peut fournir à getopts, dans sa chaîne d'options, le caractère « - », suivi d'un deux-points. Lorsqu'il rencontrera —help, par exemple, il considérera que « - » est la lettre d'option, suivie d'un argument help. On peut assurer une interprétation en deux temps des options, en décryptant d'abord les options longues, puis les options courtes. La manière la plus simple de procéder est, lors du décodage d'une option longue, de remplir la variable d'option avec la lettre de l'option courte correspondante. Ainsi le véritable travail n'aura-t-il lieu qu'une fois. Le script suivant applique ce principe avec deux options longues `--help` et `--version` qui correspondent aux options courtes `-h` et `-v`.

`exemple_getopts_4.sh` :

```
 1    #! /bin/sh
 2    VERSION=3.14
 3    while getopts ":hv-:" option ; do
 4        if [ "$option" = "-" ] ; then
 5            case $OPTARG in
 6                help ) option=h ;;
 7                version ) option=v ;;
 8                * ) echo "Option $OPTARG inconnue" ;;
 9            esac
10        fi
11        case $option in
12            h ) echo "Syntaxe : $(basename $0) [option...]"
13                echo " Options :"
14                echo "  -v  --version : Numéro de version"
15                echo "  -h  --help : Cet écran d'aide"
16                ;;
17            v ) echo "Version $(basename $0) $VERSION" ;;
18            ? ) echo "Inconnu" ;;
19        esac
20    done
```

Nous pouvons invoquer les options indépendamment, en version longue ou courte :

```
$  ./exemple_getopts_4.sh -h
Syntaxe : exemple_getopts_4.sh [option...]
 Options :
  -v  --version : Numéro de version
  -h  --help : Cet écran d'aide
$  ./exemple_getopts_4.sh -v --help
Version exemple_getopts_4.sh 3.14
Syntaxe : exemple_getopts_4.sh [option...]
 Options :
  -v  --version : Numéro de version
  -h  --help : Cet écran d'aide
$  ./exemple_getopts_4.sh --version
Version exemple_getopts_4.sh 3.14
$
```

L'utilisation des options longues permet de documenter automatiquement l'invocation d'un utilitaire dans un script, et améliore donc l'ergonomie de l'application. Il faut quand même être conscient que leur implémentation, telle que nous l'avons décrite ici, ne permet pas de disposer de toutes les fonctionnalités réellement offertes par les routines d'analyse de la ligne de commande présentes dans la bibliothèque C. Entre autres, on ne peut pas facilement proposer d'options longues qui acceptent des arguments supplémentaires.

Variables internes

Le shell gère automatiquement un nombre assez important de variables internes qui fournissent des informations aux scripts, ou permettent de modifier certains aspects du comportement du shell. Nous allons en examiner quelques-unes qui présentent un intérêt particulier pour la création de scripts. Le lecteur pourra se reporter à la documentation en ligne de Bash ou Ksh pour obtenir plus d'information sur les variables qui servent à configurer le comportement interactif du shell.

$?

Le paramètre $? contient le code de retour du dernier pipeline exécuté à l'avant-plan. Ceci nous permet de récupérer le code de retour d'une commande, et de l'analyser en détail. Par exemple, la commande `ping` envoie des demandes d'écho à l'hôte indiqué sur sa ligne de commande. Si elle reçoit bien la réponse en écho, elle se termine avec un code de retour nul. Si elle ne reçoit aucune réponse, alors qu'un délai maximal est indiqué, elle renvoie 1 ; en cas d'autre erreur elle renvoie 2. Utilisons ceci pour afficher un message explicite :

code_ping.sh

```
 1    #! /bin/sh
 2
 3    while [ -n "$1" ]; do
 4        # on envoie un seul paquet et on
 5        # attend au plus deux secondes
 6        ping -c 1 -w 2 $1 > /dev/null 2>&1
 7        resultat=$?
 8        # ....
 9        if [ $resultat = 0 ]; then
10            echo "$1 Ok !"
11        elif [ $resultat = 1 ]; then
12            echo "$1 injoignable"
13        else
14            echo "$1 inexistant"
15        fi
16        shift
17    done
```

Le résultat mémorisé en ligne 7 pourrait être traité bien plus loin dans le script, sans que les commandes exécutées entre temps (ce que symbolisent les points de suspension de la ligne 8) n'interfèrent. L'exécution donne :

```
$  ./code_ping.sh 192.1.1.52
192.1.1.52 Ok !
$  ./code_ping.sh 192.1.1.54
192.1.1.54 injoignable
$  ./code_ping.sh 192.1.1.256
192.1.1.256 inexistant
$
```

$$, $!, PPID

Le paramètre `$$` contient le *PID* (*Process Identifier*) du shell en cours. Il ne s'agit pas nécessairement du *PID* de la commande qui est en train de s'exécuter, mais bien de celui du shell principal. Lorsqu'un sous-shell est invoqué entre parenthèses, le contenu de `$$` n'est pas modifié, même si nous protégeons la chaîne avec des apostrophes pour éviter l'interprétation directe du nom du paramètre. Pour qu'il change, il faut qu'un nouveau shell soit effectivement invoqué :

```
$  echo $$
894
$  (echo $$)
894
$  (eval 'echo $$')
894
$  eval 'echo $$' | cat
894
$  sh -c 'echo $$'
1709
$
```

Le paramètre `$!` contient le *PID* de la dernière commande exécutée en arrière-plan. Nous l'utiliserons dans le prochain chapitre en étudiant le parallélisme des commandes.

La variable `PPID` – qui n'est pas modifiable – contient le *PPID* (*Parent PID*), c'est-à-dire le *PID* du processus père du shell en cours. Le fonctionnement qui en résulte par rapport aux sous-shells est identique à celui de `$$`.

```
$  echo $PPID

893

$  (eval 'echo $PPID')

893

$  echo $$

894

$  sh -c 'echo $PPID'

894

$
```

UID, EUID

Ces deux variables, accessibles uniquement en lecture, contiennent respectivement l'*UID* (*User Identifier*) réel et l'*UID* effectif du shell. L'*UID* réel est le numéro d'identification de l'utilisateur qui a lancé le shell. L'*UID* effectif est l'identification qui est prise en considération par le noyau pour vérifier les autorisations d'accès aux divers éléments du système (et en premier lieu aux fichiers).

Dans la plupart des cas, ces deux variables doivent contenir la même valeur. Elles diffèrent lorsqu'un processus s'exécute avec des privilèges plus élevés (en général) que ceux dont dispose normalement l'utilisateur qui l'a lancé. Cela permet de fournir un accès à des éléments critiques du système avec un contrôle bien particulier. Pour que cela soit possible, les bits d'autorisation du fichier exécutable du processus doivent inclure un bit particulier nommé *Set-UID*. L'utilisation de scripts *Set-UID* étant en soi une faille de sécurité sur de nombreux systèmes, Linux ne tient aucun compte de ce bit pour les scripts. La seule manière d'invoquer un script avec un *UID* effectif, différent de l'*UID* réel, est de l'appeler depuis l'intérieur d'un programme C compilé, disposant lui-même du bit *Set-UID*.

Il n'est généralement pas utile de se soucier de ces variables mais, dans le cas où c'est indispensable, on utilisera *UID* pour identifier l'utilisateur qui dialogue avec le script et *EUID* pour connaître l'identité prise en compte pour les autorisations d'accès.

HOME, PWD, OLDPWD

La variable HOME contient le répertoire personnel de l'utilisateur. C'est l'endroit où l'on revient automatiquement lorsqu'on invoque la commande cd sans argument.

La variable PWD contient le répertoire de travail courant du shell. Cette variable est mise à jour lorsqu'on invoque la commande interne cd. La variable OLDPWD renferme le répertoire précédent, celui vers lequel on retourne en invoquant cd -.

La fonction interne pwd affiche le chemin d'accès absolu au répertoire courant à partir de la racine du système de fichiers. On peut s'amuser à en définir une version qui affiche autant que possible le chemin d'accès à partir du répertoire HOME symbolisé par le caractère ~. En voici une implémentation qui joue sur l'extraction du motif contenu dans HOME en tête de variable PWD. On procède en deux étapes pour vérifier si la chaîne est trouvée ou non :

pwd.sh :

```
1    #! /bin/sh
2
3    function pwd ()
4    {
5        A=${PWD%%$HOME*}
6        echo ${A:-\~${PWD#$HOME}}
7    }
```

Bien entendu, le script doit être « sourcé » pour que la fonction reste dans l'environnement du shell interactif :

```
$  source pwd.sh
$  pwd
~/Doc/ScriptLinux/Exemple/05
$  cd /etc
$  pwd
/etc
$  cd
$  pwd
~
$
```

Commandes externes

Les commandes internes offertes par le shell ne permettent pas de réaliser toutes les opérations souhaitables dans un script. Il est souvent nécessaire de faire appel à des fonctions externes généralement programmées en C, qui peuvent dialoguer de façon plus complète avec le système.

Ces utilitaires standards sont disponibles sur la majeure partie des systèmes Unix, même si leurs options peuvent différer légèrement suivant les implémentations. La norme *SUSv3* en décrit une partie, ce qui leur confère une certaine portabilité.

Le tableau présenté ci-après regroupe quelques utilitaires parmi les plus pratiques. On se reportera aux pages individuelles de chaque commande de manuel pour avoir des précisions sur leur invocation.

Nom	SUSv3 ?	Utilité
at batch	O O	Différer l'exécution d'un programme. La commande at permet d'indiquer l'heure de démarrage retenue pour une tâche. batch attend que le système ne soit pas trop chargé.
basename	O	Éliminer le chemin d'accès et un éventuel suffixe dans un nom de fichier.
bc	O	Effectuer des calculs en virgule flottante. Nous en parlerons dans le prochain chapitre.
bzip2	N	Compresser ou décompresser des fichiers. Le taux de compression est souvent légèrement meilleur que celui atteint avec gzip. En revanche, la portabilité est moins bonne.
cat	O	Copier l'entrée standard vers la sortie standard. Peut servir à afficher un texte en utilisant un document en ligne, ou à saisir plusieurs lignes dans une seule variable.
cksum md5sum sum	O N N	Calculer une somme de contrôle d'un fichier. C'est utile lorsqu'on transfère des données par une liaison peu fiable (lien série, disquette, etc.). md5sum emploie l'algorithme le plus complexe ; sum est le plus simple ; cksum est le plus portable des trois.
csplit	O	Découper un fichier en sections successives, déterminées par des lignes de séparation dont le contenu peut être indiqué dans une expression régulière.
date	O	Afficher une date avec un format précis. La configuration précise du format permet d'utiliser ce programme pour créer par exemple des noms de fichiers d'enregistrement automatique.
diff	O	Afficher les différences entre deux fichiers. Le programme diff effectue une analyse intelligente, ce qui permet d'utiliser son résultat pour disposer d'un fichier de variations que l'on transmet à l'utilitaire patch afin d'obtenir les mêmes évolutions sur un autre système.
echo	O	Envoyer un message sur la sortie standard.
expr	O	Évaluer une expression. Cet utilitaire présente quelques fonctionnalités supplémentaires par rapport aux possibilités standards du shell. On l'utilise surtout pour le traitement de chaîne, ou pour exécuter des scripts avec un shell allégé (systèmes embarqués).
false	O	Toujours renvoyer un code d'échec. Sert à tester un script en vérifiant le passage dans les différentes branches de l'algorithme.
file	O	Afficher le type d'un fichier, en étudiant son contenu. L'analyse permet de reconnaître un grand nombre de fichiers binaires (image, son...) et de sources de différents langages de programmation.
find	O	Rechercher des fichiers dans une arborescence. Nous reviendrons rapidement sur cet utilitaire dans le chapitre 7.
fmt	N	Mettre un texte en forme en coupant les lignes pour qu'elles respectent une largeur donnée. Les césures sont correctement gérées.
fold	O	Couper les lignes d'un texte moins « intelligemment » qu'avec fmt.
grep	O	Rechercher un motif dans des fichiers. Nous examinerons cet utilitaire en détail dans le chapitre 7.
gzip	N	Compresser des fichiers. Cet utilitaire est présent sur la plupart des Unix, même s'il est légèrement moins portable que compress.
head	O	Afficher le début d'un fichier, c'est-à-dire un nombre donné de lignes ou de caractères.
kill	O	Envoyer un signal à un processus. Nous l'examinerons dans le prochain chapitre.
lpr	N	Imprimer un fichier. La configuration du système d'impression dépend de l'administrateur, mais cette commande permet généralement d'imprimer au moins des fichiers texte (sources) et la plupart du temps des fichiers formatés (PostScript, HTML, images, etc.)
nice	O	Modifier la priorité d'un processus. Cette commande permet de lancer un programme en l'empêchant de grignoter tous les cycles processeur, et de déranger ainsi les autres utilisateurs – ou les autres processus. Son exécution sera plus longue, mais plus « courtoise » en quelque sorte.

Nom	SUSv3 ?	Utilité
nohup	0	Séparer un processus de son terminal de contrôle. Nous examinerons cette commande dans le prochain chapitre.
od	0	Présenter le contenu d'un fichier sous forme de valeurs numériques décimales, hexadécimales ou octales.
paste	0	Juxtaposer les lignes correspondantes provenant de plusieurs fichiers. L'utilité de cette commande ne se présente pas souvent.
pr	0	Préparer un fichier de texte pour l'impression. Cette commande gère entre autres la largeur et la numérotation des pages.
printf	0	Afficher des données formatées. Cet utilitaire est une sorte d'echo nettement amélioré proposant des formats pour afficher les nombres réels. Les programmeurs C reconnaîtront une implémentation en ligne de commande de la célèbre fonction de la bibliothèque stdio.
ps	0	Afficher la liste des processus en exécution. Cette commande sera présentée dans le prochain chapitre.
seq	N	Développer une liste de valeurs numériques. Cet utilitaire, répandu mais pas inclus dans le standard SUSv3, prend en argument deux valeurs et envoie sur sa sortie standard une liste qui contient tous les nombres intermédiaires. Ainsi, seq 1 10 affiche tous les nombres de 1 à 10. On l'utilise en association avec la commande for du shell.
sort	0	Trier les lignes d'un fichier. On peut configurer la portion de la ligne qu'il faut utiliser pour les comparaisons, ainsi que la méthode de tri.
split	0	Découper un fichier en plusieurs parties. Cet utilitaire permet le découpage de fichiers binaires de sorte que leur recollage ultérieur avec cat reconstitue le fichier original. Très utile pour transporter un gros fichier binaire à l'aide de plusieurs supports amovibles (clé USB).
stty	0	Configurer le terminal. Cet utilitaire permet d'ajuster finement le comportement du terminal (et bien souvent de le rendre temporairement inutilisable !). Nous y recourrons dans le prochain chapitre.
tail	0	Afficher les dernières lignes d'un fichier. Cela permet par exemple de voir les derniers enregistrements d'un fichier de journalisation (/var/log/messages). L'option -f permet un affichage continu à chaque modification.
tar	N	Créer des archives regroupant plusieurs fichiers. Cette commande était utilisée à l'origine pour regrouper des fichiers sur une bande, mais on l'emploie à présent pour créer des archives d'une arborescence (fichiers source par exemple). La version GNU inclut des possibilités directes de compression/décompression.
tee	0	Copier l'entrée standard vers la sortie standard et vers un fichier. On insère parfois cet utilitaire dans un pipeline pour copier « au passage » les données dans un fichier.
touch	0	Toucher un fichier, ce qui modifie ses horodatages. Cela sert dans des scripts d'administration qui utilisent les dates de dernier accès pour savoir si un fichier peut être effacé. On l'utilise aussi pour forcer la recompilation d'un fichier source avec make, ou pour créer un nouveau fichier vide.
tr	0	Transposer des caractères lors de la copie de l'entrée standard vers la sortie standard. Cela permet entre autres de remplacer les caractères accentués par leur version nue, de traduire les caractères de contrôle d'une imprimante, ou de supprimer les caractères non imprimables.
true	0	Toujours renvoyer un code de réussite. Utilisé pour tester un script, ou pour écrire une boucle infinie avec while true ; do.
wc	0	Compter les lignes, mots et caractères contenus dans un fichier.

Conclusion

Nous avons présenté l'essentiel des commandes internes du shell qui sont utilisées dans les scripts, ainsi qu'une petite partie des utilitaires externes standards. Pour connaître la liste complète des commandes du shell, on peut se reporter à la page de manuel de Bash ou Ksh.

Pour obtenir plus de précisions sur une commande donnée, Bash propose la commande `help`. Par exemple, `help getopts` affiche directement le passage du manuel relatif à cette commande.

Pour mieux connaître les utilitaires externes, la meilleure solution est d'examiner le contenu des répertoires `/bin` et `/usr/bin` et d'invoquer la commande `man` sur chacun des fichiers inconnus. Il est aussi possible, si on a installé les pages de manuel traduites en français, d'invoquer `man 1 Index` (`Index` avec une initiale majuscule) qui présentera une ligne de description pour chaque page traduite dans la section « Utilitaires système ».

Exercices

5.1 – Comptage à rebours (facile)

Cet exercice est assez proche de ceux du chapitre précédent. Il est donc préférable d'en profiter pour se familiariser avec la structure de contrôle `for` et la commande `seq`.

Écrivez un script qui compte à rebours de 5 à 0, avec une pause d'une seconde à chaque affichage.

Ce type de comptage est fréquemment utilisé dans les scripts ayant une tâche potentiellement dangereuse, afin de laisser à l'utilisateur un dernier délai de réflexion pendant lequel il peut encore presser `Ctrl-C` pour annuler l'opération.

5.2 – Création d'un menu (plutôt facile)

Créez un petit script qui affiche un message proposant à l'utilisateur le choix entre une petite dizaine d'options et lit sa réponse en s'assurant que la valeur saisie est bien dans la liste des options autorisées.

Votre script devra afficher un message détaillant l'option choisie avant de se terminer.

Il existe de nombreuses manières de procéder ; la solution proposée à la fin du livre s'appuie sur l'utilisation d'une redirection << (document en ligne) pour afficher le menu, et une structure `case-esac` pour analyser la réponse.

5.3 – Saisie de réponse (facile)

Créez une fonction qui prenne en argument une chaîne de caractères représentant une question. Votre fonction devra afficher cette chaîne et attendre une réponse de l'utilisateur.

Si la réponse est 0 (pour Oui), la fonction renverra une valeur *Vrai*, sinon elle renverra une valeur *Faux*.

Appelez votre fonction à une ou deux reprises dans le script pour tester son fonctionnement et affichez le code de retour de la fonction.

5.4 – Saisie de réponse (suite) (facile)

Améliorons notre script : si l'utilisateur saisit 0 la fonction renvoie *Vrai* ; s'il saisit N, elle renvoie *Faux* ; dans tous les autres cas elle reboucle sur la question.

5.5 – Saisie de réponse (suite) (plutôt facile)

Améliorons encore notre script : la fonction renverra *Vrai* si l'utilisateur saisit une chaîne de caractères qui commence par O, o, Y ou y, et *Faux* si elle commence par N ou n.

5.6 – Saisie de réponse (suite) (plutôt difficile)

Utilisons à présent notre fonction de saisie dans un script qui « devine » un nombre entre 1 et 1000 choisi par l'utilisateur. Le script procédera par dichotomie et posera des questions auxquelles l'utilisateur répondra par *Oui* ou *Non*.

6

Programmation shell avancée

Il est regrettable que les scripts shell ne soient bien souvent employés que pour des tâches ingrates qui consistent pour l'essentiel à fournir les fichiers d'entrée et de sortie aux applications proprement dites, auxquelles on réserve la partie noble du travail. Nous allons montrer dans ce chapitre que le shell permet d'aller bien plus loin, tant dans les fonctionnalités orientées système (parallélisme, démons, signaux, communication entre processus) que pour des applications évoluées (gestion des fichiers, interface utilisateur interactive, calcul en virgule flottante).

Processus fils, parallélisme

La qualité du fonctionnement multitâche d'Unix représente l'un des points les plus attractifs de ce système d'exploitation. On peut faire exécuter simultanément plusieurs programmes sans qu'aucun d'eux ne ressente la présence des autres, ou à l'inverse en leur permettant de dialoguer entre eux.

Le shell dispose naturellement de ces possibilités. Le parallélisme Unix bas niveau est fourni par le noyau qui duplique un processus lorsqu'on invoque l'appel-système `fork()`. Les deux processus sont alors strictement identiques, et seule la valeur de retour de `fork()` permet de les distinguer. Par analogie, nous écrirons nos scripts shell de façon à regrouper dans le même script les deux processus et nous séparerons les deux branches d'exécution au cours du programme.

Pour qu'un programme shell se duplique, il suffit qu'il se ré-invoque lui-même en faisant suivre l'appel d'un `&`. Le paramètre `$0` contient le nom du programme ayant servi pour l'invocation initiale, aussi l'appel `$0 &` suffit-il pour lancer une nouvelle occurrence du même script. Si on veut transmettre au processus fils les arguments reçus sur la ligne de commande, on utilisera `$0 "$@" &`.

Naturellement, le nouveau processus doit être capable de déterminer qu'il est le fils d'un script précédent, afin de ne pas relancer la duplication à l'infini. Un moyen simple consiste à remplir dans le processus père, avant la duplication, une variable qui sera exportée dans l'environnement du fils. Un test sur cette variable en début de programme permettra de scinder les deux branches d'exécution.

Nous savons déjà que le paramètre spécial $$ contient le *PID* du shell qui exécute le script en cours, mais un autre paramètre est intéressant : $!, qui contient le *PID* de la dernière commande lancée en arrière-plan. Comme nous ne lançons qu'un seul fils, ce paramètre contiendra évidemment son *PID* mais, pour une application plus importante, il pourrait être utile de sauvegarder sa valeur juste après le lancement en arrière-plan.

Le script suivant contient deux branches d'exécution distinctes, séparées par un test if ; la première est celle du processus père, et la seconde celle du fils. Chacun d'eux affiche quelques informations sur leurs *PID* et appelle la commande sleep pour « s'endormir » pendant une seconde.

pere_fils_1.sh :

```
 1    #! /bin/sh
 2
 3    if [ "$MON_PID" != "$PPID" ] ; then
 4        # Processus Père
 5        export MON_PID=$$
 6        echo "PERE : mon PID est $$"
 7        echo "PERE : je lance un fils"
 8        $0 &
 9        sleep 1
10        echo "PERE : le PID de mon fils est $!"
11        echo "PERE : je me termine"
12    else
13        # Processus FILS
14        echo "FILS : mon PID est $$, celui de mon père est $PPID"
15        sleep 1
16        echo "FILS : je me termine"
17    fi
```

L'exécution du script n'est pas totalement déterministe, parfois le père se termine en premier, d'autres fois en second :

```
$  ./pere_fils_1.sh
PERE : mon PID est 3098
PERE : je lance un fils
FILS : mon PID est 3099, celui de mon père est 3098
FILS : je me termine
PERE : le PID de mon fils est 3099
PERE : je me termine
$  ./pere_fils_1.sh
PERE : mon PID est 3102
PERE : je lance un fils
```

```
FILS : mon PID est 3103, celui de mon père est 3102

PERE : le PID de mon fils est 3103

PERE : je me termine

$ FILS : je me termine
```

Nous pouvons observer que, lors de la seconde exécution, le symbole d'invite $ du shell interactif est affiché avant le dernier message du processus fils. Cela est dû au fait que le shell interactif – celui qui nous sert à lancer le script – fait démarrer un processus, le père, de *PID* 3102 en l'occurrence, et attend son achèvement pour afficher son symbole. Il ne sait rien de la présence d'un processus fils supplémentaire et, si ce dernier se termine après son père, le shell interactif aura déjà affiché son symbole sur l'écran.

Pour résoudre ce problème, il faut que le processus père attende la fin de son fils avant de se terminer à son tour. La commande interne `wait` permet d'attendre la fin d'un processus fils. Suivie d'un numéro de *PID*, elle attend spécifiquement la fin du processus fils correspondant. Sans argument, elle attend la fin de tous les processus fils existants.

Dans le script suivant, nous avons ajouté une petite boucle dans laquelle chaque processus compte jusqu'à 3 afin de bien vérifier les enchevêtrements d'exécution.

`pere_fils_2.sh` :

```
 1    #! /bin/sh
 2
 3    function compte
 4    {
 5        local i;
 6        for i in $(seq 3) ; do
 7            echo "$1 : $i"
 8            sleep 1
 9        done
10    }
11
12    if [ "$MON_PID" = "$PPID" ] ; then
13        # Processus FILS
14        echo "FILS : mon PID est $$, mon PPID est $PPID"
15        compte "FILS"
16        echo "FILS : je me termine"
17    else
18        # Processus Père
19        export MON_PID=$$
20        echo "PERE : mon PID est $$"
21        echo "PERE : je lance un fils"
22        $0 &
23        echo "PERE : mon fils a le PID $!"
24        compte "PERE"
25        echo "PERE : j'attends la fin de mon fils"
26        wait
27        echo "PERE : je me termine"
```

Cette fois, quel que soit l'ordre de terminaison du comptage, le processus père attend bien la fin de son fils avant de s'arrêter.

```
$  ./pere_fils_2.sh
PERE : mon PID est 3315
PERE : je lance un fils
PERE : mon fils a le PID 3316
FILS : mon PID est 3316, mon PPID est 3315
PERE : 1
FILS : 1
FILS : 2
PERE : 2
PERE : 3
FILS : 3
PERE : j'attends la fin de mon fils
FILS : je me termine
PERE : je me termine
$
```

Un processus fils doit souvent indiquer à son père les circonstances dans lesquelles il s'est terminé. Nous savons qu'un code de retour nul correspond, pour les tests if, à une valeur vraie et un code non nul à une valeur fausse. On peut toutefois affiner la lecture de ce code de retour, car le paramètre spécial $? contient le code de la dernière commande terminée en avant-plan. Lorsque l'on s'intéresse au résultat d'un processus initialement lancé à l'arrière-plan, la commande wait elle-même renvoie ce code. Ainsi le processus fils du script suivant renvoie-t-il une valeur arbitraire, 14, qui est disponible dans l'environnement de son père une fois qu'il s'est terminé.

On notera toutefois que cela ne fonctionne que si la commande wait est invoquée en précisant le *PID* du fils attendu. Dans le cas contraire, wait remplira toujours le paramètre $? avec une valeur nulle, et renverra également zéro.

pere_fils_3.sh :

```
 1    #! /bin/sh
 2
 3    if [ "$MON_PID" = "$PPID" ] ; then
 4        # Processus FILS
 5        echo "FILS : mon PID est $$, mon PPID est $PPID"
 6        echo "FILS : je me termine avec le code 14"
 7        exit 14
 8    else
 9        # Processus Père
10        export MON_PID=$$
11        echo "PERE : mon PID est $$"
```

```
12          echo "PERE : je lance un fils"
13          $0 &
14          echo "PERE : mon fils a le PID $!"
15          echo "PERE : j'attends la fin de mon fils"
16          wait $!
17          echo "PERE : mon fils s'est terminé avec le code $?"
18     fi
```

L'exécution confirme bien l'emploi du paramètre $? :

```
$  ./pere_fils_3.sh
PERE : mon PID est 3953
PERE : je lance un fils
PERE : mon fils a le PID 3954
FILS : mon PID est 3954, mon PPID est 3953
PERE : j'attends la fin de mon fils
FILS : je me termine avec le code 14
PERE : mon fils s'est terminé avec le code 14
$
```

Nous voyons que le shell propose les éléments de programmation requis pour réaliser des applications multitâches performantes. Il ne faut pas croire que le lancement d'un processus en arrière-plan dans un script, avec possibilité d'attendre sa fin et son code de retour, soit uniquement un cas d'école ; il s'agit au contraire d'un mécanisme très intéressant dans de nombreuses applications réelles.

Je citerai à titre d'exemple le cas d'une application d'enregistrement de données horodatées que j'ai mise au point pour un système de sécurité aéroportuaire. Le logiciel d'enregistrement proprement dit est écrit en langage C ; il établit une connexion réseau avec un serveur dont le nom lui est fourni en argument, et copie les données reçues dans un fichier – dont le nom lui est également transmis en argument – en ajoutant les informations d'horodatage requises. Ce logiciel fonctionne de manière continue, ne s'arrêtant que lorsqu'on lui envoie le signal SIGINT ; à ce moment, il réalise les dernières opérations nécessaires pour la mise à jour de l'en-tête du fichier, et se termine.

> Les signaux sont traités un peu plus loin dans ce chapitre.

Pour faciliter l'archivage des enregistrements, il avait été décidé de créer des fichiers d'une heure (qui étaient en outre répartis dans des répertoires quotidiens, mais cela excède le cadre de notre propos). Aussi devais-je écrire un script qui lance l'enregistrement et l'arrête automatiquement une heure plus tard, pour en relancer un nouveau avec un nom différent. Pour programmer une commande à exécuter au bout d'une heure, on utilise l'utilitaire at, qui lance l'exécution des commandes lues sur son entrée standard à l'instant mentionné par l'argument en ligne de commande. Comme at lit toujours son entrée standard, on emploie un document en ligne pour lui transmettre les commandes souhaitées.

Voici le script qui fut finalement mis au point :

```
while true ; do
    FICHIER=$(date "+%Y_%m_%d_%H_%M")
    TEMP=/var/tmp/enreg_$$
    /usr/bin/enregistreur --serveur 192.1.5.20 --fichier $TEMP &
    at now + 1 hours <<-FIN
        kill -INT $!
    FIN
    wait
    FICHIER=${FICHIER}$(date "+-%Y_%m_%d_%H_%M.dat")
    mv $TEMP $FICHIER
done
```

Le script réel était un peu plus compliqué, car il gérait des conditions d'arrêt général (dans le test du while) et le déplacement du fichier vers le répertoire adéquat créé au besoin, mais dans l'ensemble le schéma est le même. Comme on souhaite obtenir des fichiers aux noms significatifs, on commence par créer une première partie de nom avec la date de début. On crée aussi un nom de fichier temporaire en utilisant le numéro de *PID* du processus en cours. L'enregistreur est ensuite lancé en arrière-plan, puis une commande kill est programmée pour l'heure suivante, qui lui enverra le signal requis. Le script passe alors en attente de la fin de l'enregistrement. Le reste de la boucle est donc exécuté au bout d'une heure. On construit la seconde partie du nom de fichier, que l'on utilise alors pour renommer le fichier temporaire.

Arrière-plan et démons

Le lancement d'un processus en arrière-plan est on ne peut plus facile, puisqu'il suffit de rajouter un & à la ligne de commande lors de l'invocation du programme. Pourtant, il est souvent nécessaire de prendre d'autres mesures pour assurer un bon fonctionnement du logiciel.

La plupart des shells, lorsqu'ils reçoivent un signal SIGHUP, le retransmettent à tous les processus fils qu'ils ont créés. Ce signal, dont la signification est *hang up* (« raccrochage », au sens téléphonique du terme), est notamment émis par les terminaux et les modems lors d'une rupture de connexion. Certains shells émettent également ce signal, systématiquement ou sous contrôle d'une option, lorsqu'ils se terminent.

Quand aucune mesure particulière n'est prise au sein du processus, la réception de ce signal le contraindra à se terminer immédiatement. C'est gênant si on souhaite lancer un travail en tâche de fond pour une longue durée, puis se déconnecter et récupérer le résultat le lendemain matin par exemple. Pour pallier ce problème, on peut recourir à un utilitaire nommé nohup qui fait en sorte qu'un processus ne soit pas sensible au signal SIGHUP.

Cet utilitaire exécute l'application demandée avec une priorité légèrement diminuée, puisqu'il s'agit d'une tâche de fond qui ne doit pas perturber les autres processus. Enfin, il redirige la sortie standard et celle d'erreur vers le fichier `nohup.out` ou `~/nohup.out`, car le processus s'exécute sans terminal pour afficher ses résultats.

L'emploi de `nohup` est très simple ; il suffit de l'utiliser en préfixe pour lancer le programme. Par exemple, le script suivant compte jusqu'à quatre en écrivant son résultat sur la sortie standard et en respectant une petite pause entre chaque écriture.

`comptage.sh` :

```
1    #! /bin/sh
2
3    for i in $(seq 1 4) ; do
4        echo $i
5        sleep 10
6    done
```

Exécutons-le avec et sans `nohup` :

```
$  ./comptage.sh &
[1] 17463
$ 1

2

3

4


[1]+  Done                    ./comptage.sh
$  nohup ./comptage.sh &
[1] 17472
nohup: appending output to `nohup.out'
$  (attente 40 secondes, puis Entrée)


[1]+  Done                    nohup ./comptage.sh
$  cat nohup.out
1

2

3

4

$
```

Il convient de noter que, suivant la configuration du terminal (et plus particulièrement de l'option `tostop` de `stty`), un processus en arrière-plan peut être arrêté automatiquement s'il essaie d'écrire sur sa sortie standard.

Lorsqu'une application doit fonctionner longuement en arrière-plan et plus particulièrement si elle doit offrir des services à d'autres processus, il devient intéressant d'essayer de la programmer comme un *démon* Unix. Ce type de processus doit remplir un certain nombre de critères qui lui permettent ainsi de fonctionner d'une manière sûre et fiable aussi longtemps qu'il le requiert.

Tout d'abord, un démon ne doit pas avoir de terminal de contrôle. On peut observer cela avec la commande ps qui affiche, dans la colonne TTY, un point d'interrogation pour les processus sans terminaux de contrôle. Pour obtenir ce résultat, on demande la création d'une nouvelle session de processus. Sans entrer dans des détails un peu complexes, indiquons simplement qu'il faut utiliser la commande setsid, et, comme le processus ne doit pas être leader de son groupe, qu'il doit s'agir d'un processus fils de celui qui est à l'avant-plan. Nous utiliserons donc un script qui, comme au paragraphe précédent, se dupliquera pour que le processus père se termine après avoir créé un fils.

Le deuxième point important, c'est de bien refermer les canaux d'entrée-sortie standards qui ont été mis en place par le shell lors du lancement du programme. Pour ce faire, on procède avec les opérateurs de redirection <&- et >&- qui indiquent la fermeture du flux. Nous ajouterons donc 0<&-, 1>&- et 2>&- sur la ligne de commande de lancement du démon.

Un dernier critère établit enfin qu'un démon ne doit en aucun cas bloquer une partition que l'administrateur système pourrait avoir besoin de démonter. L'une des premières instructions sera donc cd / qui déplace le répertoire de travail vers la racine du système de fichiers.

Toutefois, cela ne suffit pas ; lorsque le noyau exécute directement un script, il ouvre un descripteur, précisément vers ce fichier, qu'il emploie ensuite pour alimenter le shell. Le fichier script lui-même reste donc ouvert pendant toute la durée d'exécution du programme, ce qui bloque la partition. La solution consiste à lire le contenu du script dans une grande chaîne de caractères stockée dans une variable, et à invoquer le shell en lui transmettant directement cette commande en argument de l'option -c, afin qu'il n'ait pas à manipuler le fichier.

Nous allons écrire un morceau de script qui pourra être utilisé pour lancer le reste du programme sous forme de démon. Ce dernier n'aura ici aucun rôle important, seulement attendre 30 secondes pour nous permettre quelques vérifications de son comportement. Le processus père utilisera le mécanisme *syslog* standard sous Linux pour communiquer le *PID* de son fils, conjointement à un message sur sa sortie d'erreur standard.

demoniaque :

```
 1  #! /bin/sh
 2
 3  if [ "$MON_PID" != "$PPID" ] ; then
 4      export MON_PID=$$
 5      MON_LISTING=$(cat $0)
 6      cd /
 7      setsid /bin/bash -c "$MON_LISTING" "$0" "$@" 0<&- 1>&- 2>&- &
 8      logger -t $(basename $0) "Le PID du demon est $!"
 9      echo "Le PID du démon est $!" >& 2
```

```
10      exit 0
11   fi
12
13   # Début du démon proprement dit
14
15      sleep 30
```

L'exécution du programme permet effectivement quelques vérifications :

```
$  ./demoniaque.sh
Le PID du démon est 17974
$ su
Password:
#  tail -1 /var/log/messages
déc 20 14:03:43 venux demoniaque.sh: Le PID du demon est 17974
#  exit
```

Avec Linux, on peut s'assurer, en consultant le pseudo-système de fichiers /proc, que le processus n'a aucun descripteur de fichier ouvert :

```
$  ll /proc/17974/fd/
total 0
```

Puis, on vérifie qu'il n'a pas de terminal de contrôle, dans la colonne TTY de la commande ps :

```
$  ps -l 17974
  F S UID   PID PPID  C PRI NI ADDR   SZ WCHAN   TTY TIME CMD
000 S 500 17974    1  0  60  0   -  286 nanosl   ?   0:00 sleep 30
$
```

Ici, le démon ne fait qu'attendre un peu avant de se terminer, mais en général il s'agit d'un programme utilitaire qui offre des services aux autres processus. Pour envoyer des requêtes ou recevoir les réponses d'un démon, plusieurs mécanismes sont proposés par Unix. Nous allons examiner tout d'abord la gestion des signaux, puis des méthodes de communication entre processus.

Signaux

On peut se représenter un *signal* comme une sorte d'impulsion qu'un processus envoie en direction d'un autre. Les signaux sont surtout utilisés par le noyau pour indiquer à un programme l'occurrence d'une situation extraordinaire (tentative d'accès à un emplacement mémoire invalide, instruction illégale, etc.), mais ils constituent aussi un moyen d'interaction avec le terminal et l'utilisateur (touches spéciales comme Contrôle-C, Contrôle-Q, Contrôle-S, Contrôle-Z...). On utilise parfois les signaux pour implémenter un dialogue minimal entre processus.

Envoi d'un signal

On procède à l'émission d'un signal au moyen de la commande `kill`. On fait suivre la commande du numéro du signal souhaité, précédé d'un tiret, puis du *PID* visé. Le signal est alors envoyé au processus cible – sous réserve que l'émetteur dispose des autorisations nécessaires – qui peut prendre des mesures en conséquence.

Le numéro est souvent indiqué d'une manière symbolique, avec les noms décrits dans la table présentée plus bas. On peut ajouter un préfixe `SIG`. Un script peut être amené à émettre quelques signaux principaux :

- `SIGUSR1` et `SIGUSR2` sont réservés aux applications utilisateur, et on les emploie souvent pour implémenter un dialogue entre des scripts personnels.

- `SIGTERM`, `SIGINT`, `SIGQUIT`, `SIGKILL` sont employés pour mettre fin à l'exécution d'un processus, ils sont présentés ici dans l'ordre croissant de leur caractère impératif.

- `SIGHUP` sert généralement à demander à un démon de relire ses fichiers de configuration, ce qui évite de devoir l'arrêter et de le relancer.

Nous pourrons donc rencontrer dans les scripts des commandes d'émission du genre :

```
kill -HUP $PID_DEMON
kill -TERM $PID_SERVEUR
kill -USR2 $PID_CLIENT
```

On notera qu'un *PID* négatif correspond en fait à l'identifiant d'un groupe de processus, ce qui permet d'envoyer un signal à tous les descendants d'un processus. On y recourt rarement dans la programmation shell. L'emploi du *PID* `-1` permet pour sa part de demander l'envoi d'un signal à tous les processus du système. On n'utilisera jamais cette commande en étant connecté sous `root` pour éviter d'arrêter tout le système mais, pour un utilisateur normal, eu égard aux permissions d'émission, c'est un moyen de « tuer » tous ses propres processus en une seule fois :

```
$ kill -KILL -1
```

Bien sûr, on se retrouve déconnecté, mais c'est parfois la méthode la plus simple pour éliminer un script qui se reproduit à l'infini, comme :

```
#! /bin/sh
   $0 &
```

La gestion des signaux en programmation système se révèle parfois assez complexe, surtout lorsqu'on désire manipuler finement les possibilités qu'ils offrent. Au niveau du shell, les fonctionnalités sont simplifiées, mais permettent déjà une gestion assez rigoureuse des signaux.

Réception d'un signal

Lorsqu'un processus reçoit un signal, il adopte automatiquement l'un des trois comportements suivants :

- *Ignorer* le signal : le processus continue simplement son travail, comme si de rien n'était.

- *Capturer* le signal : le déroulement du processus est interrompu et une série d'instructions préprogrammées est exécutée. Une fois ces instructions terminées, le processus reprend son cours normal. Deux signaux ne peuvent pas être capturés (et ne peuvent pas non plus être ignorés) : `SIGKILL` et `SIGSTOP`.

- *Agir par défaut* : à chaque signal est attribuée une action par défaut. Certains, comme `SIGCHLD`, n'ont aucune influence sur le processus. D'autres, comme `SIGTSTP`, arrêtent temporairement le processus. Enfin la majorité d'entre eux provoque la fin du processus avec, comme `SIGSEGV`, création d'un fichier `core` contenant une représentation de l'espace mémoire, afin de permettre le débogage post mortem, ou, comme `SIGINT`, sans création de ce fichier.

Pour configurer le comportement souhaité pour un processus, on utilise la commande `trap`. Celle-ci prend en argument une chaîne de caractères suivie d'un symbole de signal. Si la chaîne est absente, le processus reprend le comportement par défaut pour le signal mentionné. Si la chaîne est vide, le signal sera ignoré. Sinon, la chaîne sera évaluée à la réception du signal. En général, cette chaîne contiendra simplement le nom d'une fonction chargée de gérer l'occurrence du signal. Cette fonction est traditionnellement appelée « gestionnaire du signal » (*signal handler*).

Dans le script suivant, on va vérifier que la chaîne transmise à `trap` n'est bien évaluée qu'à la réception du signal, en y plaçant une variable dont on modifie le contenu. Le processus s'envoie lui-même un signal à l'aide du paramètre $$ qui contient son propre *PID*.

`exemple_trap.sh` :

```
 1    #! /bin/sh
 2
 3    function gestionnaire_1
 4    {
 5        echo " -> SIGINT reçu dans gestionnaire 1"
 6    }
 7
 8    function gestionnaire_2
 9    {
10        echo " -> SIGINT reçu dans gestionnaire 2"
11    }
12
13    trap '$GEST' INT
14
15    echo "GEST non remplie : envoi de SIGINT"
16    kill -INT $$
17
18    echo "GEST=gestionnaire_1 : envoi de SIGINT"
```

```
19    GEST=gestionnaire_1
20    kill -INT $$
21
22    echo "GEST=gestionnaire_2 : envoi de SIGINT"
23    GEST=gestionnaire_2
24    kill -INT $$
```

Nous vérifions que, tant que GEST n'est pas remplie, la chaîne transmise à trap est vide et le signal ignoré, puis qu'au gré des modifications de cette variable, le processus exécute l'un ou l'autre des gestionnaires.

```
$   ./exemple_trap.sh
GEST non remplie : envoi de SIGINT
GEST=gestionnaire_1 : envoi de SIGINT
 -> SIGINT reçu dans gestionnaire 1
GEST=gestionnaire_2 : envoi de SIGINT
 -> SIGINT reçu dans gestionnaire 2
$
```

Notez également que l'utilitaire nohup, que nous avons évoqué plus haut, est parfois implémenté par un script qui invoque :

```
    trap "" HUP
```

avant d'appeler la commande mentionnée en argument, ce afin que cette dernière ignore le signal SIGHUP.

Attente de signaux

Lorsqu'on emploie des signaux à des fins de dialogue entre processus, il est important de bien vérifier que la synchronisation entre les processus ne risque pas d'aboutir à des situations de blocage, où chacun attend un message de son interlocuteur avant de poursuivre son exécution. En règle générale, il est recommandé de restreindre l'action du gestionnaire de signal à la modification d'une variable globale. Celle-ci sera consultée régulièrement dans le corps du script pour savoir si un signal est arrivé. Par exemple, on pourra employer quelque chose comme :

```
USR1_recu=0;
function gestionnaire_USR1
{
    USR1_recu=1;
}
trap gestionnaire_USR1 USR1
```

Et dans le corps du script :

```
# attente du signal
while [ $USR1_recu -eq 0 ] ; do
  sleep 1
done
# le signal est arrivé, on continue...
```

Communication entre processus

La communication entre processus recouvre un large domaine de la programmation système, où l'on retrouve aussi bien les tubes ou les sockets réseau que les segments de mémoire partagée ou les sémaphores. Au niveau des scripts shell, la communication entre des processus distincts est toutefois assez restreinte. Nous avons déjà évoqué les possibilités de synchronisation autour des signaux USR1 et USR2, mais il s'agit vraiment d'une communication minimale. De plus, le processus émetteur d'un signal doit connaître son correspondant par son identifiant *PID*. En d'autres termes, s'ils ne sont pas tous les deux issus d'un même script (avec un mécanisme père/fils comme nous l'avons vu), il faut mettre au point une autre méthode de communication du *PID* (fichier, par exemple).

Les systèmes Unix proposent toutefois un mécanisme étonnamment simple et puissant, qui permet de faire transiter autant d'information qu'on le désire entre des processus, sans liens préalables : les files Fifo (*First In First Out*, premier arrivé, premier servi).

Une file est une sorte de tunnel que le noyau met à la disposition des processus ; chacun peut y écrire ou y lire des données. Une information envoyée à l'entrée d'une file est immédiatement disponible à sa sortie, sauf si d'autres données sont déjà présentes, en attente d'être lues. Pour que l'accès aux files soit le plus simple possible, le noyau fournit une interface semblable aux fichiers. Ainsi un processus écrira-t-il dans une file de la même manière qu'il écrit dans un fichier (par exemple avec echo et une redirection pour un script shell) et pourra-t-il y lire avec les mêmes méthodes que pour la lecture d'un fichier (read par exemple). En outre, l'interface étant identique à celle des fichiers, les autorisations d'accès seront directement gérées à l'aide du propriétaire et du groupe de la file.

La création d'une file dans le système de fichiers s'obtient avec l'utilitaire mkfifo. Celui-ci prend en argument le nom de la file à créer, éventuellement précédé d'une option -m suivie du mode d'accès en octal.

Dans l'exemple suivant, nous allons créer un système client-serveur, dans lequel un processus serveur fonctionnant en mode démon crée une file Fifo avec un nom bien défini. Notre serveur aura pour rôle de renvoyer le nom complet qui correspond à un identifiant d'utilisateur, en consultant le fichier /etc/passwd. Les clients lui enverront donc dans sa file Fifo les identifiants à rechercher. Toutefois, pour que le serveur puisse répondre au client, ce dernier devra également créer sa propre file, et en transmettre le nom dans le message d'interrogation. Le script du client sera le plus simple. Il connaît le nom de la file du serveur, ici ~/noms_ident.fifo, mais on pourrait convenir de déplacer ce fichier vers un répertoire système comme /etc. Le script créera donc une file personnelle, et enverra l'identifiant recherché, suivi du nom de sa file, dans celle du serveur. Il attendra ensuite la réponse et se terminera après avoir supprimé sa file.

fifo_client.sh :

```
1    #! /bin/sh
2
3    FIFO_SRV=~/noms_ident.fifo
4    FIFO_CLT=~/fifo_$$.fifo
```

```
 5
 6    if [ -z "$1" ] ; then
 7        echo "Syntaxe : $0 identifiant" >&2
 8        exit 1
 9    fi
10
11    if [ ! -p $FIFO_SRV ] ; then
12        echo "Le serveur n'est pas accessible"
13        exit 1
14    fi
15
16    mkfifo -m 0622 $FIFO_CLT
17    if [ ! -p $FIFO_SRV ] ; then
18        echo "Impossible de créer la file ~/fifo_$$.fifo"
19        exit 1
20    fi
21
22    echo "$1 $FIFO_CLT" > $FIFO_SRV
23    cat < $FIFO_CLT
24    rm -f $FIFO_CLT
```

Le serveur est un peu plus complexe : tout d'abord, il doit basculer en arrière-plan, en mode démon. Ensuite, pour être certain de toujours détruire la file Fifo quand il se termine, nous allons lui ajouter un gestionnaire pour les principaux signaux de terminaison, ainsi que pour le pseudo-signal EXIT qui est invoqué lorsque le script se termine normalement.

Le serveur vérifie qu'un autre serveur n'est pas déjà actif, sinon il lui envoie une demande de terminaison. Ensuite, il crée la file Fifo prévue et entre dans la boucle de fonctionnement principal. Cette boucle se déroule jusqu'à ce qu'il reçoive un identifiant « FIN ». L'identifiant et le nom de la Fifo du client sont lus grâce à une instruction read. On balaye ensuite le fichier /etc/passwd. Pour ce faire, le plus simple est de mettre en place une redirection depuis ce fichier vers l'entrée standard grâce à exec. Cette mise en œuvre a pour effet secondaire de ramener au début le pointeur de lecture dans le fichier /etc/passwd. Pour séparer les champs qui se trouvent sur les lignes du fichier, on recourt sans problème à read, après avoir temporairement modifié la variable IFS, pour qu'elle contienne le séparateur « : ». Si l'identifiant est trouvé, le nom complet est inscrit dans la file Fifo du client, et la boucle recommence.

`fifo_serveur.sh :`

```
 1    #! /bin/sh
 2
 3    # Passage en mode démon
 4    if [ "$MON_PID" != "$PPID" ] ; then
 5      export MON_PID=$$
 6      MON_LISTING=$(cat $0)
 7      cd /
 8      setsid /bin/bash -c "$MON_LISTING" "$0" "$@" 0<&- 1>&- 2>&- &
 9      logger -t $(basename $0) "Le PID du démon est $!"
```

```
10     echo "Le PID du démon est $!" >& 2
11     exit 0
12   fi
13
14   FIFO_SRV=~/noms_ident.fifo
15
16   function gestionnaire_signaux
17   {
18     rm -f $FIFO_SRV
19     exit 0
20   }
21   trap gestionnaire_signaux EXIT QUIT INT HUP
22
23   if [ -e $FIFO_SRV ] ; then
24     echo "FIN" > $FIFO_SRV &
25     exit 0
26   fi
27
28   mkfifo -m 0622 $FIFO_SRV
29   if  [ ! -p $FIFO_SRV ] ; then
30     echo "Impossible de créer la file FIFO $FIFO_SRV"
31     exit 1
32   fi
33
34   FIN=""
35   while [ ! $FIN ] ; do
36     read IDENT FIFO_CLT < $FIFO_SRV
37
38     TROUVE=""
39     exec < /etc/passwd
40     ANCIEN_IFS="$IFS"
41     IFS=":"
42     while read ident passe uid gid nom reste ; do
43         if [ "$IDENT" == "$ident" ] ; then
44             TROUVE="Oui"
45             break
46         fi
47     done
48     IFS=$ANCIEN_IFS
49
50     if [ "$IDENT" == "FIN" ] ; then
51         FIN="Oui"
52         TROUVE="Oui"
53         nom="Fin du serveur"
54     fi
55     if [ $TROUVE ] ; then
56         echo "$nom" > $FIFO_CLT
57     else
58         echo "Non trouvé"  > $FIFO_CLT
59     fi
60   done
```

L'exécution confirme nos attentes :

```
$ ./fifo_serveur.sh
Le PID du démon est 6963
$ ./fifo_client.sh
Syntaxe : ./fifo_client.sh identifiant
$ ./fifo_client.sh cpb
Christophe Blaess
$ ./fifo_client.sh root
root
$ ./fifo_client.sh ftp
FTP User
$ ./fifo_client.sh inexistant
Non trouvé
$ ./fifo_client.sh FIN
Fin du serveur
$ ./fifo_client.sh root
Le serveur n'est pas accessible
$ ls ~/*.fifo
ls: Aucun fichier ou répertoire de ce type
$
```

La communication entre processus au moyen des files Fifo est un mécanisme puissant, mais il faut bien prendre garde aux risques d'interactions bloquantes si chacun des deux processus attend l'action de l'autre. Il est aisé – et amusant – de tester les différentes situations en créant manuellement une file avec la commande mkfifo, puis d'examiner les comportements et les blocages en écrivant dans la file avec echo "..." > fifo ou en lisant avec cat < fifo depuis plusieurs fenêtres xterm différentes.

Entrées-sorties

La programmation de scripts shell est bien souvent considérée comme une sorte de plomberie visant à relier des utilitaires qui prennent des données sur leur entrée standard et écrivent un résultat sur la sortie standard, en fonction d'arguments rencontrés sur la ligne de commande. Ce schéma est parfois un peu réducteur, et les mécanismes d'entrée-sortie proposés aux scripts peuvent être plus complexes.

Rappelons en premier lieu qu'il est possible de mettre en place ou de modifier les redirections au sein même d'un script. On peut employer un regroupement de commandes, comme cela a été vu au chapitre 4, et modifier temporairement les entrée et sortie standards uniquement pour cette portion. On peut également modifier les redirections grâce à la commande exec, sans argument, comme cela a été fait dans le script fifo_serveur du paragraphe précédent. Il est donc possible – en faisant souvent preuve de patience et de bonne volonté – de réaliser des scripts shell susceptibles de manipuler intelligemment des fichiers de données, sans recourir pour autant à une programmation dans un autre langage.

Lorsqu'on rédige des chaînes de commandes qui agissent comme des filtres (entrée standard vers sortie standard), deux besoins apparaissent souvent :

- observer, durant la phase de mise au point, les données qui circulent en un point quelconque du pipeline ;

- regrouper des informations qui se trouvent sur des lignes successives pour construire une seule commande.

Deux utilitaires permettent de réaliser ces fonctions : tee pour la première, et xargs pour la seconde. Étant donné leur utilité pour la rédaction de scripts corrects, il est intéressant de s'attarder quelques instants sur leur fonctionnement.

tee

Cet utilitaire peut s'imaginer comme un « T » de plomberie, d'où son nom, c'est-à-dire un accessoire que l'on insère dans un pipeline pour disposer d'une sortie annexe. tee lit les données sur son entrée standard et les copie sur sa sortie standard, tout en envoyant une copie supplémentaire dans tous les fichiers dont le nom lui est fourni en argument.

Cette commande permet donc d'enregistrer le trafic de données entre les différentes commandes d'un pipeline, ce qui est très appréciable lors de la mise au point. Il est également possible d'utiliser le nom de fichier spécial /dev/tty pour obtenir un affichage à l'écran des données qui transitent par tee. C'est très utile lorsque l'application suivante est un processus vorace qui consomme toutes les données sans que nous ayons de retour d'informations immédiat sur son exécution. En voici un exemple sous Linux, avec une écoute sur l'interface *ethernet* eth0, que l'on filtre par le nom d'hôte :

```
$ su -
Password :
# tcpdump -i eth0 -l | grep 192.1.1.51 > capture
Kernel filter, protocol ALL, datagram packet socket
tcpdump: listening on eth0
            (Contrôle-C)
485 packets received by filter

# ls -l capture
-rw-r--r--   1 root      root              0 Mar 15 16:10 capture
#
```

Le fichier de capture est vide, aucune information n'est donc parvenue en fin de chaîne ; ne sachant pas où se situe le problème, nous pouvons insérer un tee avant la dernière commande :

```
#  tcpdump -i eth0 -1 | tee /dev/tty | grep 192.1.1.51 > capture
Kernel filter, protocol ALL, datagram packet socket
tcpdump: listening on eth0
16:15:54.607707 < tracy.1044 > venux.telnet: . 106236379:106236379(0) ack 392332
3076 win 7660 (DF)
16:15:54.607794 > venux.telnet > tracy.1044: P 1:82(81) ack 0 win 32120 (DF)
16:15:54.827418 < tracy.1044 > venux.telnet: . 0:0(0) ack 82 win 7579 (DF)
16:15:54.827505 > venux.telnet > tracy.1044: P 82:260(178) ack 0 win 32120 (DF)
16:15:55.047058 < tracy.1044 > venux.telnet: . 0:0(0) ack 260 win 7401 (DF)
16:15:55.047138 > venux.telnet > tracy.1044: P 260:417(157) ack 0 win 32120 (DF)
16:15:55.266746 < tracy.1044 > venux.telnet: . 0:0(0) ack 417 win 8760 (DF)
16:15:55.266824 > venux.telnet > tracy.1044: P 417:576(159) ack 0 win 32120 (DF)
           (Contrôle-C)
8 packets received by filter

#  ls -1 capture
-rw-r--r--  1 root     root             0 Mar 15 16:15 capture
#
```

Nous voyons qu'en l'occurrence, l'erreur consistait à attendre une adresse IP numérique, alors que le processus tcpdump affichait les noms d'hôte sous forme symbolique.

Avoir le réflexe d'utiliser tee pour sonder le passage des données dans un pipeline permet souvent de gagner du temps lors de la mise au point de commandes composées qui sont complexes.

xargs

La commande xargs, hélas trop souvent méconnue, est indispensable pour réaliser certaines tâches. Elle prend des lignes de texte sur son entrée standard, les regroupe pour les transmettre en argument avant de lancer une autre commande. C'est le seul moyen efficace de transformer des données arrivant dans un flux du type pipeline en informations sur une ligne de commande.

Son utilisation la plus fréquente est l'association des outils find et grep pour rechercher des chaînes de caractères, en parcourant récursivement les répertoires qui contiennent les fichiers. Le principe consiste à effectuer la descente des répertoires à l'aide de find, qui nous affichera la liste des fichiers rencontrés sur sa sortie standard. Par exemple :

```
$ cd /usr/src/linux
$ find . -name '*.c'
./Documentation/networking/ip_masq/ip_masq-API-ex.c
./arch/i386/boot/compressed/misc.c
./arch/i386/boot/tools/build.c
./arch/i386/kernel/apm.c
./arch/i386/kernel/bios32.c
./arch/i386/kernel/i386_ksyms.c
./arch/i386/kernel/init_task.c
./arch/i386/kernel/io_apic.c
./arch/i386/kernel/ioport.c
./arch/i386/kernel/irq.c
./arch/i386/kernel/ldt.c
./arch/i386/kernel/mca.c
./arch/i386/kernel/mtrr.c
./arch/i386/kernel/process.c
./arch/i386/kernel/ptrace.c
./arch/i386/kernel/setup.c
./arch/i386/kernel/signal.c
./arch/i386/kernel/smp.c
./arch/i386/kernel/sys_i386.c
./arch/i386/kernel/time.c
./arch/i386/kernel/traps.c
./arch/i386/kernel/visws_apic.c
./arch/i386/kernel/vm86.c
./arch/i386/lib/delay.c
  [ …]
$
```

Nous souhaitons pouvoir examiner chacun de ces fichiers avec grep. La meilleure solution consiste à utiliser xargs pour ajouter tous ces noms à la suite de la ligne de commande. Ainsi, on emploiera :

```
$ find . -name '*.c' | xargs grep ipv6_getsockopt
./net/ipv6/ipv6_sockglue.c:int ipv6_getsockopt(struct sock *sk, int level, int opt-
name, char *optval,
./net/ipv6/raw.c:                           return ipv6_getsockopt(sk, level, optname,
optval,
./net/ipv6/tcp_ipv6.c:  ipv6_getsockopt,
./net/ipv6/tcp_ipv6.c:  ipv6_getsockopt,
./net/ipv6/udp.c:       ipv6_getsockopt,            /* getsockopt */
$
```

La lecture de la documentation de xargs est intéressante, car il s'agit d'un utilitaire souvent salvateur quand il s'agit de transmettre le résultat d'une application sur la ligne de commande d'une autre. Citons, par exemple, le lancement d'un éditeur sur tous les fichiers qui contiennent une chaîne donnée (l'option -1 de grep demande que ne soient affichés que les noms des fichiers où la chaîne se trouve) :

```
$ grep -l interface_eth '*.pm' | xargs nedit
```

Interface utilisateur

Nous avons déjà évoqué, dans le chapitre 4, quelques fonctions qui permettent d'assurer une interaction simple avec l'utilisateur (echo, read, select...). Il est toutefois possible d'aller un peu plus loin, grâce à quelques utilitaires auxquels on peut avoir recours pour manipuler les caractéristiques du terminal.

stty

L'utilitaire stty permet de modifier de nombreux paramètres du terminal employé par l'utilisateur. À l'origine, les terminaux Unix étaient reliés à l'unité centrale par des liaisons série, et une grande partie du paramétrage concerne ces lignes de communication. De nos jours, les terminaux sont essentiellement des fenêtres xterm ou des consoles virtuelles, et la configuration série ne nous concerne plus. Il est néanmoins possible de modifier le comportement du pilote du terminal, de manière à réaliser des saisies dynamiques.

Les programmeurs qui débutent sous Unix s'en soucient dès qu'ils remarquent que les routines de saisie de caractères, que ce soit en C, en Pascal, ou sous shell, nécessitent une pression de la touche Entrée pour valider la saisie. En réalité, ce comportement n'est pas dû aux fonctions d'entrée proprement dites, mais uniquement au paramétrage du terminal.

L'utilitaire stty comporte de nombreuses options, mais nous en retiendrons seulement quelques-unes :

Option	Signification
-g	Afficher la configuration en cours dans un format qui puisse être utilisé pour la restaurer ultérieurement.
-a	Afficher la configuration de manière intelligible.
sane	Remise du terminal dans un état utilisable.
-echo	Supprimer l'écho des caractères saisis.
-icanon	Basculer en mode non canonique, ce qui modifie le comportement vis-à-vis de certaines touches spéciales.
min m time t	En mode non canonique, faire échouer la lecture si m caractères n'ont pas été lus au bout de t dixièmes de secondes.

On retiendra que la lecture au vol de caractères se fait en configurant le terminal avec :

```
stty -icanon min 0 time 1
```

et en employant ensuite `read`, comme dans le script suivant :

saisie_touche.sh :

```
 1    #! /bin/sh
 2
 3    sauvegarde_stty=$(stty -g)
 4    stty -icanon time 1 min 0 -echo
 5
 6    touche=""
 7    while [ -z "$touche" ] ; do
 8        read touche
 9    done
10    echo "Touche pressée = " $touche
11
12    stty $sauvegarde_stty
```

L'exécution est surtout intéressante à observer en situation réelle, en raison de son aspect dynamique.

```
$ ./saisie_touche.sh
        (pression sur a)
Touche pressée = a
$
```

On peut utiliser `time 0`, auquel cas la lecture échoue immédiatement, mais je préfère employer un temps d'attente minimal d'un dixième de seconde. La différence n'est pas vraiment sensible pour l'utilisateur et on évite de laisser la boucle consommer inutilement des cycles CPU durant l'attente.

tput

Comme les systèmes Unix acceptent la connexion de très nombreux types de terminaux différents, la gestion de leurs différentes propriétés est vite devenue problématique. Aussi diverses méthodes ont-elles été mises au point pour s'abstraire des différences matérielles et offrir aux applications des fonctionnalités de haut niveau (par exemple, « effacer l'écran », « placer le curseur au point X Y », etc.).

On dispose d'une bibliothèque nommée *ncurses*, qui utilise les descriptions rencontrées dans la base de données *terminfo* pour gérer les différents terminaux. Au niveau du shell, un utilitaire particulier, nommé `tput`, permet d'accéder à ces possibilités. On peut lui transmettre des ordres qu'il va interpréter en fonction des commandes qui sont indiquées dans la base de données *terminfo*.

On peut consulter la page de manuel de `terminfo` pour découvrir les différentes commandes supportées. De manière portable, seules les commandes `clear` (effacement de l'écran) et `reset` (réinitialisation du terminal) sont vraiment sûres. Toutefois la commande `cup`, suivie de deux nombres `L` et `C`, place sur de nombreux Unix le curseur en ligne *L* et colonne *C* de l'écran.

dialog

Il existe sous Linux un utilitaire très sympathique pour réaliser des interfaces utilisateur conviviales en mode texte : `dialog`. Cet outil permet de programmer très simplement des menus de choix, des boîtes de saisie, des boîtes de dialogue avec des boutons de réponse, des jauges indiquant la progression d'un programme, etc. Comme ce dernier élément le suggère, le projet `dialog` était à l'origine destiné à simplifier l'écriture de scripts d'installation. Il est d'ailleurs largement utilisé par certaines distributions Linux.

La portabilité des scripts utilisant `dialog` est un peu amoindrie, mais il faut savoir que ce produit s'appuie uniquement sur l'interface *ncurses* décrite ci-dessus, et devrait donc pouvoir être recompilé et installé sur n'importe quel système Unix. La documentation de `dialog` est suffisamment claire pour que l'utilisateur intéressé s'y reporte aisément.

Déboguer un script

Le débogage d'un script shell est une tâche souvent indispensable, mais pas si simple que l'on pourrait le croire au premier abord, en raison des imbrications entre shell, sous-shell, exécution des commandes dans des sous-processus, etc.

À cela vient s'ajouter un manque d'outils de suivi dynamique de l'exécution. On peut néanmoins proposer quelques méthodes d'examen d'un script bogué.

Tout d'abord, pour essayer de lutter contre les fautes de frappe, on emploiera en début de script l'option shell `set -u`, ou `set -o nounset`, qui déclenche une erreur si on fait référence à une variable non définie. Ainsi le script suivant :

erreur_unset.sh :

```
1    #! /bin/sh
2
3    set -o nounset
4
5    if [ -z "$Chaine" ] ; then
6      echo "La chaîne est vide"
7    fi
```

déclenche-t-il cette erreur :

```
$  ./erreur_unset.sh
./erreur_unset.sh: Chaine: unbound variable
$
```

alors que son exécution sans la ligne 3 donne :

```
$   ./erreur_unset.sh
La chaîne est vide

$
```

Cette option règle déjà un nombre étonnamment important de problèmes. On peut aller plus loin avec l'option set -v, ou set -o verbose, qui permet d'afficher les lignes au fur et à mesure de leur exécution. Toutefois, l'affichage se faisant par blocs de commande complets, on ne sait pas toujours exactement à quel endroit se trouve le point d'exécution courant.

Une option plus utile pour suivre plus exactement le déroulement du script est set -x ou set -o xtrace. En effet, elle indique le suivi pour chaque commande simple.

Lorsqu'on souhaite suivre l'évolution d'une variable au cours d'un script, on peut – avec certains shells – utiliser un gestionnaire sur le pseudo-signal DEBUG. Celui-ci sera invoqué après l'exécution de chaque commande simple. On peut y afficher par exemple le contenu de la variable spéciale LINENO qui contient le numéro de la dernière ligne exécutée. On peut également y observer le contenu de toute autre variable globale.

En ce qui concerne le compte rendu des informations de suivi, on peut utiliser naturellement echo, redirigé vers un fichier (avec l'opérateur >> pour mettre les traces à la suite les unes des autres), ou la commande logger qui envoie un message au système de journalisation *syslog*.

La commande ulimit permet de restreindre la consommation des ressources système par un processus. On se reportera à la page de manuel du shell pour connaître les limitations possibles ; par exemple, sous Linux, il peut être intéressant d'interdire la création d'un fichier core (ulimit -c 0), de restreindre le nombre de processus simultanés pour le même utilisateur (ulimit -u 64) ou de limiter la consommation *CPU* pour empêcher un processus en boucle de tourner trop longtemps (ulimit -t 4).

Au moyen de la commande interne times, on peut obtenir des statistiques sur les temps utilisateur et système consommés par un processus et par ses descendants. Cela permet parfois d'affiner la mise au point en recherchant les portions d'un programme les plus gourmandes en temps processeur.

Virgule flottante

Bash ne permet pas d'effectuer de calculs en virgule flottante. Certaines version de Ksh le permettent, mais la portabilité est amoindrie. Toutefois, les scripts shell peuvent quand même bénéficier de l'arithmétique des nombres réels grâce à un outil standard nommé bc. Cet outil peut être utilisé de manière interactive (comme une calculatrice) ou dans un script.

Dans la bibliothèque étendue de bc (accessible *via* son option –1 en ligne de commande), la fonction a(x) renvoie l'arc tangente de x. Voici un exemple interactif :

```
$ bc -1
4 * a(1)
3.14159265358979323844
quit
$
```

Et voici un moyen d'incorporer un appel à bc dans un script shell :

appel_bc.sh :

```
1  #! /bin/sh
2
3  X=1.234
4  Y=5.6789
5  Z=$( echo "$X * $Y" | bc -1)
6  echo "Z vaut : $Z"
```

Ce qui nous donne à l'exécution :

```
$  ./appel_bc.sh
Z vaut : 7.0077626
$
```

Conclusion

Ce chapitre sur la programmation avancée avec le shell nous a permis de constater que les scripts développés pour ce shell n'ont rien de triviaux ; ils peuvent en effet tenir des rôles complexes, aussi bien du point de vue des fonctionnalités système, telles que la programmation des démons ou les communications entre processus, que sous l'aspect d'interface utilisateur complète.

7

Expressions régulières – Grep

Les expressions régulières se révèlent un support essentiel pour un bon nombre d'utilitaires Unix. Elles sont à la base de l'outil grep, que nous allons étudier dans ce chapitre, mais elles servent aussi de fondement pour les langages Sed et Awk que nous verrons dans les chapitres à venir.

Le terme d'« expression régulière » – traduction littérale de l'anglais *regular expression* – est largement plus répandu que la traduction plus exacte « expression rationnelle ». J'utiliserai les deux termes dans ce chapitre.

Nous allons commencer par étudier la structure des expressions rationnelles simples et étendues avec l'outil grep, afin de faciliter le travail ultérieur avec Sed, Awk ou Perl.

Introduction

Une expression régulière est une description d'une chaîne de caractères. Elle se présente elle-même sous forme de chaîne, mais son contenu est symbolique et doit être interprété comme tel. Par exemple, l'expression « `^[[:digit:]]+  -[[:blank:]]+.*$` » est une description qui dit en substance :

- au moins un chiffre en début de chaîne ;
- suivi d'un espace ;
- suivi d'un tiret ;
- suivi d'un ou plusieurs espaces ou tabulations ;
- suivis d'un nombre quelconque de caractères terminant la chaîne.

Au vu de cette chaîne de caractères, on devine qu'il est parfois plus facile d'écrire une expression rationnelle à partir d'une description en clair que de comprendre ce que signifie une expression déjà écrite…

On dit qu'une chaîne correspond à une expression lorsque son contenu est décrit par cette dernière. Une expression rationnelle sert généralement à sélectionner une ou plusieurs chaînes dans un ensemble donné, par exemple des lignes spécifiques dans un fichier. Une expression rationnelle peut donc, la plupart du temps, être mise en correspondance avec plusieurs chaînes différentes, et parfois même une infinité de chaînes.

Dans ce chapitre, nous nous intéresserons essentiellement à la mise en correspondance qui peut être faite entre l'expression rationnelle et une portion d'une chaîne. Bien sûr, l'étape suivante du traitement est la plus importante ; selon les applications, on peut afficher la chaîne complète (sélection de lignes avec grep), supprimer ou modifier la portion sélectionnée (scripts sed), ou lancer des actions qui dépendent de la structure de la chaîne (traitement de fichiers avec awk).

Expressions régulières simples

On dispose de deux types d'expressions rationnelles : les *simples* et les *étendues*. En pratique, la différence entre les deux se situera sur la nécessité ou non de préfixer certains symboles spéciaux par un *backslash* (barre oblique inverse). Nous allons examiner en premier lieu le cas des expressions régulières simples. Ensuite, nous indiquerons les modifications qu'il convient d'apporter pour utiliser des expressions régulières étendues.

Une expression rationnelle est mise en correspondance caractère par caractère avec une chaîne. Certains caractères ont des significations spéciales. Dans les expressions rationnelles simples, ces métacaractères sont : . * \ [ ] ^ et $.

Tous les autres caractères ne sont mis en correspondance qu'avec leurs propres valeurs. Ainsi l'expression régulière « abcd » ne peut-elle correspondre qu'à la chaîne « abcd ».

Pour tester la correspondance entre une expression régulière et une ou plusieurs chaînes de caractères, nous allons utiliser un petit script basé sur grep.

`regexp.sh`

```
 1    #! /bin/sh
 2
 3    EXPRESSION="$1"
 4    # Eliminons l'expression des arguments de ligne de commande :
 5    shift
 6    # Puis comparons-la avec les chaînes :
 7    for chaine in "$@"
 8    do
 9        echo "$chaine" | grep "$EXPRESSION" > /dev/null
10        if [ $? -eq 0 ]
11        then
12            echo "$chaine : OUI"
13        else
14            echo "$chaine : NON"
15        fi
16    done
```

Voici un exemple d'exécution :

```
$  ./regexp.sh ABCD ABCD abcd
ABCD : OUI
abcd : NON
$
```

On notera que notre programme affiche une réussite si l'expression rationnelle peut être mise en correspondance avec une sous-partie de la chaîne proposée, même si la chaîne complète n'est pas utilisée :

```
$  ./regexp.sh ABCD xyzABCD123
xyzABCD123 : OUI
$
```

Si on veut s'assurer que toute la chaîne est employée, on utilisera les symboles de début et de fin de chaîne, comme nous l'expliquerons plus avant.

Le symbole générique « . »

Le caractère point « . », dans une expression, est un symbole générique qui peut représenter n'importe quel caractère dans la chaîne :

```
$  ./regexp.sh A.B AxB A.B AxyB
AxB : OUI
A.B : OUI
AxyB : NON
$
```

Ici, la chaîne a été rejetée car le point correspond sans problème au x, mais le B de l'expression rationnelle ne peut pas s'associer au y.

Si on veut introduire un point littéral dans l'expression rationnelle, il faut le faire précéder d'un *backslash :* \.

```
$  ./regexp.sh 'A\.B' AxB A.B
AxB : NON
A.B : OUI
$
```

On notera l'emploi des apostrophes pour encadrer l'expression régulière, pour éviter que le shell n'intervienne et ne supprime le *backslash* avant d'invoquer le script.

Début et fin de chaînes

Les deux symboles spéciaux, ^ ct $, représentent respectivement le début et la fin de la chaîne. Ils ne sont pas mis en correspondance avec un caractère véritable, mais avec une chaîne vide. Par exemple, ^a peut correspondre à n'importe quelle chaîne dont le premier caractère est un a. De même, a$ peut s'appliquer à toute chaîne qui se termine par un a. En corollaire, ^a$ représente uniquement la chaîne a.

```
$  ./regexp.sh '^a' abcd bacd

abcd : OUI

bacd : NON

$  ./regexp.sh 'd$' abcd abdc

abcd : OUI

abdc : NON

$  ./regexp.sh '^abc$' abcd xabc abc

abcd : NON

xabc : NON

abc : OUI

$
```

L'expression ^$ représente la chaîne vide. Comme la plupart des logiciels qui traitent leurs entrées ligne par ligne suppriment dans la chaîne reçue le caractère de saut de ligne final, une ligne blanche (dont la représentation « physique » est un caractère Ascii 0x0A) apparaît souvent sous forme de chaîne vide.

Un moyen mnémotechnique pour se souvenir des rôles respectifs de ^ et $ consiste à observer leur position sur un clavier de type *Azerty*. Le ^ se trouve à gauche du $ et représente donc le début de la chaîne. Sur les claviers anglo-saxons l'ordre est inversé ; pour une fois que les utilisateurs francophones sont favorisés, profitons-en !

Figure 7–1

*Début et fin de chaîne
sur un clavier Azerty*

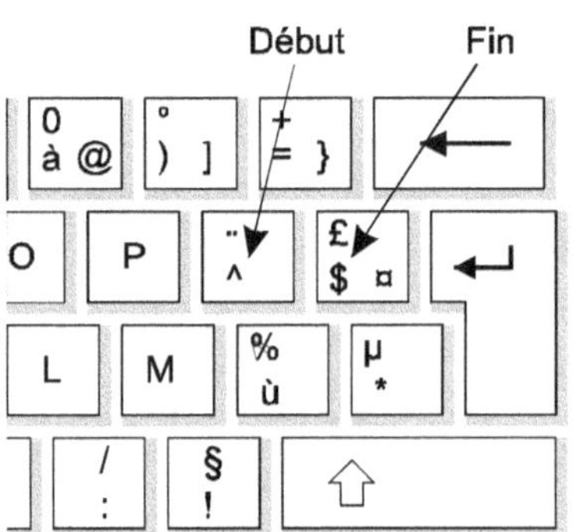

Les caractères ^ ou $ n'ont de signification particulière que s'ils apparaissent en début ou en fin d'expression rationnelle. Sinon, ils reprennent leur valeur littérale. Autrement dit, le symbole de début de chaîne reprend sa valeur originale ^ lorsqu'il apparaît ailleurs qu'au début de l'expression.

Attention toutefois à ce comportement, il n'est pas totalement portable sur tous les Unix. Pour s'assurer qu'un $ ou un ^ représente le caractère littéral concerné, on le préfixera par un *backslash* \. De même, si on doit faire apparaître un symbole ^ littéral en début d'expression ou un $ en fin d'expression, on les fera toujours précéder d'un *backslash*.

Alternatives

Nous avons vu qu'un caractère ordinaire dans l'expression rationnelle représente son équivalent dans la chaîne et que le point représente n'importe quel caractère. Le choix est pour l'instant un peu radical : soit nous connaissons parfaitement le caractère recherché, soit nous les acceptons tous ! Par chance, il est possible d'introduire un peu de pondération dans notre mise en correspondance, en utilisant les alternatives et les classes de caractères.

Le caractère |, lorsqu'il est précédé d'un *backslash*, indique une alternative entre deux caractères. Par exemple :

```
$  ./regexp.sh 'Ax\|yB' AxB AyB AzB
AxB : OUI
AyB : OUI
AzB : NON
$
```

On peut associer plusieurs alternatives successives, bien que cela ne soit pas très efficace.

```
$  ./regexp.sh 'Ax\|y\|zB' AxB AyB AzB AwB
AxB : OUI
AyB : OUI
AzB : OUI
AwB : NON
$
```

Le choix du symbole \| pour représenter une alternative est *a priori* surprenant. En fait il s'agit du symbole | des expressions régulières *étendues* (que nous verrons plus bas), qui a été « importé » dans les expressions *simples*, en utilisant le *backslash* pour lui ajouter cette signification.

Listes

Lorsque plusieurs caractères peuvent convenir à un emplacement donné, nous avons vu qu'il est possible d'enchaîner les alternatives, mais écrire a\|b\|c\|d\|e\|f… w\|x\|y\|z n'est pas très pratique. Il est donc possible d'indiquer des listes de caractères susceptibles de correspondre à un caractère de la chaîne. On regroupe la liste entre crochets [et], et son contenu sera mis en correspondance avec un seul caractère. Par exemple :

```
$ ./regexp.sh 'A[xyz]B' AxB AyB AzB AwB
AxB : OUI
AyB : OUI
AzB : OUI
AwB : NON
```

On notera qu'au sein des crochets, les caractères spéciaux .,* et \ reprennent leur signification littérale et n'ont pas à être préfixés par un *backslash*. Pour insérer un crochet ouvrant dans une liste, il convient de le placer en dernière position. Symétriquement, un crochet fermant sera placé en première position :

```
$ ./regexp.sh 'A[.*\]B' AxB A.B 'A*B' 'A\B'
AxB : NON
A.B : OUI
A*B : OUI
A\B : OUI
$
```

Intervalles

Pour éviter d'avoir à indiquer trop de caractères successifs dans la liste, par exemple [abcdefghijklmnopqrstuvwxyz], on peut utiliser un intervalle. Pour ce faire, on sépare les deux bornes par un tiret, et l'intervalle acceptera tous les caractères intermédiaires du jeu *Ascii* :

```
$ ./regexp.sh 'A[a-z][0-9]B' Ac5B AC5B AczB
Ac5B : OUI
AC5B : NON
AczB : NON
$
```

Si le premier caractère après le crochet ouvrant est un accent ^, la signification de la liste est inversée ; elle pourra correspondre à n'importe quel caractère, sauf à ceux qui sont indiqués :

```
$ ./regexp.sh 'A[a-z]B' 'A#B' A8B AcB
A#B : NON
A8B : NON
AcB : OUI
```

```
$ ./regexp.sh 'A[^a-z]B' 'A#B' A8B AcB
A#B : OUI
A8B : OUI
AcB : NON
$
```

À tout autre emplacement de la liste, l'accent circonflexe reprend sa valeur littérale. Le tiret reprend sa signification littérale lorsqu'il est placé en dernier ou en premier (éventuellement après un accent circonflexe).

Classes

L'utilisation d'intervalles n'est pas très portable, car cette façon de procéder s'appuie uniquement sur l'ordre des caractères dans le jeu *Ascii*, qui est loin d'être le seul, et qui ne contient pas les caractères accentués par exemple. Pour améliorer la portabilité des expressions régulières, on peut recourir à la notion de classes de caractères. Une classe permet de définir la signification d'un caractère. En outre, les classes varient en fonction de la localisation du système. Nous verrons les différences essentielles entre l'*Ascii* et l'*Iso-8859-15* (*Latin-15*) utilisé en Europe de l'Ouest.

Le nom d'une classe doit être indiqué avec la notation `[:nom:]`, et ce obligatoirement à l'intérieur d'une liste entre crochets. On écrit donc en général `[[:nom:]]`. Douze classes standards sont disponibles :

Nom	Signification	Ascii	Iso-8859-15
alpha	Lettres alphabétiques dans la localisation en cours.	`[A-Za-z]`	`[A-Za-zÀÁÂÃÄ…ùúûüý]`
digit	Chiffres décimaux.	`[0-9]`	idem Ascii
xdigit	Chiffres hexadécimaux.	`[0-9A-Fa-f]`	idem Ascii
alnum	Chiffres ou lettres alphabétiques.	`[[:alpha:][:digit:]]`	`[[:alpha:][:digit:]]`
lower	Lettres minuscules dans la localisation en cours.	`[a-z]`	`[a-zàáâãä…ùúûüý]`
upper	Lettres majuscules dans la localisation en cours.	`[A-Z]`	`[A-ZÀÁÂÃÄ…ÙÚÛÜÝ]`
blank	Caractères blancs.	espace et tabulation	idem Ascii
space	Caractères d'espacement.	espace, tabulation, sauts de ligne et de page, retour chariot	idem Ascii
punct	Signes de ponctuation.	`[]!"#$%&'()*+,-./:;<=>?@\^_`{|}~[]`	idem Ascii
graph	Symboles ayant une représentation graphique.	`[[:alnum:][:punct:]]`	`[[:alnum:][:punct:]]`
print	Caractères imprimables (graph et l'espace).	`[[:graph:]]`	`[[:graph:]]`
cntrl	Caractères de contrôle.	Codes Ascii inférieurs à 31, et caractère de code 127	idem Ascii

Voyons la différence de traitement des caractères accentués entre la localisation française (fr_FR) et la localisation par défaut (vide).

```
$  unset LC_ALL
$  unset LANG
$  export LANG=fr_FR
$  ./regexp.sh 'A[[:alpha:]]B' AaB AàB AéB AçB
AaB : OUI
AàB : OUI
AéB : OUI
AçB : OUI
$  LANG=
$  ./regexp.sh 'A[[:alpha:]]B' AaB AàB AéB AçB
AaB : OUI
AàB : NON
AéB : NON
AçB : NON
$
```

L'utilisation des classes de caractères améliore sensiblement la lisibilité de l'expression rationnelle et la rend plus portable vers d'autres environnements.

Il existe deux autres types de classes de caractères dont nous ne traiterons pas en raison de leur très faible utilisation : les symboles de juxtaposition et les classes d'équivalences qui se présentent respectivement sous la forme [.symboles.] et [=classe=] dans une liste entre crochets.

Répétitions

Jusqu'à présent, nous avons mis à la suite des expressions rationnelles qui décrivent un caractère chacune, pour représenter tous les caractères de la liste. Si nous voulons décrire un mot de quatre lettres entouré de blancs, nous écrirons :

```
[[:blank:]][[:alpha:]][[:alpha:]][[:alpha:]][[:alpha:]][[:blank:]]
```

Ce qui est non seulement peu élégant, mais manque aussi d'efficacité (comment faire si nous ne connaissons pas à l'avance le nombre de lettres ?).

Il faut savoir que l'on peut placer à la suite de la description d'un caractère des opérateurs de répétition. L'opérateur le plus simple est l'astérisque * qui signifie « zéro, une, ou plusieurs occurrences de l'élément précédent ». Par exemple, la chaîne « ab*c » peut correspondre à :

- ac : l'astérisque autorise l'absence de l'élément (zéro occurrence) ;
- abc : une seule occurrence, pas de répétition ;
- abbc : une répétition ;
- abbbbbbbbbbbbc : autant de répétitions que l'on veut.

Lorsque l'astérisque est placé à suite d'un point, il remplacera autant de caractères qu'il le faudra. La mise en correspondance est *gloutonne* ; l'expression rationnelle avalera le plus possible de caractères. Par exemple, si on propose la chaîne `abbcbbbbcbbbbbbc` pour l'expression rationnelle `a.*c`, la mise en correspondance ira jusqu'à la fin de la chaîne. Naturellement, si l'expression était `ab*c`, la correspondance s'arrêterait au premier `c`. L'astérisque reprend sa valeur littérale lorsqu'il est précédé d'un *backslash*, ou lorsqu'il se trouve dans une liste entre crochets.

Si une chaîne est composée de mots séparés par des espaces ou des tabulations, on peut par exemple trouver le premier mot avec l'expression suivante :

`« ^[[:blank:]]*[[:alpha:]][[:alpha:]]*[[:blank:]]* »`

Nous voulons avoir au moins une lettre, aussi avons-nous répété deux fois l'expression en rendant seulement la seconde facultative et répétable. Il existe toutefois une manière plus simple de procéder, à l'aide de l'opérateur `\+` qui signifie « une ou plusieurs occurrences de l'élément précédent ». Cette fois-ci, la chaîne `ac` ne peut pas correspondre à l'expression rationnelle `ab\+c`, car le `b` doit être présent au moins une fois :

```
$ ./regexp.sh 'ab\+c' ac abc abbbc
ac : NON
abc : OUI
abbbc : OUI
$
```

Cela nous permet de récrire ainsi l'expression décrivant le premier mot d'une chaîne :

`« ^[[:blank:]]*[[:alpha:]]\+[[:blank:]]* »`

L'opérateur complémentaire, `\?`, accepte « zéro ou une occurrence de l'élément précédent » :

```
$ ./regexp.sh 'ab\?c' ac abc abbbc
ac : OUI
abc : OUI
abbbc : NON
$
```

Enfin, l'opérateur de répétition qui a la forme `\{n,m\}` signifie « au moins n et au plus m occurrences de l'élément précédent » :

```
$ ./regexp.sh 'ab\{4,6\}c' abbc abbbbc abbbbbbc abbbbbbbc
abbc : NON
abbbbc : OUI
abbbbbbc : OUI
abbbbbbbc : NON
$
```

Plusieurs variantes de cet opérateur sont disponibles :

- \{n,\} : au moins n occurrences ;

- \{0,m\} : au plus m occurrences ;

- \{n\} : exactement n occurrences.

On doit préciser, bien que cela soit logique, qu'un opérateur de répétition qui se trouve à la suite du caractère générique « . », ou d'une liste de caractères, ne demande pas la répétition exacte du même caractère, mais implique une séquence de caractères correspondant au choix offert par la liste ou le symbole générique :

```
$ ./regexp.sh 'A.\{3\}C' AxyzC
AxyzC : OUI
$
```

Groupements

S'il est pratique de pouvoir indiquer une répétition de caractères, on peut aussi être amené à rechercher des répétitions de séquences de caractères, ou de sous-expressions rationnelles. On peut ainsi définir des groupements de caractères à l'aide des symboles \ (et \). Lorsqu'un opérateur de répétition est placé à la suite d'un groupement, il agit sur l'ensemble de la séquence. Par exemple, l'expression rationnelle « \(123\)\{2\} » demande deux répétitions de la chaîne 123 :

```
$  ./regexp.sh 'A\(123\)\{2\}B' A123B A123123B
A123B : NON
A123123B : OUI
$
```

Les regroupements peuvent eux-mêmes être associés par une alternative \| :

```
$  ./regexp.sh 'A\(12\)\|\(34\)B' A12B A34B A14B
A12B : OUI
A34B : OUI
A14B : NON
$
```

Références arrière

Les regroupements peuvent servir lorsque la même séquence de caractères doit se retrouver à plusieurs emplacements dans la même chaîne. On peut alors insérer un indicateur qui fera référence à une portion de l'expression régulière en correspondance. Le symbole \1 représente la sous-chaîne qui est mise en correspondance avec le premier regroupement de l'expression rationnelle, \2 la portion de la chaîne associée au deuxième regroupement, et ainsi de suite. Ainsi, si notre expression rationnelle commence par \(.\)x\(..\), le symbole \1 fera référence au caractère de la chaîne mis en correspondance avec le premier groupement (qui, en l'occurrence, ne contient qu'un caractère), et le symbole \2 aux deux caractères correspondant au second regroupement.

On remarquera que, si la notation .\{3\} réclame trois caractères quelconques, \(.\)\1\1 réclame trois fois le même caractère, tout comme \(.\)\1\{2\} :

```
$  ./regexp.sh 'A.\{3\}B' A123B A222B
A123B : OUI
A222B : OUI
$  ./regexp.sh 'A\(.\)\1\1B' A123B A222B
A123B : NON
A222B : OUI
$
```

Le mécanisme des références arrière recèle une grande puissance, mais la complexité de l'écriture rend les expressions régulières très difficiles à lire et à maintenir, limitant en pratique leur utilisation réelle.

Expressions rationnelles étendues

Les expressions rationnelles étendues ne sont pas très différentes des expressions simples. Le changement va concerner les caractères qui sont employés comme symboles spéciaux et la cohérence avec l'utilisation du *backslash*. La table suivante résume les notations des symboles employés dans les expressions rationnelles, en indiquant les différences entre expressions simples et étendues.

Signification	Symbole pour expression réguliere simple	Symbole pour expression regulière étendue
Caractère générique	.	.
Début de ligne	^	^
Fin de ligne	$	$
Alternative	|		
Liste de caractères	[ ]	[ ]
Classe de caractères (dans une liste)	[:classe:]	[:classe:]
Juxtaposition de caractères (dans une liste)	[.séquence.]	[.séquence.]
Classe d'équivalence (dans une liste)	[=classe=]	[=classe=]
Zéro, une ou plusieurs occurrences de l'élément précédent	*	*
Une ou plusieurs occurrences de l'élément précédent	\+	+
Zéro ou une occurrence de l'élément précédent	\?	?

Signification	Symbole pour expression réguliere simple	Symbole pour expression regulière étendue
Au moins n et au plus m occurrences de l'élément précédent	\{n,m\}	{n,m}
Au moins n occurrences de l'élément précédent	\{n,\}	{n,}
Au plus m occurrences de l'élément précédent	\{0,m\}	{0,m}
Exactement n occurrences de l'élément précédent	\{n\}	{n}
Regroupement de caractères	\(\)	( )
Référence arrière au n-ième regroupement	\n	\n
Préfixe d'un caractère spécial pour reprendre sa valeur littérale	\	\

Naturellement, dans les expressions rationnelles étendues, les caractères |, +, ?, {, }, (, et), qui deviennent spéciaux, doivent être préfixés par un *backslash* pour retrouver leur valeur littérale, ce qui n'était pas nécessaire dans les expressions simples.

Outil grep

Le logiciel grep est un outil indispensable tant pour l'administrateur système que pour le programmeur. Il permet de parcourir des fichiers pour rechercher les lignes qui contiennent une expression rationnelle. Voici sa syntaxe habituelle :

```
grep [options] expression fichiers...
```

Les options qui nous concernent ici sont surtout :

- -E : les expressions régulières sont *étendues* ; par défaut, grep emploie des expressions rationnelles simples. Si on l'invoque sous le nom egrep (déconseillé), il adopte le même comportement qu'avec cette option.

- -F : l'expression recherchée n'est pas une expression régulière mais une simple chaîne de caractères, même si elle contient des caractères qui seraient spéciaux pour une expression rationnelle. Ceci est très utile lorsque la chaîne recherchée est fournie par une source que nous ne maîtrisons pas dans le script (l'utilisateur par exemple). L'invocation de grep sous le nom fgrep (déconseillé), a un effet identique à cette option.

- -i : ignorer les différences entre majuscules et minuscules.

- -v : afficher les lignes qui *ne contiennent pas* l'expression rationnelle.

Assez souvent, l'expression rationnelle est réduite à une simple chaîne de caractères constante :

```
$ grep -F "snmp" /etc/services
snmp            161/udp                             # Simple Net Mgmt Proto
snmp-trap       162/udp         snmptrap            # Traps for SNMP
$
```

Quand on ne donne pas de nom de fichier, grep recherche le motif dans les lignes qui proviennent de son entrée standard :

```
# tcpdump  -lnq -i eth0 | grep "192\.1\.1\.[[:digit:]]*\.telnet"
Kernel filter, protocol ALL, datagram packet socket
tcpdump: listening on eth0
13:18:53.154051 < 192.1.1.60.1067 > 192.1.1.51.telnet: tcp 0 (DF)
13:18:53.154135 > 192.1.1.51.telnet > 192.1.1.60.1067: tcp 81 (DF)
13:18:53.373837 < 192.1.1.60.1067 > 192.1.1.51.telnet: tcp 0 (DF)
13:18:53.373919 > 192.1.1.51.telnet > 192.1.1.60.1067: tcp 135 (DF)
13:18:53.593473 < 192.1.1.60.1067 > 192.1.1.51.telnet: tcp 0 (DF)
13:18:53.593560 > 192.1.1.51.telnet > 192.1.1.60.1067: tcp 136 (DF)
13:18:53.813304 < 192.1.1.60.1067 > 192.1.1.51.telnet: tcp 0 (DF)
13:18:53.813385 > 192.1.1.51.telnet > 192.1.1.60.1067: tcp 136 (DF)
13:18:54.032927 < 192.1.1.60.1067 > 192.1.1.51.telnet: tcp 0 (DF)
13:18:54.033010 > 192.1.1.51.telnet > 192.1.1.60.1067: tcp 136 (DF)
13:18:54.252612 < 192.1.1.60.1067 > 192.1.1.51.telnet: tcp 0 (DF)
13:18:54.252701 > 192.1.1.51.telnet > 192.1.1.60.1067: tcp 136 (DF)
    (Contrôle-C)
12 packets received by filter
#
```

Pour voir des expressions régulières étendues – seule la présence du *backslash* les différencie des simples – le script regexpext.sh est une copie de regexp.sh dans laquelle on a ajouté l'option –E lors de l'appel de grep. Invoquons-le en utilisant les exemples des précédents paragraphes :

```
$ ./regexpext.sh 'A(12)|(34)B' A12B A34B A14B
A12B : OUI
A34B : OUI
A14B : NON
$ ./regexpext.sh 'A.{3}B' A123B A222B
A123B : OUI
A222B : OUI
$ ./regexpext.sh 'A(.)\1\1B' A123B A222B
A123B : NON
A222B : OUI
$
```

Recherche récursive avec find

Les utilisateurs débutant sous Unix sont fréquemment confrontés au problème que pose la recherche récursive d'une chaîne de caractères dans tous les fichiers qui se trouvent dans les sous-répertoires à partir d'un point de départ donné. Par exemple, cela est très utile dans une arborescence de fichiers source, pour rechercher toutes les invocations d'une routine, toutes les utilisations d'une variable, etc.

grep, seul, n'est pas capable de réaliser ce travail[1] ; il n'examine que les fichiers dont les noms lui sont fournis en arguments. La première idée consiste à invoquer l'outil find pour rechercher tous les noms de fichiers à partir d'un point de départ, et de les transmettre à grep. Le problème qui se pose est que find envoie la liste des fichiers trouvés sur sa sortie standard, alors que grep attend cette liste sur la ligne de commande.

C'est l'occasion rêvée d'employer l'utilitaire xargs – que nous avons aperçu dans le chapitre précédent – et qui est justement conçu pour ce type de situation. Nous appelons find – avec l'option -type f pour qu'il ne s'intéresse qu'aux fichiers normaux – et il envoie la liste sur sa sortie standard. Celle-ci est transmise à xargs qui va construire une ligne de commande en invoquant grep.

J'emploie souvent ce petit utilitaire pour rechercher des symboles dans les sources de projets volumineux :

```
$  cd /usr/src/linux/drivers/
$  find . -type f | xargs grep SIGKILL
./block/md.c:    send_sig(SIGKILL, thread->tsk, 1);
./char/ftape/RELEASE-NOTES:SIGKILL (kill -9) will generate a sure kill.
./char/ftape/RELEASE-NOTES: LocalWords:  SIGKILL MTIOCFTCMD mmap Iomega FDC fdcio
gnumt mtio fc asm inb
./char/ftape/lowlevel/ftape-init.h:#define _NEVER_BLOCK (sigmask(SIGKILL) | sig-
mask(SIGSTOP))
./char/sysrq.c:          send_sig_all(SIGKILL, 0);
./char/sysrq.c:          send_sig_all(SIGKILL, 1);
./char/tty_io.c:                    send_sig(SIGKILL, p, 1);
./char/tty_io.c:                    send_sig(SIGKILL, p, 1);
./char/vt.c:          if (arg < 1 || arg > _NSIG || arg == SIGKILL)
./scsi/scsi.c:          send_sig(SIGKILL, shpnt->ehandler, 1);
./scsi/scsi_error.c:#define SHUTDOWN_SIGS (sigmask(SIGKILL)|sigmask(SIGINT)|sig-
mask(SIGTERM))
$
```

---

1. La version GNU de grep dispose d'une option –R permettant la recherche récursive, mais elle n'est pas standard, et ne permet pas de filtrer les fichiers parcourus (sur leur noms par exemple).

Conclusion

Nous avons examiné dans ce chapitre les expressions rationnelles, en ne laissant de côté que les éléments les moins utilisés. Il est important de bien se familiariser avec l'emploi de ces expressions, ce qui peut se faire en « jouant » avec grep, ou nos petits programmes regexp.sh, et regexpext.sh.

Exercices

Je propose au lecteur d'observer successivement les lignes du tableau suivant et d'essayer de déterminer si l'expression régulière présentée en première colonne peut être mise en correspondance avec la chaîne proposée en seconde colonne. Essayez ensuite d'utiliser le programme regexpext.sh pour vérifier la réponse. Les solutions fournies dans le chapitre 11 sont commentées, car de nombreux cas ne sont pas évidents du tout…

Attention à bien encadrer les expressions régulières et les chaînes par des apostrophes pour éviter que le shell ne les modifie.

Expression	chaîne	Correspondance ?
a*	a	
a*	b	
^a*$	b	
a$	a	
a$	a$	
a.	a	
a+b	a+b	
$	a	
$$	a	
\$$	$	
^$	^$	
$^	$^	
\$\^	$^	
^.{2}$	aa	
^.{2}$	ab	
^(.)\1$	aa	
^(.)\1$	ab	

Expression	chaîne	Correspondance ?
[b-a]	b	
[^-_]	_	
[^-_]	-	
[^-_]	^	
[]-[]	-	
[][-]	-	

8

Sed

Sed est un outil souvent mal connu des personnes récemment venues à l'informatique, et plus particulièrement au système Unix, et c'est regrettable. Cet utilitaire peut rendre de grands services au sein de scripts shell qui automatisent des tâches administratives, mais également pour manipuler des fichiers de texte, par exemple des pages HTML.

Présentation

Sed est l'abréviation de *Stream Editor*, que l'on peut comprendre comme « éditeur de texte orienté flux ». Pour saisir ce que cela signifie, il faut d'abord revenir à l'un des premiers outils du système Unix : l'éditeur `ed`, d'ailleurs toujours disponible sur les systèmes Unix actuels. Il s'agit d'un éditeur de texte, comme `vi`, `emacs`, `nedit`, etc. ; toutefois, contrairement à ces derniers, il ne fonctionne pas sur une page complète de texte affichée à l'écran, mais sur une seule ligne à la fois.

Les utilisateurs qui ont fréquenté autrefois le monde DOS reconnaîtront peut-être le même concept que celui qui était employé pour l'outil `edlin`, avec lequel les modifications des fichiers système pouvaient devenir de véritables épreuves de trapèze volant !

L'utilité des éditeurs ligne à ligne était évidente avec certains terminaux qui ne permettaient pas d'adresser le curseur de travail sur l'ensemble de l'écran. Ces terminaux n'acceptaient que la frappe d'une seule ligne de texte, et la touche de validation (équivalente à `Entrée`) demandait l'envoi de cette saisie vers l'unité centrale suivi du défilement de tout l'écran d'une ligne vers le haut. Il n'était plus possible de modifier le texte qui se trouvait au-dessus de la ligne d'édition, ni *a fortiori* de déplacer le curseur sur la page pour travailler sur plusieurs lignes en même temps. Ces terminaux ont pratiquement disparu de nos jours, mais j'en ai encore rencontré, il y a quelques années, reliés à un gros système *mainframe* gérant des bases de données militaires.

Un éditeur ligne à ligne fonctionne donc en acceptant des commandes qui permettent d'entrer une nouvelle ligne (par exemple, a pour l'ajouter après la ligne en cours, ou i pour l'insérer avant celle-ci), d'afficher certaines lignes (p), ou de substituer des expressions (s). Pour sélectionner la ou les lignes sur lesquelles elles doivent agir, les commandes acceptent des numéros, des intervalles, ou des expressions rationnelles. Le lecteur intéressé pourra se reporter à la page de manuel de ed pour avoir plus de détails sur les commandes.

L'un des avantages de ed est que son interface utilisateur est limitée aux flux d'entrée et sortie standards. On peut ainsi les rediriger pour créer des scripts de manipulation des fichiers (de nos jours on parlerait plutôt de *macros*). On devine l'intérêt que peut présenter ce mécanisme pour rédiger des scripts qui automatisent les manipulations de fichiers de texte.

Le fait de devoir travailler obligatoirement sur des fichiers limite néanmoins les possibilités d'utilisation dans des chaînes de commandes. Aussi, dès 1973, vit-on apparaître dans un premier temps un outil qui travaillait sur son flux d'entrée standard plutôt que sur un fichier et qui réalisait l'affichage de toutes les lignes contenant une expression rationnelle. Dans la page de manuel de ed, cette commande est toujours présentée sous la forme g/re/p (*global / regular expression / print*), qui servit à nommer l'outil Grep étudié précédemment.

Dans un second temps, on réalisa l'implémentation d'une version de ed qui travaillait uniquement sur son flux d'entrée, tout en obtenant les ordres depuis des fichiers scripts. Cette version orientée flux fut nommée *Stream Editor*, et abrégée en sed.

Utilisation de Sed

On peut légitimement s'interroger sur la pertinence qu'il y a à utiliser Sed, ainsi que d'autres outils comme Awk, pour manipuler de nos jours des fichiers de texte *ASCII* brut. Après tout, il s'agit d'instruments conçus pour l'informatique des années 1970 ; leur emploi se justifie-t-il encore à l'ère du son et des images numériques ?

Naturellement cela dépend de l'usage que l'on fait de ces fichiers et de la nécessité – ou non – de répéter ultérieurement les mêmes traitements sur différents fichiers.

Dans le monde professionnel, la rédaction d'un document passe systématiquement par un traitement de texte WYSIWIG (What You See Is What You Get). Certaines personnes le regrettent et préfèrent employer des logiciels de traitement de documents comme TeX, LaTeX, LyX, troff, mais force est de constater que l'usage courant a standardisé certaines applications comme Word. Hors du monde étudiant, il est rare de rencontrer des documents importants rédigés sous d'autres formats.

Quoi qu'il en soit, les choses continuent à évoluer, et un nouveau besoin se fait de plus en plus pressant, surtout dans les environnements techniques : disposer simultanément de deux versions de la même documentation. La version imprimée, soigneusement mise en page et correctement reliée, est préférable pour une consultation prolongée, confortable, tandis que la version électronique en ligne est indispensable pour une recherche rapide ou une consultation à distance. De nouveaux formats émergent (HTML, SGML, XML, etc.) qui permettent une conversion plus ou moins aisée vers le support employé pour la consultation. On peut raisonnablement imaginer qu'une part non négligeable des documents techniques à venir seront disponibles dans ces formats.

En outre, Sed et Awk sont des outils absolument indispensables pour l'administrateur système qui doit exploiter des fichiers de trace (*log files*), ou manipuler automatiquement des fichiers de configuration sur une machine ou un parc complet.

Principe

Le programme sed va agir sur les lignes d'un fichier de texte ou de son entrée standard, et fournir les résultats sur sa sortie standard. En conséquence, les instructions de manipulation doivent être fournies dans des fichiers de scripts indépendants, ou en ligne de commande. La syntaxe d'invocation est la suivante :

```
$ sed -e 'liste_d_instructions' fichier_à_traiter
```

Ou :

```
$ sed -f fichier_script fichier_à_traiter
```

Dans le premier cas, les opérations à réaliser sont indiquées directement sur la ligne de commande. Dans le second, elles sont regroupées dans un fichier script distinct. De nos jours, cette deuxième utilisation est devenue anecdotique et ne sera pas traitée dans ce livre.

Si aucun fichier à traiter n'est indiqué, sed attend les données sur son entrée standard. Lorsqu'on fournit directement les commandes sur la ligne, grâce à l'option -e, il est préférable de les inclure entre apostrophes simples, en raison de l'usage fréquent des caractères $, *, ?, etc., susceptibles d'être interprétés par le shell.

Une option importante est également disponible : -n, avec laquelle sed fonctionne en mode silencieux, c'est-à-dire qu'il ne copie une ligne de texte de l'entrée standard vers la sortie standard que si on le lui demande explicitement, et non pas automatiquement comme c'est le cas par défaut. Nous détaillerons cela ultérieurement.

Cette capacité à traiter les informations « au vol » dans les flux d'entrée-sortie standards fait que l'on utilise fréquemment sed au sein de pipelines regroupant d'autres commandes système.

Fonctionnement de Sed

Ce traitement immédiat du texte lu dicte le fonctionnement même de sed, puisqu'il ne dispose pas d'une vue globale sur le fichier à traiter, mais uniquement des informations fractionnaires, délivrées sur le flux d'entrée standard. Ainsi Sed repose-t-il sur le mécanisme suivant :

- lecture d'une ligne sur le flux d'entrée (jusqu'à ce qu'il rencontre un caractère de saut de ligne) ;

- traitement de cette ligne en la soumettant à toutes les commandes rencontrées dans le fichier script ;

- affichage de la ligne résultante sur la sortie standard, sauf si sed est invoqué avec l'option –n ;

- passage à la ligne suivante, et ainsi de suite jusqu'à la fin du flux d'entrée standard.

Les commandes que sed accepte ne sont pas très nombreuses, et sont toujours représentées par une lettre unique (a, b, c, d, g, h, i, n, p, q, r, s, t, y) ou par le signe =. Il s'agit essentiellement d'insertion ou de suppression de lignes, et de modification de chaînes de caractères.

En pratique, seules trois commandes sont utilisées réellement (d, p, et s), les autres donnant des lignes illisibles et surtout impossibles à maintenir. Nous allons examiner ces trois commandes ci-après.

Une commande peut être éventuellement précédée d'une adresse. Dans ce cas, elle ne s'applique qu'aux lignes concernées du flux d'entrée standard. Une adresse se présente sous forme numérique – correspondant alors au numéro de la ligne sélectionnée – ou sous forme d'expression régulière. Les numéros de ligne commencent à 1 et se poursuivent sans interruption sur l'ensemble des fichiers à traiter. Une expression rationnelle permet de sélectionner une ou plusieurs lignes en fonction de leur contenu.

Nous verrons que la sélection peut également se faire sur un intervalle de lignes, en indiquant deux adresses séparées par une virgule.

Des espaces ou des tabulations peuvent être insérés à volonté en début de ligne, ainsi qu'entre l'adresse et la commande.

Pour tester sed, commençons par chercher un petit fichier de texte sur notre système :

```
$  ls -l /etc/host*
-rw-r--r--   1 root    root           17 jui 23  2000 /etc/host.conf
-rw-r--r--   1 root    root          466 jun 25 19:39 /etc/hosts
-rw-r--r--   1 root    root          161 jan 13  2000 /etc/hosts.allow
-rw-r--r--   1 root    root          347 jan 13  2000 /etc/hosts.deny
$  cat /etc/hosts.allow
#
```

```
# hosts.allow  This file describes the names of the hosts which are
#              allowed to use the local INET services, as decided
#              by the '/usr/sbin/tcpd' server.
#


$
```

Parfait ! Tout d'abord, nous allons demander à sed d'appliquer la commande p (*print*) aux lignes du fichier, sans aucun filtrage. Cette commande demande l'affichage explicite de la ligne en cours. Comme l'option -n n'est pas employée, sed effectue aussi une copie systématique des données lues vers la sortie standard, ce qui a pour effet de dupliquer les lignes :

```
$ sed -e 'p' < /etc/hosts.allow
#
#
# hosts.allow  This file describes the names of the hosts which are
# hosts.allow  This file describes the names of the hosts which are
#              allowed to use the local INET services, as decided
#              allowed to use the local INET services, as decided
#              by the '/usr/sbin/tcpd' server.
#              by the '/usr/sbin/tcpd' server.
#
#


$
```

En revanche, lorsqu'on utilise -n, les lignes ne sont affichées qu'avec la commande p explicite :

```
$ sed -n -e 'p' < /etc/hosts.allow
#
# hosts.allow  This file describes the names of the hosts which are
#              allowed to use the local INET services, as decided
#              by the '/usr/sbin/tcpd' server.
#


$
```

Nous pouvons examiner le filtrage des lignes, en demandant une sélection du numéro de
ligne :

```
$ sed -n -e '2p' < /etc/hosts.allow
# hosts.allow  This file describes the names of the hosts which are
$ sed -n -e '4p' < /etc/hosts.allow
#               by the '/usr/sbin/tcpd' server.
$
```

On peut aussi sélectionner une ligne en indiquant un motif (sous forme d'expression
régulière) qu'elle doit contenir. Ce motif est indiqué entre caractères *slashes* / (barres
obliques) :

```
$ sed -n -e '/file/p' < /etc/hosts.allow
# hosts.allow  This file describes the names of the hosts which are
$ sed -n -e '/serv/p' < /etc/hosts.allow
#               allowed to use the local INET services, as decided
#               by the '/usr/sbin/tcpd' server.
$
```

La commande p, accepte une sélection de lignes sous forme d'*intervalle*. Un intervalle
est décrit par deux adresses séparées par une virgule. Le cas le plus évident est celui de
deux adresses numériques, mais il est également possible d'utiliser des expressions régulières, quoique la lecture de la commande devienne plus difficile.

```
$ sed -n -e '2,4p' < /etc/hosts.allow
# hosts.allow  This file describes the names of the hosts which are
#               allowed to use the local INET services, as decided
#               by the '/usr/sbin/tcpd' server.
$ sed -n -e '/hosts/,/services/p' < /etc/hosts.allow
# hosts.allow  This file describes the names of the hosts which are
#               allowed to use the local INET services, as decided
$
```

La sélection par un intervalle se fait en fonction des règles suivantes :

- sed sélectionne la première ligne correspondant à la première expression rationnelle ou
  au numéro indiqué avant la virgule ;

- il sélectionne également toutes les lignes suivantes jusqu'à ce qu'il en rencontre une qui
  corresponde à la seconde expression régulière ou au numéro indiqué après la virgule ;

- les lignes à la suite ne sont pas sélectionnées, jusqu'à ce qu'il en rencontre une qui corresponde à nouveau au premier critère.

En conséquence, plusieurs remarques s'imposent :

- Si la seconde partie de l'intervalle est une expression rationnelle, sa mise en correspondance n'est tentée qu'à partir de la ligne qui suit celle qui est sélectionnée par la première partie. Un intervalle formé en seconde partie d'une expression régulière sélectionne toujours au moins deux lignes. On notera toutefois que ce comportement, standardisé de nos jours, peut varier sur des versions anciennes de sed.

- En revanche, une sélection du type 2,2, ou /hosts/,2 peut très bien ne sélectionner qu'une ligne. Cela est également vrai pour une sélection du type 4,1 qui ne sélectionne que la ligne 4, ou /hosts/2 si le mot host n'apparaît qu'en ligne 3 par exemple.

- Lorsque aucune ligne ne correspond à la seconde partie de l'intervalle (expression régulière impossible à trouver ou numéro supérieur ou égal au nombre de lignes), la sélection s'applique jusqu'à la fin du fichier. Comme sed lit les lignes d'entrée une à une, il n'a aucun moyen de savoir à l'avance si une correspondance sera possible. Il faut donc voir les intervalles comme des bascules sélection / désélection, et pas comme de véritables recherches de portions de texte.

- Enfin, un intervalle décrit par des expressions régulières peut se répéter dans le texte. Ceci est très utile lorsqu'on veut extraire d'un fichier des portions définies par des indicateurs (un marqueur de début et un autre de fin) qui se répètent à plusieurs emplacements.

L'adresse symbolique $ correspond à la dernière ligne du dernier fichier à traiter. On notera également que l'on peut nier une adresse, c'est-à-dire n'exécuter la commande que sur les lignes qui ne correspondent pas à la sélection grâce à l'opérateur !. Par exemple, nous n'affichons ici que les lignes qui ne sont pas vides :

```
$  sed -n -e '/^$/!p' < /etc/hosts.allow
#
# hosts.allow   This file describes the names of the hosts which are
#               allowed to use the local INET services, as decided
#               by the '/usr/sbin/tcpd' server.
#
$
```

Commandes Sed

On peut utiliser la commande p vue ci-dessus surtout pour deux raisons principales :

- Afficher la n-ième ligne (sed -ne "$Np"), ou les lignes de la n-ième à la m-ième d'un fichier (sed -ne "$N,$Mp"). Ceci est également possible en enchaînant les commandes tail et head mais de manière moins élégante.

- Afficher les lignes dans un intervalle délimité par des expressions régulières. C'est en quelque sorte une extension de la commande grep qui n'affiche que les lignes correspondant à une expression, mais pas un intervalle.

Suppression de ligne

La commande d (*delete*) permet de supprimer la ligne sélectionnée. Naturellement, comme sed travaille sur un flux de données et pas directement sur un fichier, il ne s'agit pas d'une véritable suppression, mais plutôt d'un abandon. En rencontrant cette commande, sed passe simplement à la ligne suivante sans afficher celle en cours.

On utilise la commande d de manière symétrique à la commande p, lorsqu'on sait sélectionner ce que l'on veut rejeter, pour garder tout le reste :

```
$ sed -ne '/selection_a_conserver/p'
```

est symétrique à :

```
$ sed -e '/selection_a_rejeter/d'
```

(Notez l'absence d'option -n dans le second cas, pour conserver l'affichage automatique des lignes.)

Voyons, par exemple, la suppression de la ligne contenant le mot hosts :

```
$ sed -e '/hosts/d' < /etc/hosts.allow
#
#               allowed to use the local INET services, as decided
#               by the '/usr/sbin/tcpd' server.
#


$
```

Nous pouvons également supprimer toutes les lignes sauf celles qui contiennent un motif (« the » par exemple) :

```
$ sed -e '/the/!d' < /etc/hosts.allow
# hosts.allow  This file describes the names of the hosts which are
#               allowed to use the local INET services, as decided
#               by the '/usr/sbin/tcpd' server.
$
```

Bien que l'on puisse placer plusieurs commandes successives en argument de l'option -e, en les séparant à l'aide d'un point-virgule, je conseille de les éclater en plusieurs invocations de sed enchaînées par des *pipes* | au niveau du shell. L'exécution sera un peu moins efficace – car on aura un plus grand nombre de processus – mais on gagnera en lisibilité si les tâches successives sont clairement distinguées.

Par exemple, si l'on désire supprimer toutes les lignes blanches, ou celles qui débutent par un caractère dièse (#) on peut écrire :

```
$ sed -e '/^[[:blank:]]*$/d; /^[[:blank:]]*#/d'
```

Mais je préférerais :

```
$ sed -e '/^ [[:blank:]]*$/d'   | sed -e '/^[[:blank:]]*#/d'
```

Ou mieux :

supprime_commentaires.sh

```
 1    #! /bin/sh
 2
 3    for fic in "$@"
 4    do
 5        # supprimons les lignes blanches
 6        sed -e '/^[[:blank:]]*$/d'  $fic |
 7        # supprimons les commentaires
 8        sed -e '/^[[:blank:]]*#/d'
 9    done
10
11
```

Commentaires

Il faut reconnaître que quelle que soit la bonne volonté affichée par le programmeur, la lisibilité d'une commande sed est généralement très mauvaise. Cela est dû à la complexité des expressions régulières employées dans les adresses, dès qu'un script dépasse quelques tâches triviales.

Une bonne habitude consiste donc à faire précéder chaque commande – sauf si elle est vraiment évidente – d'une ligne de commentaire précisant dans quelles conditions elle s'applique. Ce commentaire doit être écrit avec soin, car il doit décrire *l'intention* du programmeur. Ce n'est pas une paraphrase en français de l'expression rationnelle, mais une explication des circonstances qui motivent le déclenchement de la commande. Par exemple, le commentaire suivant n'est pas très utile :

```
# Ajouter une ligne blanche après une ligne se terminant par un point.
```

Tandis que celui-ci indique bien l'intention du programmeur :

```
# Ajouter une ligne blanche après chaque paragraphe.
```

Le manque légendaire de lisibilité des commandes sed conduit à qualifier cet outil de « *langage en écriture seule* »... J'ai rencontré un utilisateur expérimenté de Sed qui devait maintenir et faire évoluer régulièrement des scripts chez des clients. Il m'a avoué qu'il était parfois obligé d'imprimer les différentes versions d'un script, et de les comparer par transparence en superposant les listings devant une fenêtre pour retrouver les dernières modifications !

Substitution

La commande essentielle de Sed, celle qui occupe une proportion énorme des scripts courants, est la commande s (*substitution*). Elle permet de remplacer partiellement le contenu d'une ligne. Il s'agit de la tâche principale des commandes sed, car les autres fonctions les plus utilisées (d et p) peuvent souvent être assurées par d'autres utilitaires (grep, head, tail, et tr par exemple) de manière moins directe, mais souvent moins effrayante pour l'utilisateur courant.

Bien que l'on puisse faire beaucoup de choses avec Sed, son utilisation est souvent motivée par la recherche et le remplacement de motifs au sein des lignes d'un texte. En voici la syntaxe générale :

```
s/motif/remplacement/options
```

Naturellement, on peut faire précéder cette commande d'une sélection d'adresse. Le *motif* indiqué est en premier lieu recherché dans la ligne en cours et, le cas échéant, remplacé par la chaîne qui se trouve en seconde position.

Le motif est constitué d'une expression régulière simple, avec les caractères spéciaux que nous avons observés dans le chapitre précédent.

Lorsque sed rencontre dans la ligne une expression qui correspond au motif recherché, il la remplace avec la chaîne de caractères fournie en second argument. Dans cette expression, seuls deux métacaractères peuvent être utilisés :

Caractère	Signification
&	Sera remplacé par la chaîne de caractères complète qui a été mise en correspondance avec le motif.
\i	i étant un nombre entre 1 et 9, il est remplacé par la i-ième sous-expression régulière encadrée par des parenthèses dans le motif initial.

Le caractère \ permet naturellement de protéger le & ainsi que \ lui-même, afin qu'ils ne prennent pas leur signification particulière.

Il faut impérativement employer l'expression \& pour obtenir le caractère & dans la chaîne de remplacement. Cet oubli fréquent est une cause importante d'erreurs dans les scripts qui manipulent des fichiers HTML ou C, où le caractère & est couramment employé.

Les options possibles à la fin de la commande de substitution sont les suivantes :

Option	Signification
g	Remplacer tous les motifs rencontrés dans la ligne en cours. Cette option est presque toujours employée.
i	Ne remplacer que la i-ième occurrence du motif dans la ligne. Cela peut surtout servir lorsqu'on manipule des fichiers qui représentent des lignes d'enregistrements, contenant des champs séparés par des délimiteurs.
p	Afficher la ligne si une substitution est réalisée.
w	Suivie d'un nom de fichier, cette option permet d'y envoyer le résultat de la substitution. Cela sert généralement à des fins de débogage.

Les commandes de substitution sont très importantes et l'on doit voir de près leur fonctionnement. Nous allons commencer par examiner quelques cas simples.

Remplacement d'une seule occurrence d'une chaîne complète

Nous envoyons, grâce à la commande echo du shell, la chaîne « azerty azerty azerty » vers l'entrée standard de sed, et lui demandons de remplacer az par qw. L'option globale (g) n'est *pas* demandée.

```
$ echo "azerty azerty azerty" | sed -e "s/az/qw/"
qwerty azerty azerty
```

Nous demandons à présent que soit remplacée la seconde occurrence du motif :

```
$ echo "azerty azerty azerty" | sed -e "s/az/qw/2"
azerty qwerty azerty
```

Remplacement de toutes les occurrences d'une chaîne

Avec l'option g, toutes les occurrences sont remplacées :

```
$ echo "azerty azerty azerty" | sed -e "s/az/qw/g"
qwerty qwerty qwerty
```

Extension de la chaîne

La mise en correspondance se fait de telle sorte que le motif « consomme » le maximum de caractères. Nous allons demander à sed de remplacer un motif constitué d'un a, d'une chaîne de longueur quelconque, et d'un z. Nous pouvons remarquer qu'il va assurer la substitution de la plus longue sous-chaîne possible en allant chercher le z le plus éloigné.

```
$ echo "azerty azerty azerty" | sed -e "s/a.*z/qw/g"
qwerty
```

Remplacement de caractères spéciaux

Les fichiers de texte utilisés sous Unix terminent les lignes par un caractère *saut de ligne* – représenté généralement par le symbole \n - de code *ASCII* 0A. Sous DOS, par exemple, les lignes de texte doivent se terminer par une séquence *retour chariot/saut de ligne*. Il faut donc faire précéder le 0A d'un caractère de code *ASCII* 0D, symbolisé par \r. Si l'on échange fréquemment des fichiers de texte entre ces systèmes, il est nécessaire d'utiliser des petits outils de conversion capables d'ajouter ou de supprimer le caractère \r adéquat. Ces outils peuvent très bien être réalisés avec sed.

L'écriture d'un script dos_2_unix avec sed correspond à la suppression (substitution par une chaîne vide) du caractère \r en fin de ligne. Pour visualiser ce caractère, nous utilisons l'option -t de l'utilitaire cat, qui demande un affichage des caractères spéciaux sous forme symbolique (^M en l'occurrence) :

```
$ cat -t autoexec.bat
^M
mode con codepage prepare=((850) c:\windows\COMMAND\ega.cpi)^M
mode con codepage select=850^M
keyb fr,,c:\windows\COMMAND\keyboard.sys^M
^M
SET PATH=C:\Perl\bin;%PATH%^M
$
```

La manipulation avec sed est la suivante :

```
$  sed -e 's/^M$//' autoexec.bat | cat -t

mode con codepage prepare=((850) c:\windows\COMMAND\ega.cpi)
mode con codepage select=850
keyb fr,,c:\windows\COMMAND\keyboard.sys


SET PATH=C:\Perl\bin;%PATH%
$
```

Pour saisir le retour chariot (représenté par ^M), il faut utiliser en général la séquence de touches Contrôle-V Contrôle-M.

```
$  sed -e 's/$/^M/'
```

Utilisation d'un ensemble

Les ensembles de caractères sont très souvent utilisés pour mettre en correspondance des chaînes, sans tenir compte des majuscules et des minuscules.

```
$ echo "Azerty azerty aZerty" | sed -e "s/[Aa][Zz]/qw/g"
qwerty qwerty qwerty
```

On peut d'ailleurs en profiter pour insérer les caractères accentués français et écrire un petit script qui les élimine pour revenir au jeu de caractères *ASCII* standard. Le petit script suivant traite une partie des caractères spéciaux du jeu ISO-8859-1 (Latin-1), et les remplace par leurs équivalents – appauvris – du code *ASCII*.

`latin1_en_ascii.sh` :

```
 1    #! /bin/sh
 2    sed -e 's/[ÀÁÂÃÄÅ]/A/g' |
 3    sed -e 's/Æ/AE/g'       |
 4    sed -e 's/Ç/C/g'        |
 5    sed -e 's/[ÈÉÊË]/E/g'   |
 6    sed -e 's/[ÌÍÎÏ]/I/g'   |
 7    sed -e 's/Ñ/N/g'        |
 8    sed -e 's/[ÒÓÔÕÖØ]/O/g' |
 9    sed -e 's/[ÙÚÛÜ]/U/g'   |
10    sed -e 's/Ý/Y/g'        |
11    sed -e 's/[àáâãä]/a/g'  |
12    sed -e 's/æ/ae/g'       |
13    sed -e 's/ç/c/g'        |
14    sed -e 's/[èéêë]/e/g'   |
15    sed -e 's/[ìíîï]/i/g'   |
16    sed -e 's/ñ/n/g'        |
17    sed -e 's/[òóôöø]/o/g'  |
18    sed -e 's/[ùúûü]/u/g'   |
19    sed -e 's/ý/y/g'
20
```

Ce script pourrait très bien être étendu pour couvrir au mieux l'ensemble des caractères Latin-1 disponibles. On remarquera que la conversion Æ en AE, par exemple, n'aurait pas été possible avec l'utilitaire `tr`, qui traduit caractère par caractère.

```
$ echo "Caractères accentués en français" | ./latin1_en_ascii.sh
Caracteres accentues en francais
$
```

Remplacement du caractère &

Le métacaractère & remplace toute la chaîne de caractères mise en correspondance avec l'expression rationnelle en premier argument. Par exemple, nous pouvons l'employer pour encadrer un mot (Linux en l'occurrence) par les balises HTML <B> et </B> réclamant un affichage en caractères gras. Il faut protéger le caractère / de la balise </B> par un \ :

```
$  echo "Le système Linux 2.6" | sed -e "s/[Ll]inux/<B>&<\/B>/g"
Le système <B>Linux</B> 2.6
$
```

On notera que le caractère utilisé pour séparer les arguments de la commande de substitution n'est par obligatoirement /. On emploie ce dernier par convention – et il est conseillé de s'y plier pour garder une bonne lisibilité – mais n'importe quel caractère pourrait fonctionner :

```
$  echo "Le système Linux 2.6" | sed -e 's![Ll]inux!<B>&</B>!g'
Le système <B>Linux</B> 2.6
$
```

Dans ce dernier exemple, il n'est plus nécessaire de protéger le /. En revanche, il faut encadrer la chaîne par des apostrophes simples, car le caractère ! est employé par Bash pour gérer l'historique des commandes et il tenterait d'interpréter la chaîne si elle était encadrée par des guillemets.

On emploie généralement & pour effectuer le genre d'opération que l'on vient de décrire (encadrement, préfixage, etc.) et pour modifier l'alignement des lignes de texte.

Références arrière

Lorsque des parties de l'expression régulière ont été encadrées par des parenthèses (elles-mêmes protégées par des \) dans le motif recherché, il est possible d'y faire référence dans l'expression de remplacement, en utilisant les symboles \1 pour la première sous-expression, \2 pour la deuxième, et ainsi de suite.

Par exemple, nous allons écrire une commande de substitution qui va servir à réordonner les divers champs d'une date. Pour simplifier l'expression rationnelle, qui est déjà bien assez compliquée comme cela, nous utiliserons le séparateur - entre les constituants de la date, au lieu du / habituel, qu'il aurait fallu protéger de surcroît.

Nous écrivons l'expression rationnelle en distinguant trois sous-expressions, chacune encadrée par \(et \). Les sous-expressions contiennent toutes un intervalle recouvrant les chiffres 0 à 9, suivi d'un astérisque autorisant la répétition.

Le motif de remplacement est constitué de trois références arrière vers les sous-expressions obtenues, ces références étant séparées par des tirets. Nous inversons alors l'ordre pour retrouver un schéma jour-mois-année.

```
$   date +"%y-%m-%d"

01-03-30

$ date +"%y-%m-%d" | sed -e 's/\([0-9]*\)-\([0-9]*\)-\([0-9]*\)/\3-\2-\1/'

30-03-01

$
```

L'emploi de références arrière est naturellement très puissant, puisqu'il permet de modeler à volonté les composantes d'une expression régulière. On est ainsi amené à scinder l'expression recherchée en plusieurs morceaux, pour en extraire certaines parties centrales, ce qui pose des problèmes de lisibilité. Il est conseillé d'essayer de lire l'expression en essayant tout d'abord de faire abstraction des parenthèses de regroupement \(et \) afin de bien comprendre comment la mise en correspondance est effectuée. Les différentes parties de l'expression peuvent ensuite être distinguées pour analyser la chaîne de remplacement.

Insertion de sauts de ligne

Lorsqu'il faut insérer un *saut de ligne* dans le cours d'une ligne sélectionnée, la méthode la plus portable est d'utiliser une substitution dans laquelle la seconde expression s'étend sur deux lignes, la première étant terminée par un *backslash*. On peut employer les références arrière pour replacer les motifs de l'expression régulière servant à trouver le point d'insertion :

```
$   echo "Je fais souvent ce rêve étrange et pénétrant" | sed -e '
s/\(rêve\) \(étrange\)/\1\
\2/'
Je fais souvent ce rêve
étrange et pénétrant

$
```

Toutefois le manque de lisibilité de ces commandes leur fera préférer toute autre solution plus facile à maintenir.

Autres commandes Sed

Il existe une vingtaine d'autres commandes pour Sed, mais elles ne sont pratiquement jamais employées à cause de leur mauvaise lisibilité. Nous en avons toutefois regroupé quelques-unes dans le tableau ci-dessous :

Commande	Syntaxe	Usage
a	a\ texte ajouté	Ajout de texte après la ligne courante
c	c\ texte remplacement	Remplacer les lignes sélectionnées par le texte fourni
i	i\ texte inséré	Insérer du texte avant la ligne courante
l	L	Afficher les lignes sélectionnées avec les caractères de contrôle
n	N	Sauter à la fin du script
y	y/sources/cibles/	Convertir des caractères
=	=	Afficher la ligne en cours (pas d'intervalle)

Conclusion

Nous avons essayé, dans ce chapitre, de présenter les commandes les plus utiles pour les commandes Sed courantes. Dans le même esprit, nous allons voir dans le chapitre suivant les utilisations les plus courantes de Awk.

Exercice

Étant donné le peu de variations sur l'utilisation de sed, je ne vous proposerai qu'un seul exercice : un script capable de convertir un fichier contenant des caractères *ISO Latin-1* (le jeu de caractères habituels des francophones), en séquence HTML.

Dans le langage HTML, un caractère accentué est remplacé par une séquence de plusieurs caractères ASCII commençant par un & et finissant par un point-virgule. Il existe plusieurs dizaines de caractères spéciaux, mais je n'ai indiqué dans le tableau ci-dessous que les caractères utilisés en français. Le lecteur désireux de connaître les autres séquences les obtiendra facilement en saisissant « *HTML Entities* » dans un moteur de recherche.

Latin-1	Html
À	À
Â	Â
Æ	Æ

Latin-1	Html
Ç	Ç
È	È
É	É
Ê	Ê
Ë	Ë
Î	Î
Ï	Ï
Ô	Ô
Ù	Ù
Û	Û
Ü	Ü
à	à
â	â
æ	æ
ç	ç
è	è
é	é
ê	ê
ë	ë
î	î
ï	ï
ô	ô
ù	ù
û	û
ü	ü
ÿ	ÿ

Une remarque : attention au caractère & qui doit être protégé par un *backslash* pour perdre sa signification spéciale dans la chaîne de remplacement.

9

Awk

Nous avons vu que Sed permet de réaliser de nombreuses tâches de manipulation de fichiers. Awk rend possible des actions plus complexes encore, y compris des opérations mathématiques, ou des séquences logiques complètes. La dénomination de ce langage est due au regroupement des initiales de ses trois créateurs, Alfred Aho, Peter Weinberger et Brian Kernighan. Les fonctionnalités standards de Awk sont décrites dans la norme Single Unix version 3, ce qui leur confère une bonne portabilité entre les différentes versions d'Unix.

Si Sed est régulièrement utilisé pour rechercher et remplacer des sous-chaînes dans des fichiers de texte, Awk, pour sa part, est fréquemment employé pour extraire les divers champs contenus dans chaque ligne d'enregistrement d'un fichier. Ce sont en quelque sorte leurs emplois naturels, ceux pour lesquels l'administrateur système invoquera sans hésiter ces langages au sein d'une chaîne de commandes shell.

Fonctionnement de Awk

Le principe général de Awk est le même que celui de Sed : lecture des lignes de texte sur l'entrée standard, traitement en fonction d'instructions regroupées sur la ligne de commande ou dans un fichier externe et écriture des résultats sur la sortie standard.

Les commandes pour awk ont la forme :

```
motif { action }
```

où l'*action* est appliquée à chaque ligne d'entrée qui permet une mise en correspondance avec le *motif*.

Les motifs

Les motifs avec lesquels les lignes sont comparées ressemblent quelque peu aux sélections déjà rencontrées avec Sed, mais offrent plus de possibilités. Tout d'abord, un motif peut être composé d'une expression régulière exprimée entre caractères *slash*. Par exemple, la commande /root/ {print} applique l'action print (qui, on le devine, affiche la ligne en cours sur la sortie standard) aux lignes contenant le mot root. Lorsque l'entrée standard provient du fichier /etc/passwd, nous obtenons :

```
$  awk '/root/ {print}' < /etc/passwd
root:x:0:0:root:/root:/bin/bash
operator:x:11:0:operator:/root:
$
```

Un motif de sélection peut également être représenté par une *relation*, c'est-à-dire un test réalisé sur un champ donné de la ligne. Nous détaillerons ce principe plus bas mais, à titre d'exemple, la sélection $1~/tcp/ vérifie si le premier champ de la ligne (les champs sont par défaut séparés par des espaces) contient l'expression rationnelle tcp. En voici une illustration :

```
$  awk '$1~/tcp/{print}' < /etc/services
tcpmux          1/tcp           # TCP port service multiplexer
afpovertcp      548/tcp         # AFP over TCP
afpovertcp      548/udp         # AFP over TCP
$
```

Seule, la sélection /tcp/ accepte aussi le motif tcp en seconde colonne, affichant bien plus de lignes :

```
$  awk '/tcp/{print}' < /etc/services
tcpmux          1/tcp           # TCP port service multiplexer
echo            7/tcp
discard         9/tcp
systat          11/tcp
daytime         13/tcp
  [...]
tfido           60177/tcp       # Ifmail
fido            60179/tcp       # Ifmail
$
```

Un motif de sélection peut être une combinaison logique de plusieurs expressions, à l'aide des opérateurs booléens && (*ET*), || (*OU*), ! (*NON*), et même un opérateur ? qui s'emploie sous la forme `motif_1 ? motif_2 : motif_3`. Si le premier motif est validé, la mise en correspondance se fait avec le deuxième, sinon avec le troisième. On peut également écrire cela avec la forme `(motif_1 && motif_2) || motif_3`. Comme on le voit, on peut regrouper les motifs de sélection entre parenthèses pour gérer les priorités.

Comme avec `sed`, on peut sélectionner des intervalles avec une forme `motif_1,motif_2`, c'est-à-dire un ensemble de lignes qui commence avec la première ligne correspondant au `motif_1` jusqu'à ce que soit rencontrée une ligne (comprise) correspondant au deuxième motif.

Deux sélections particulières, `BEGIN` et `END`, sont aussi disponibles. Une instruction qui commence par `BEGIN` est exécutée au démarrage du programme, avant toute tentative de lecture. Symétriquement, une instruction `END` est exécutée après la fin de tout le fichier, juste avant la terminaison de `awk`.

Par exemple, la ligne suivante permet d'afficher simplement un message, quelles que soient les données fournies en entrée :

```
$  awk 'BEGIN {printf "Hello World ! \n"}'
Hello World !
$  awk 'BEGIN {printf "Hello World ! \n"}' < /dev/null
Hello World !
$
```

La ligne `BEGIN` est très utile pour l'initialisation de `awk`, notamment quand il s'agit de remplir les variables requises pour l'exécution du programme.

Les actions

Une instruction Awk, nous l'avons dit, est composée en premier lieu d'un motif de sélection et d'une seconde partie qui contient les actions à entreprendre sur les lignes de l'entrée standard ainsi sélectionnées. Les actions sont regroupées entre accolades, et séparées par des points-virgules et/ou des sauts de ligne :

```
$  awk 'BEGIN { print 1 ; print 2 }'
1
2
$  awk 'BEGIN { print 1
> print 2 }'
1
2
$
```

Un jeu complet d'actions est disponible avec Awk (entrées-sorties, opérations arithmétiques, interactions avec le système, manipulations de chaînes de caractères...), néanmoins force est de constater qu'une grande majorité des scripts Awk couramment employés se limite à l'action `print`.

Pour être honnête, il convient de préciser dès à présent que toutes les tâches qui peuvent être réalisées avec Awk peuvent aussi être effectuées avec Perl. Lorsque le travail est vraiment plus complexe qu'une simple manipulation de lignes de texte, il est plus intéressant de se tourner vers ce dernier, même si sa mise en œuvre est légèrement plus lourde. Tout programmeur sérieux doit toutefois avoir une connaissance approfondie du langage Awk – ne serait-ce qu'à titre de culture générale – car de nombreux scripts système emploient quelques lignes de commande Awk au sein de commandes composées. La compréhension du fonctionnement interne de ces scripts, leur maintenance et leur éventuelle adaptation passent par une certaine familiarité avec Awk. À titre d'exemple voici le nombre de fichiers qui invoquent `awk` (même sommairement) dans différents répertoires de ma machine Linux Fedora :

Répertoire	Nombre de fichiers appelant awk
`/bin`	7
`/sbin`	9
`/usr/bin`	46
`/usr/sbin`	6
`/etc/...`	130

On peut remarquer le grand nombre de scripts d'administration du système (dans `/etc` et ses sous-répertoires) qui invoquent `awk`.

L'interpréteur `awk` propose une option `-f` suivie du nom d'un fichier qui contient les instructions à exécuter. On peut ainsi créer des scripts Awk qui débutent par une ligne *shebang* :

`script.awk :`

```
1    #! /usr/bin/awk -f
2
3    BEGIN { print "**** début ****" }
4    END { print "**** fin ****" }
5
6    # Les instructions sans motif de sélection s'appliquent
7    # à toutes les lignes de l'entrée standard.
8    { print "* " $0 }
```

Toutefois, cette utilisation est très rare (aucun script Awk autonome dans l'ensemble des répertoires mentionnés ci-dessus), et nous ne la détaillerons pas dans ce livre.

Les variables

Awk autorise la création et la consultation de variables, susceptibles de contenir aussi bien des chaînes de caractères que des valeurs numériques en virgule flottante. Comme dans la plupart des langages interprétés, les variables sont créées dynamiquement sans nécessiter de déclaration préalable. Une variable commence à exister dès qu'on lui affecte une valeur. Lorsqu'une valeur doit être initialisée avec une valeur non nulle, on emploiera une instruction BEGIN.

Voici un appel de awk pour ajouter un numéro avant chaque ligne :

```
$  awk 'BEGIN { nb = 1 }  { print nb " " $0; nb++ }' < /etc/passwd
1 root:x:0:0:root:/root:/bin/bash

2 bin:x:1:1:bin:/bin:/sbin/nologin

3 daemon:x:2:2:daemon:/sbin:/sbin/nologin

4 adm:x:3:4:adm:/var/adm:/sbin/nologin

5 lp:x:4:7:lp:/var/spool/lpd:/sbin/nologin

6 sync:x:5:0:sync:/sbin:/bin/sync

[…]

$
```

On remarquera quelques points :

- L'utilisation des variables est simple et intuitive, awk assurant la conversion des données numériques en chaînes de caractères (et inversement) suivant le contexte d'utilisation. On remarquera que, contrairement au shell, il n'y a pas lieu d'ajouter de caractère particulier comme le $ pour accéder au contenu d'une variable.

- Dans la commande print, nous avons affiché une variable particulière : $0. Elle représente toujours la ligne qui vient d'être lue sur l'entrée standard.

- La notation nb++ est un raccourci pour dire « incrémenter la variable nb ».

Enregistrements et champs

Les enregistrements

On considère que le fichier d'entrée est constitué d'une suite d'*enregistrements*, eux-mêmes composés de plusieurs *champs*. Par défaut, les enregistrements correspondent aux lignes du fichier d'entrée, séparés donc par un caractère de saut de ligne, mais on peut modifier ce séparateur pour lire des fichiers organisés différemment. La variable spéciale RS (*Record Separator*) décrit la séparation entre les enregistrements :

- lorsque RS est vide, la séparation se fait sur des lignes blanches, ce qui peut servir à traiter un fichier de texte paragraphe par paragraphe ;

- lorsque RS contient un seul caractère, celui-ci sert de séparateur d'enregistrements ; par défaut c'est le saut de ligne ;
- lorsque RS contient plusieurs caractères, sa valeur est considérée comme une expression rationnelle décrivant les séparations. Si on veut indiquer plusieurs séparateurs possibles, il faut donc les regrouper entre crochets, en mentionnant ainsi une alternative.

Voyons quelques exemples d'applications ; supposons tout d'abord que nous consultions une base de données dont les enregistrements sont séparés par des caractères #. Chaque enregistrement est composé de champs séparés par des espaces, mais nous ne nous en soucions pas pour le moment. Notre fichier contient donc :

```
$  cat base_1.txt
champ1.1 champ1.2 champ1.3#champ2.1 champ2.2 champ2.3#champ3.1
champ3.2 champ3.3#champ4.1 champ4.2 champ4.3
$
```

Nous allons lire et afficher les enregistrements un à un. Pour ce faire, nous initialisons la variable RS dès le démarrage du script, dans une ligne BEGIN. Le caractère # sera le seul séparateur d'enregistrement. Nous employons ensuite une instruction print pour afficher d'abord quelques caractères – ce qui nous permet de bien voir les limites des enregistrements telles que awk les perçoit –, puis le contenu de l'enregistrement en cours, qui est stocké dans la variable spéciale $0.

```
$  awk 'BEGIN{RS="#"} {print ">> " $0}' base_1.txt
>> champ1.1 champ1.2 champ1.3
>> champ2.1 champ2.2 champ2.3
>> champ3.1 champ3.2 champ3.3
>> champ4.1 champ4.2 champ4.3

$
```

Dans notre second exemple, nous supposerons que la base de données contient des enregistrements encadrés par des accolades. Les champs peuvent se trouver sur des lignes différentes. Voici notre base :

```
$  cat base_2.txt
{
    champ1.1 champ1.2

    champ1.3
    champ1.4
}
    {
    champ2.1 champ2.2 champ2.3 champ2.4
    }
```

```
{ champ3.1
  champ3.2
  champ3.3
  champ3.4
}
{champ4.1 champ4.2 champ4.3 champ4.4} {champ5.1 champ5.2 champ5.3 champ5.4}
$
```

Le format est très libre. Nous devons caractériser les séparations d'enregistrements par une expression régulière. Exprimons-la d'abord en français :

- La séparation commence par un } facultatif. En effet, pour le premier enregistrement, ce caractère est absent. Nous aurons donc une expression « }* ».

- Ensuite peuvent venir autant d'espaces, de tabulations ou de sauts de ligne qu'on le souhaite. On écrira donc « [\n\t]* ».

- On rencontre ensuite un caractère {, sauf pour le dernier enregistrement.

- Enfin, on peut retrouver un ou plusieurs caractères blancs.

Notre expression rationnelle devra donc représenter soit un } éventuel, des blancs et un { suivi de blancs, soit un } seul. On utilise une alternative *OU* | en regroupant la première expression entre parenthèses : (}*[\n\t]*{[\n\t]*) | }.

Essayons cette expression :

```
$  awk 'BEGIN{RS="(}*[\n\t ]*{[\n\t ]*)|}"} {print ">> "$0}' base_2.txt
>>
>> champ1.1 champ1.2

        champ1.3
        champ1.4

>> champ2.1 champ2.2 champ2.3 champ2.4

>> champ3.1
   champ3.2
   champ3.3
   champ3.4

>> champ4.1 champ4.2 champ4.3 champ4.4
>> champ5.1 champ5.2 champ5.3 champ5.4
>>

$
```

Notre découpage se fait correctement, mais nous pouvons remarquer qu'il engendre deux enregistrements vides, l'un avant le premier enregistrement réel, et l'autre après le dernier. Ce problème fréquent peut se résoudre en utilisant une instruction supplémentaire en début de script, qui emploie la commande next, laquelle demande de passer à l'enregistrement suivant en abandonnant celui qui est en cours lorsqu'il ne contient aucun champ. Le nombre de champs est automatiquement inscrit par awk dans une variable spéciale nommée NF (*Number of Fields*).

Nous ajoutons donc une instruction avec un test de sélection qui vérifie si la variable NF est nulle.

```
$  <awk 'BEGIN{RS="(}*[\n\t ]*{[\n\t ]*)|}"} NF==0{next} {print ">> "$0}' base_2.txt
>> champ1.1 champ1.2

        champ1.3
        champ1.4

>> champ2.1 champ2.2 champ2.3 champ2.4

>> champ3.1
   champ3.2
   champ3.3
   champ3.4

>> champ4.1 champ4.2 champ4.3 champ4.4
>> champ5.1 champ5.2 champ5.3 champ5.4
$
```

Cette fois-ci, les enregistrements sont parfaitement définis.

Le cas des enregistrements séparés par une ou plusieurs lignes blanches (variable RS vide) est beaucoup plus rare, je n'en ai jamais rencontré dans les scripts courants.

Les champs

Lorsque l'interpréteur awk reçoit un enregistrement, il le découpe automatiquement en champs. L'enregistrement lui-même est représenté par la variable spéciale $0. Les champs sont disponibles dans les variables $1, $2, $3, et ainsi de suite jusqu'au dernier. Le nombre de champs détectés est inscrit dans la variable NF, il est ainsi possible d'accéder directement au dernier champ avec l'expression $NF, à l'avant-dernier avec $(NF-1), etc.

Par défaut, les champs sont séparés par des caractères blancs (espaces ou tabulations), mais cela peut être modifié par l'intermédiaire de la variable FS (*Fields Separator*), avec les conventions suivantes :

• lorsque FS est vide, chaque caractère est considéré comme un champ indépendant ; $1 contiendra le premier caractère, $2 le suivant, et ainsi de suite ;

- lorsque FS contient un seul caractère, il est considéré comme étant un séparateur de champs ;

- lorsque FS contient plusieurs caractères, il s'agit d'une expression rationnelle qui décrit la séparation.

Utilisons par exemple un fichier de type /etc/passwd :

```
$ cat passwd.txt
root:x:0:0:root:/root:/bin/bash
bin:x:1:1:bin:/bin:
daemon:x:2:2:daemon:/sbin:
adm:x:3:4:adm:/var/adm:
lp:x:4:7:lp:/var/spool/lpd:
mail:x:8:12:mail:/var/spool/mail:
news:x:9:13:news:/var/spool/news:
uucp:x:10:14:uucp:/var/spool/uucp:
operator:x:11:0:operator:/root:
games:x:12:100:games:/usr/games:
ftp:x:14:50:FTP User:/home/ftp:
[...]
$
```

Les enregistrements sont séparés par des sauts de ligne, ce qui correspond au fonctionnement par défaut. Nous ne devrons pas modifier RS. En revanche, les séparations de champs se font sur des caractères « : ». Nous pouvons donc examiner les champs avec un script comme :

```
$ awk 'BEGIN{FS=":"} {print "nom=" $1 " uid=" $3 " home=" $6 }' passwd.txt
nom=root uid=0 home=/root
nom=bin uid=1 home=/bin
nom=daemon uid=2 home=/sbin
nom=adm uid=3 home=/var/adm
nom=lp uid=4 home=/var/spool/lpd
nom=mail uid=8 home=/var/spool/mail
nom=news uid=9 home=/var/spool/news
nom=uucp uid=10 home=/var/spool/uucp
nom=operator uid=11 home=/root
nom=games uid=12 home=/usr/games
nom=ftp uid=14 home=/home/ftp
$
```

Les variables $1, $2..., $NF contiennent les différents champs, mais il faut savoir que la gestion de la variable NF par l'interpréteur est particulièrement intelligente. Plusieurs points doivent être notés :

- la modification des variables $1 à $NF agit sur le contenu de la variable $0 qui représente l'ensemble de l'enregistrement ;

- la consultation d'un champ d'indice supérieur à NF renvoie une chaîne vide sans autres effets de bord ;

- l'écriture dans un champ d'indice supérieur à NF augmente cette dernière variable en conséquence et modifie $0 ;

- l'augmentation de la valeur de NF n'a pas d'effet direct, les champs supplémentaires contenant des chaînes vides comme lorsqu'on accède aux champs d'indice supérieur à NF ;

- la diminution de la valeur de NF détruit les champs concernés et modifie la variable $0.

Lorsque le nombre de champs est modifié, la variable $0 est mise à jour en conséquence, et le contenu de la variable spéciale OFS (*Output Field Separator*) est utilisé pour y séparer les champs. Si on veut contraindre awk à reconstituer la variable $0 avec les séparateurs OFS, il suffit d'écrire dans NF, même sans en modifier le contenu :

```
$  awk 'BEGIN {FS=":"; OFS="#"} {NF=NF; print $0}' passwd.txt
root#x#0#0#root#/root#/bin/bash
bin#x#1#1#bin#/bin#
daemon#x#2#2#daemon#/sbin#
adm#x#3#4#adm#/var/adm#
lp#x#4#7#lp#/var/spool/lpd#
mail#x#8#12#mail#/var/spool/mail#
news#x#9#13#news#/var/spool/news#
uucp#x#10#14#uucp#/var/spool/uucp#
operator#x#11#0#operator#/root#
games#x#12#100#games#/usr/games#
[...]
$
```

De même, le contenu de la variable ORS (*Output Record Separator*) est automatiquement ajouté pour indiquer la fin d'un enregistrement. Par défaut, il s'agit du saut de ligne, mais nous pouvons le modifier :

```
$  awk 'BEGIN {ORS="#"} {print}' passwd.txt
root:x:0:0:root:/root:/bin/bash#bin:x:1:1:bin:/bin:#daemon:x:2:2:daemon:/
sbin:#adm:x:3:4:adm:/var/adm:#lp:x:4:7:lp:/var/spool/lpd:#mail:x:8:12:mail:/var/
spool/mail:#news:x:9:13:news:/var/spool/news:#uucp:x:10:14:uucp:/var/spool/
uucp:#operator:x:11:0:operator:/root:#games:x:12:100:games:/usr/games:#[...]$
```

Dans nos précédents scripts, nous avons créé une variable pour compter les enregistrements lus. En réalité, l'interpréteur awk tient à jour automatiquement ce compte dans une variable spéciale nommée NR (*Number of Records*) :

```
$  awk '{print NR " : " $0}' passwd.txt
1 : root:x:0:0:root:/root:/bin/bash
2 : bin:x:1:1:bin:/bin:
3 : daemon:x:2:2:daemon:/sbin:
4 : adm:x:3:4:adm:/var/adm:
5 : lp:x:4:7:lp:/var/spool/lpd:
6 : mail:x:8:12:mail:/var/spool/mail:
7 : news:x:9:13:news:/var/spool/news:
8 : uucp:x:10:14:uucp:/var/spool/uucp:
9 : operator:x:11:0:operator:/root:
10 : games:x:12:100:games:/usr/games:
[...]
$
```

Cette variable est également accessible en écriture, ce qui nous permet par exemple de la décrémenter lorsque nous rencontrons un enregistrement vide (ici, une ligne blanche ou une ligne de commentaire commençant par un caractère #) :

```
$  awk '{print NR " : " $1}' < /etc/services
1 : #
2 : #
3 : #
4 : #
5 : #
6 : #
7 : #
8 : #
9 : #
10 : #
11 :
12 : tcpmux
13 : echo
14 : echo
   [...]
```

```
308 : tfido
309 : fido
310 : fido
311 :
312 : #
313 :
314 : linuxconf
315 :
$  awk '/(^$)|(^#)/{NR --; next} {print NR " : " $1}' < /etc/services
1 : tcpmux
2 : echo
3 : echo
4 : discard
5 : discard
  [...]
254 : tfido
255 : tfido
256 : fido
257 : fido
258 : linuxconf
$
```

Lorsque plusieurs fichiers sont examinés à la suite les uns des autres, l'interpréteur awk renseigne la variable FILENAME avec le nom du fichier en cours et la variable FNR avec le numéro d'enregistrement au sein du fichier courant (la variable NR n'est pas réinitialisée lors du passage au fichier suivant). Si la lecture des enregistrements se fait depuis l'entrée standard, la variable FILENAME contient un tiret « - » :

```
$ awk '(FNR == 1){ print FILENAME }' /etc/passwd
/etc/passwd
$ awk '(FNR == 1){ print FILENAME }' /etc/passwd /etc/inittab
/etc/passwd
/etc/inittab
$ ls | awk '(FNR == 1){ print FILENAME }'
-
$
```

Structures de contrôle

Le langage Awk permet d'utiliser des structures de contrôle variées, mais elles sont très peu utilisées dans son emploi habituel. Aussi ne les détaillerons-nous pas. Pour plus d'informations on pourra se reporter à la page de manuel de awk.

Tests

```
if (condition) {
   action
} else {
   action
}
```

Boucles for

```
for (initialisation; test; iteration) {
   action
}
```

Boucles while

```
while(condition) {
   action
}
```

Fonctions

```
function nom (arguments)
{
    action
}
```

Tableaux

Non seulement Awk fournit des variables de type chaîne de caractères et des variables entières, mais il propose également des tableaux associatifs. Les éléments de ces derniers sont indexés par des chaînes de caractères plutôt que par des indices entiers, comme on l'a rencontré avec le shell. La définition et la consultation d'un élément d'un tableau se font simplement en indiquant l'indice entre crochets. Ainsi peut-on écrire :

```
$  awk 'BEGIN{t[1]="un"; t[2]="deux"; print t[1] ", " t[2]}'
un, deux
$
```

L'indice étant en réalité une chaîne de caractères, on peut aussi écrire :

```
$ awk 'BEGIN{t["un"]=1; t["deux"]=2; print t["un"] ", " t["deux"]}'
1, 2
$
```

Les possibilités offertes par les tableaux associatifs sont très nombreuses.

Expressions

Nous n'avons pas encore détaillé les expressions comprises par le langage Awk. Elles sont construites au moyen d'opérateurs qui ont une syntaxe très proche de celle du langage C. On les trouvera dans la table suivante, par ordre croissant de préséance :

Opérateur	Nom	Signification
`cond ? val_1 : val_2`	valeur conditionnelle	renvoie `val_1` si la condition `cond` est vérifiée, et `val_2` sinon
`a || b`	OU logique	renvoie une valeur vraie si a ou si b sont non nulles
`a && b`	ET logique	renvoie une valeur vraie si a est non nulle ainsi que b
`a == b`	Egalité	vraie si a est égale à b
`a != b`	Inégalité	vraie si a est différente de b
`a <= b`	Infériorité	vraie si a est inférieure à b
`a >= b`	Supériorité	vraie si a est supérieure à b
`a < b`	infériorité stricte	vraie si a est strictement inférieure à b
`a > b`	supériorité stricte	vraie si a est strictement supérieure à b
`a + b`	addition	renvoie la somme de a et de b
`a - b`	soustraction	renvoie la différence entre a et b
`a * b`	multiplication	renvoie le produit de a et de b
`a / b`	division	renvoie le quotient de a par b
`a % b`	modulo	renvoie le reste de la division entière de a par b
`-a`	opposition	renvoie le nombre de signe opposé et de même valeur absolue que a
`! a`	négation logique	renvoie la négation logique de a
`a ^ b`	exponentiation	renvoie a élevée à la puissance b
`a ++`	post-incrémentation	renvoie la valeur de a, puis l'incrémente si c'est une variable
`++ a`	pré-incrémentation	incrémente a si c'est une variable, puis en renvoie la valeur
`a --`	post-décrémentation	renvoie la valeur de a, puis la décrémente si c'est une variable
`-- a`	pré-décrémentation	décrémente a si c'est une variable, puis en renvoie la valeur

Les expressions peuvent être groupées entre parenthèses pour résoudre les problèmes de priorités des opérateurs. Les expressions logiques sont fausses si elles sont nulles et vraies sinon.

Lors d'une affectation de variable, il est possible d'utiliser les raccourcis suivants :

Raccourcis	Développement
a += expr	a = a + expr
a -= expr	a = a - expr
a *= expr	a = a * expr
a /= expr	a = a / expr
a %= expr	a = a % expr
a ^= expr	a = a ^ expr

On notera également que les chaînes de caractères disposent d'un opérateur de concaténation implicite : une expression qui contient deux chaînes séparées par une ou plusieurs espaces sera évaluée en regroupant automatiquement les deux chaînes en une seule :

```
$  awk 'BEGIN{var="uiop" ; print "aze" "rty" var "qsdf"}'
azertyuiopqsdf
$
```

Retour sur les affichages

Nous avons jusqu'à présent essentiellement utilisé la fonction print. Celle-ci évalue ses arguments et envoie le résultat sur la sortie standard, en ajoutant le caractère ORS qui sert à séparer les enregistrements en sortie (en principe, il s'agit du saut de ligne).

Il en existe toutefois une version plus performante, qui permet un affichage formaté : printf. Celle-ci prend en premier argument une chaîne de caractères qui décrit le format à utiliser pour présenter les données. Ensuite viennent les variables à afficher suivant le format indiqué. Nous avons déjà mentionné l'existence d'une implémentation de cette routine sous forme d'utilitaire shell.

La chaîne de format décrit les conversions à appliquer aux arguments avant de les afficher. Voici quelles sont les conversions possibles :

Conversion	Signification
%c	Affichage du caractère dont le code ASCII est fourni en argument. Les valeurs sont automatiquement ramenées dans l'intervalle [0, 255] par une opération de modulo.
%d	Affichage du nombre sous forme entière en décimal.
%e	Affichage du nombre sous forme réelle, avec une mantisse et un exposant : 1.23456e+78.
%E	Comme %e, avec une lettre E à la place du e (1.23456E+78).
%f	Affichage du nombre sous forme réelle, sans exposant 123456789.0123.
%g	Affichage, sous forme %e ou %f, optimisé suivant la taille du chiffre à afficher.

Conversion	Signification
%G	Comme %g en invoquant %E à la place de %e.
%i	Comme %d.
%o	Affichage du nombre sous forme entière, non signée, en octal.
%s	Affichage d'une chaîne de caractères.
%u	Affichage du nombre sous forme entière, non signée, en décimal.
%x	Affichage du nombre sous forme entière, non signée, en hexadécimal.
%X	Comme %x, avec les lettres « ABCDEF » à la place de « abcdef ».

De plus, on notera que la chaîne de format peut contenir les séquences suivantes, qui représentent des caractères spéciaux :

Séquence	Caractère	Code ASCII	Signification
%%	%	37	
\\	\	92	
\nnn		*nnn* (octal)	Le caractère dont le code ASCII vaut *nnn* en octal (exemple \041 pour les guillemets droits)
\xnnn		*xxx* (héxa)	Le caractère dont le code ASCII vaut *xxx* en hexadécimal (exemple \x01B pour le caractère Escape)
\a	*Bell*	7	Avertisseur sonore
\b	*Backspace*	8	Retour en arrière avec effacement
\f	*Formfeed*	12	Saut de page
\n	*Newline*	10	Saut de ligne
\r	*Carriage ret.*	13	Retour chariot
\t	*H tab*	9	Tabulation horizontale
\v	*V tab*	11	Tabulation verticale

Voyons des exemples de conversions, en commençant par celles avec le caractère %c :

```
$  awk '{printf "%c\n", $0}'
 65
 A
 97
 a
 250
 ú
     (Contrôle-D)
 $
```

Les conversions en nombre entier :

```
$  awk '{printf "%d\n", $0}'
 12
 12
 13.5
 13
-15.7
 -15
 A
 0
      (Contrôle-D)
 $
```

On peut observer les différences d'affichage en décimal, octal et hexadécimal. On notera que les présentations %u, %o et %X convertissent le nombre en valeur non signée :

```
$  awk '{printf "%d %u %o %X\n", $0, $0, $0, $0}'
 12.3
 12 12 14 C
 65
 65 65 101 41
 -1
 -1 4294967295 37777777777 FFFFFFFF
      (Contrôle-D)
 $
```

Voici les affichages sous forme réelle :

```
$  awk '{printf "%f %e %g\n", $0, $0, $0}'
 AAA
 0.000000 0.000000e+00 0
 1.234
 1.234000 1.234000e+00 1.234
 12345
 12345.000000 1.234500e+04 12345
 1.234e70
 12339999999999999592416715212065231852199367137272752748551664
 59462549504.000000 1.234000e+70 1.234e+70
      (Contrôle-D)
 $
```

L'affichage des chaînes se fait ainsi :

```
$  awk '{printf ">> %s <<\n", $0}'
 azert yuiop
 >> azert yuiop <<
 12
 >> 12 <<
        (Contrôle-D)
 $
```

Entre le signe % et le caractère qui décrit la conversion peuvent se trouver plusieurs éléments. Tout d'abord, on peut rencontrer un ou plusieurs caractères parmi les suivants :

Caractère	Signification
-	Justification à gauche. Cela concerne essentiellement les valeurs numériques.
(espace)	Afficher un espace devant les nombres positifs, et un signe « - » devant les nombres négatifs.
+	Afficher un signe « + » devant les nombres positifs et un signe « - » devant les nombres négatifs.
#	Modifier le format : afficher un préfixe 0 avec %o, 0x avec %x, 0X avec %X. Laisser les zéros non significatifs avec %g et %G. Toujours afficher le point décimal pour %e, %E et %f.
0	Compléter le champ avec des zéros plutôt que des espaces pour respecter la largeur demandée (voir ci-après).

Voici quelques exemples :

```
$  awk '{printf "%d %+d % d \n", $0, $0, $0}' 12 12 +12   12 -12 -12 -12 -12
(Contrôle-D)$  awk '{printf "%#x %#f %#g \n", $0, $0, $0}'
 12
 0xc 12.000000 12.0000
 123456
 0x1e240 123456.000000 123456.
        (Contrôle-D)
 $
```

Ensuite, on peut fournir une valeur qui indique la largeur minimale du champ. Ce dernier sera complété avec des espaces et des zéros :

```
$  awk '{printf "%5d %5s %5f\n", $0, $0, $0}'
 12
   12    12 12.000000
       (Contrôle-D)
$  awk '{printf "%05d %05s %05f\n", $0, $0, $0}'
 12
00012 00012 12.000000
       (Contrôle-D)
$
```

Étonnamment, le remplissage par des zéros à la place des espaces concerne aussi les affichages de chaînes de caractères :

```
$  awk '{printf "%018s\n", $0}'
 hello, world!
00000hello, world!
       (Contrôle-D)
$
```

Enfin, on peut trouver une valeur de précision, précédée d'un point. Cette valeur a des significations différentes en fonction de la conversion demandée :

- pour %d, %i, %o, %u, %x et %X, il s'agit du nombre minimal de chiffres à afficher. Cette valeur n'est pas toujours redondante avec la largeur du champ car elle ne compte pas le caractère correspondant au signe ;

- pour %e, %E et %f, il s'agit du nombre de décimales ;

- pour %g et %G, il s'agit du nombre total de chiffres significatifs ;

- pour %s, cette valeur représente le nombre maximal de caractères écrits ; les caractères suivants de la chaîne seront ignorés.

```
$  awk '{printf "%.8s\n", $0}'
 azertyuiop
azertyui
 qsdfghjklmwxcvbn
qsdfghjk
       (Contrôle-D)
$
```

La fonction printf est donc sensiblement plus puissante que print. On notera que printf n'ajoute pas systématiquement le caractère ORS en fin de ligne.

Il en existe une variante, nommée sprintf, qui n'affiche pas le résultat sur la sortie standard, mais le renvoie dans une chaîne de caractères. Ce comportement est très précieux pour construire des chaînes précises, car l'opérateur de concaténation implicite ne permet pas de limiter le format. On peut par exemple limiter le nombre de caractères dans une ligne de saisie :

```
$  awk '{saisie = sprintf ("%.8s", $0); print ">>" saisie "<<"}'
 azertyuiop
 >>azertyui<<
      (Contrôle-D)
 $
```

Conclusion

Nous avons découvert dans ce chapitre les fonctionnalités de Awk utilisées dans les scripts courants. Toutefois, on notera bien que ce langage propose des fonctions internes bien plus complètes que les simples print et printf dont nous nous sommes contentés. Le lecteur intéressé pourra se reporter à la bibliographie ou à la page de manuel de awk pour plus de détails.

Exercices

En premier lieu, je vous propose d'essayer de manipuler des fichiers de texte, comme /etc/services ou /etc/passwd pour afficher certains champs après avoir sélectionné des lignes particulières. Nous avons déjà réalisé des manipulations de ce type dans le chapitre et je vous laisserai le soin de vous y reporter pour trouver la solution de vos expériences.

Ensuite je vous conseille de vous familiariser avec l'utilisation de awk pour traiter le résultat de commandes système (ps, ls, vmstat, free, df, etc.).

Donnez-vous un but, par exemple : « calculer le pourcentage cumulé d'utilisation du processeur par tous les processus d'un utilisateur » et essayez de résoudre ce problème. Ici nous pourrions faire :

- appeler ps avec des options pour avoir tous les processus et les affichages concernant l'utilisation du *CPU* (ps aux sous Linux) ; utiliser un pipeline pour envoyer le résultat dans awk ;

- sélectionner les lignes concernant l'utilisateur choisi, en filtrant sur le contenu d'un champ ;

- ajouter le contenu du champ d'utilisation du *CPU* à une variable somme ;

- dans une clause END, affichez le contenu de la variable somme.

Répétez régulièrement ce genre d'exercice pour être parfaitement à l'aise avec l'utilisation de Awk dans ces conditions.

10

Bonne écriture d'un script

La syntaxe des scripts shell est relativement complexe, le langage est contraignant et peu tolérant. Il y a un nombre important de règles à respecter (par exemple toujours placer une espace autour des symboles de test [et], mais jamais autour du signe =).

En outre, l'utilisation à répétition de certains caractères spéciaux ($, { }, &, etc.) pour des usages différents rend les scripts intrinsèquement difficiles à lire.

La règle d'or pour améliorer la qualité d'un script sera donc de *toujours privilégier la lisibilité du script*.

Les autres considérations telles que la rapidité d'exécution, l'occupation de la mémoire, ou la compacité du code ne concernent que très peu le shell. En améliorant la lisibilité d'un script, on augmente la probabilité de pouvoir en réutiliser des portions dans d'autres scripts, et on facilite grandement les opérations de maintenance ultérieures.

Les conseils mentionnés dans ce court chapitre sont avant tout des règles de logique, allant dans ce sens.

Présentation générale

Ligne shebang

Pensez à insérer la ligne *shebang* en début de script pour indiquer le nom de l'interpréteur à employer. En général, on appellera :

```
#! /bin/sh
```

Toutefois, sur les systèmes (Solaris, Linux Ubuntu ou Debian), où le shell /bin/sh n'accepte pas les syntaxes étendues, on invoquera plutôt :

```
#! /bin/ksh
```

ou

```
#! /bin/bash
```

En-tête du fichier

Pour faciliter la maintenance d'un script, il est intéressant d'insérer quelques lignes de commentaire formant un en-tête, contenant :

- Le nom du script (ceci peut être utile si on imprime le listing du programme) :

```
############################################
# de_double.sh
#
```

- Quelques lignes décrivant le rôle et l'utilisation du script :

```
# Élimine les doublons de la base de données,
# le fichier initial est toujours sauvegardé.
# Des options configurent le comportement.
#
```

- Le nom de l'auteur et son adresse e-mail, surtout si le programme est diffusé sur plusieurs plates-formes :

```
# Auteur : Prenom NOM <prenom.nom@hote.com>
#
```

- Un historique des changements : une variable `VERSION` sera mise à jour à chaque intervention sur le script, et une brève description de la modification sera incluse dans une liste (classée par ordre chronologique inverse) permettant de voir immédiatement les dernières opérations de maintenance.

```
# Historique :
#    18/01/2005 (1.3) :
#      correction bug sur longueur des champs
#    14/01/2005 (1.2) :
#      ajout option -f
#    09/01/2005 (1.1) :
#      inversion de l'option -i
#    07/01/2005 (1.0) :
#      écriture initiale
############################################

#       VERSION=1.3
```

Commentaires

Les commentaires sont indispensables pour assurer une lisibilité correcte d'un script shell. La syntaxe du shell est parfois ardue et les lignes de commande incluant des appels à `grep`, `sed` ou `awk` se révèlent souvent de véritables défis pour le lecteur, même expérimenté.

Il est donc important de bien commenter un script, c'est-à-dire de commenter le but, le rôle d'un ensemble de lignes, et de ne surtout pas paraphraser le code.

Soignez véritablement la rédaction des commentaires (en rédigeant des phrases courtes mais significatives, de préférence sans approximations, sans abréviations excessives ni fautes d'orthographe systématiques) et vous simplifierez nettement la relecture ultérieure et les opérations de maintenance sur votre programme.

Indentation

Le fait d'indenter correctement un script n'est pas intuitif. Les programmeurs débutants ont parfois du mal à savoir comment décaler leurs lignes de code de la marge.

Il s'agit pourtant d'une très bonne habitude à prendre, qui devient vite un automatisme et améliore la lisibilité du script.

L'organisation logique du script doit apparaître au premier regard ; le début et la fin de chaque structure de contrôle (boucle, test, fonction...) étant mis en relief par le décalage du code contenu dans la structure.

Les variables

Noms des variables

Pour nommer les variables, je conseille généralement de suivre une règle assez simple :

- Pour les variables qui ne sont utilisées que dans une petite portion de code (ne dépassant guère un écran d'éditeur de texte), préférer les noms courts comme `i`, `j`, `fic`, `arg`, etc.

- Pour les variables qui sont utilisées à plusieurs reprises dans des emplacements éloignés au sein du script, utiliser des noms significatifs et complets (par exemple `fichier_entree`, `repertoire_installation`, etc.)

Par convention, les variables que l'on initialise au début du script, et qui conservent une valeur constante, par la suite, pendant toute son exécution, sont écrites avec des majuscules (`VERSION` par exemple).

Utilisation des variables

Lors de la consultation du contenu d'une variable provenant « de l'extérieur » du script (argument de la ligne de commande, saisie d'un utilisateur, contenu d'un fichier, liste des fichiers d'un répertoire, etc.), pensez à toujours encadrer le nom de la variable par des guillemets. Ils garantissent que le contenu de la variable conserve son intégrité, même s'il s'y trouve des espaces.

En débutant un script par l'option « `set -u` », on empêche la consultation d'une variable non initialisée. Ceci permet de détecter certaines fautes de frappe.

Variables des fonctions

Nous l'avons déjà mentionné, les variables utilisées dans les fonctions sont globales par défaut, et seul l'emploi du mot-clé `local` permet de restreindre leur portée.

Il faut prendre l'habitude de déclarer systématiquement toutes les variables avec ce mot-clé en début de fonction (sauf cas particulier où l'on désire vraiment utiliser une variable commune au reste du script). Je cite souvent l'exemple d'un script où une variable `rep` était utilisée pour stocker un nom de *répertoire*, et où une fonction – appelée occasionnellement dans la partie du script utilisant ce répertoire – employait une variable `rep` pour enregistrer la *réponse* de l'utilisateur à une question. La collision entre ces deux variables fut facilement éliminée en utilisant `local`, mais après une longue recherche pour trouver l'erreur.

Gestion des erreurs

Arguments en ligne de commande

Un bon script doit adopter un comportement souple, paramétrable par son utilisateur. Par exemple on laissera celui-ci choisir :

- les répertoires contenant les données à traiter ;

- les fichiers de configuration à utiliser ;

- le degré de volubilité du script, avec au moins un mode « silencieux » pour un lancement en arrière-plan, et un mode « bavard » détaillant les opérations en cours, etc.

Pour cela on utilisera des options et des arguments en ligne de commande, traités par exemple par `getopts`. Il sera important de vérifier le nombre et la validité des arguments dès le début du script, avant d'entamer tout travail.

Pour aider l'utilisateur à retrouver la signification des options du script, on affichera un message (par convention, en réponse à l'option `-h` ou `--help`) rappelant leur syntaxe et leur utilisation.

Dans le cas où l'utilisateur n'a pas fourni une option indispensable (un répertoire de travail par exemple), on la remplacera par le contenu d'une variable d'environnement choisie avec soin et documentée dans l'aide du script (`WORKDIR` par exemple). Si cette variable n'est finalement pas définie, le script pourra se rabattre sur une valeur par défaut prédéfinie (par exemple `~/tmp`).

Codes de retour

Pour assurer la robustesse d'un script, il est indispensable de vérifier le code de retour de *toutes* les commandes exécutées. En effet même des commandes *a priori* évidentes, comme se placer (avec `cd`) dans un répertoire que l'on a déjà examiné, peuvent échouer : supposez par exemple que ce répertoire se trouve sur un support amovible – clé ou disque USB – que l'utilisateur vient d'extraire abruptement ; il faudra arrêter proprement l'exécution du script, ou demander à l'utilisateur de réinsérer le support.

On sait que chaque commande renvoie un code indiquant ses conditions de terminaison dans la variable `$?`. Il serait donc possible de vérifier systématiquement cette variable par un test :

```
if [ $? -ne 0 ]; then ... fi
```

Toutefois cela serait vite fastidieux, aussi je vous conseille plutôt d'utiliser la construction || déjà vue dans le chapitre 4. On pourrait ainsi tester le bon déroulement d'un script d'installation, par exemple :

```
...
echo "Insérez le CD d'installation puis pressez Entrée" >&2
read                || exit 1
mount /mnt/cdrom    || { echo "CD absent" >&2; exit 1; }
cd ${INSTALL_DIR}   || { echo " $INSTALL_DIR interdit" >&2; exit 2;}
tar -xf /mnt/cdrom/install.tar || {
                    echo "Archive illisible" >&2; exit 3; }
...
```

Cela présente plusieurs avantages :

- tous les appels à des commandes système sont vérifiés et seul un code de retour nul, signifiant « réussite », permet la continuation du script ;

- on repousse la gestion des erreurs sur la partie droite du listing, en gardant le fil d'exécution normal en partie gauche, sans être freiné dans la lecture par des lignes de gestion d'erreur (une ligne d'un script peut être beaucoup plus large que sur cette page, et le message d'erreur plus détaillé que ci-dessus) ;

- on fournit en sortie (avec la commande exit) un code de retour significatif – à décrire dans la documentation du script –, que l'on pourrait tester dans la variable $? du shell, une fois l'exécution terminée.

Messages d'erreur

Les messages d'erreur doivent être significatifs. Certaines applications se terminent parfois avec un « Erreur ; ne peut pas continuer ! » laconique. Ceci est très frustrant pour l'utilisateur qui n'a aucune information sur le problème rencontré.

Au contraire, un bon message d'erreur donnera à l'utilisateur des pistes pour corriger le défaut. À cet égard, les messages présentés dans les lignes ci-dessus ne sont vraiment pas très bons, mais la largeur de la page du livre nous limite pour cet exemple.

Il est important, au moment de rédiger un message d'erreur, de se placer dans la peau d'un utilisateur qui n'aura que cette information pour essayer de pallier le problème.

En résumé : un message d'erreur doit être un guide pour résoudre le problème, et non pas une justification pour abandonner le travail du script.

On enverra tous les messages interactifs vers la sortie d'erreur, avec la redirection >&2 pour l'affichage.

Messages de débogage

Il existe une autre catégorie de messages interactifs, qui peuvent être beaucoup plus concis que les messages d'erreur : les messages utilisés pour le débogage pendant la mise au point du script.

Il est très utile de glisser de temps à autre des points d'information sur l'état de certaines variables, le résultat des commandes, etc. On notera que si le message doit être envoyé sur le terminal, quelles que soient les redirections qui ont pu être appliquées au lancement du script, on peut employer la notation `>/dev/tty` sur la ligne de commande de `echo`.

Une fois la mise au point terminée, on pourrait être tenté de retirer les messages de débogage avant la livraison du script à ses utilisateurs finaux. Toutefois je conseille plutôt d'utiliser une méthode différente, et d'invalider simplement les messages de débogage en les laissant dans le script. Le jour où une évolution sera demandée, il sera toujours possible de réutiliser ces messages, plutôt que d'en écrire de nouveaux. Pour cela, plusieurs approches sont possibles :

- Mettre les messages en commentaires, en les faisant précéder d'un dièse `#`. Ceci présente l'inconvénient de devoir éditer chaque ligne de débogage, aussi bien pour la masquer que pour la réintégrer ultérieurement.

- La deuxième approche consiste à initialiser, en début de script, une variable `DEBUG` en la remplissant avec `true` ou `false`. N'oublions pas que ce sont deux commandes qui renvoient respectivement des codes de retour *Vrai* et *Faux*. Ensuite on fera précéder le `echo` du message d'un débogage par `$DEBUG &&` ainsi :

```
$DEBUG && echo "    Variable i vaut $i" >/dev/tty
```

  Lorsque `DEBUG` sera initialisée avec `true`, son évaluation renverra une valeur vraie, et la construction `&&` demandera l'exécution de la seconde partie de la ligne, c'est-à-dire l'affichage du message. Symétriquement, quand `DEBUG` sera remplie avec `false`, l'évaluation renvoyant *Faux*, la seconde partie sera ignorée et le script continuera sans afficher le message.

- La troisième possibilité est une version affinée de la précédente : on va remplir une variable `DEBUG_LEVEL` avec une valeur numérique positive ou nulle, et le test employé dans les lignes de débogage sera :

```
[ $DEBUG_LEVEL -gt 0 ] && echo "    Variable i vaut $i" > /dev/tty
```

  Si `DEBUG_LEVEL` contient zéro, le test échoue et le message n'apparaît pas. Si `DEBUG_LEVEL` est supérieur à zéro, le message est affiché. L'avantage de cette méthode est la possibilité de gérer plusieurs niveaux de débogage, certains messages n'apparaissant que si le niveau est supérieur à 2, d'autres à 5, à 10… au choix du programmeur.

Les fonctions

Les fonctions améliorent souvent la qualité d'un script, car elles constituent des composants indépendants que l'on pourra réutiliser plus facilement dans d'autres scripts, ultérieurement.

En-tête

Je conseille de débuter une fonction par un commentaire indiquant le rôle de la fonction, les arguments qu'elle attend, ce qu'elle affiche sur sa sortie standard et les codes de terminaison qu'elle renvoie.

Ceci est d'autant plus important si la même fonction doit être employée dans plusieurs scripts, comme nous le verrons ci-dessous.

Variables

Les variables des fonctions étant globales par défaut, rappelons à nouveau qu'il faut toujours les déclarer avec le mot-clé `local` pour éviter les confusions avec le reste du script.

Bibliothèques

Un aspect vraiment intéressant des fonctions est la possibilité de les regrouper dans des fichiers bibliothèques, où elles seront disponibles pour plusieurs scripts. Voyons un exemple. J'écris une fonction de saisie « blindée » qui affiche une question à l'utilisateur (le libellé de la question est transmis à la fonction, en argument), et qui attend une réponse O ou N. Elle renverra un code de terminaison *Vrai* si l'utilisateur répond O, et *Faux* s'il saisit N.

```
 1  function repondre_oui_ou_non
 2  {
 3      # Cette fonction pose à l'utilisateur la question passée
 4      # en argument et attend en réponse 'O' ou 'N'. Le code de
 5      # retour est Vrai pour une réponse 'O' et Faux pour 'N'.
 6      local reponse
 7      while true
 8      do
 9          echo "$@ (O/N)" >&2
10          read reponse
11          if [ "$reponse" = "O" ]; then return 0; fi
12          if [ "$reponse" = "N" ]; then return 1; fi
13      done
14  }
```

Cette fonction peut m'être utile dans plusieurs scripts, aussi vais-je l'enregistrer dans un fichier où je regrouperai une collection de routines utilitaires comme celle-ci : `biblio.sh`.

Lorsqu'un script a besoin d'accéder à cette fonction, il va « sourcer » la bibliothèque en employant le symbole point « . » ainsi :

`script.sh` :

```
 1  #! /bin/sh
 2
 3  . ./biblio.sh
 4
 5  if repondre_oui_ou_non "Sauvegarder avant de quitter ?"
 6  then
 7      echo "Sauvegarde en cours..."
 8      sleep 2
 9      echo "Sauvegarde Ok"
10  else
11      echo "Pas de sauvegarde"
12  fi
```

Ici nous avons indiqué explicitement le répertoire où se trouve la bibliothèque en utilisant la notation « ./ », mais si elle se trouvait dans un répertoire mentionné dans la variable d'environnement PATH, on pourrait donner uniquement son nom.

```
$ ./script.sh
Sauvegarder avant de quitter ? (O/N)
O
Sauvegarde en cours...
Sauvegarde Ok
$ ./script.sh
Sauvegarder avant de quitter ? (O/N)
non
Sauvegarder avant de quitter ? (O/N)
N
Pas de sauvegarde
$
```

Notez que le partage de fonctions entre scripts, par l'intermédiaire de bibliothèques, permet de disposer immédiatement, dans tous les scripts, des corrections et améliorations apportées à une fonction.

Le même principe peut être employé pour initialiser des constantes avec des valeurs utilisées dans plusieurs scripts s'appliquant à un projet commun.

Conclusion

Nous avons observé dans ce chapitre quelques règles de bon usage des scripts. La motivation essentielle du programmeur consciencieux doit être la *lisibilité* de ses scripts ; viendra immédiatement ensuite leur *robustesse* ; et enfin la *généralité* afin de permettre la réutilisation ultérieure du code dans d'autres scripts.

Exercice

En guise d'exercice je vous propose de regarder une série de scripts, une « boîte à outils » dans laquelle vous pourrez trouver des structures, des fonctions, des applications très diverses susceptibles d'être réutilisées ou, du moins, de servir de source d'inspiration. Ces scripts peuvent être téléchargés avec les exercices des autres chapitres.

En voici une liste – non exhaustive, car j'ajouterai d'autres scripts régulièrement :

- `affiche_dup.sh` : recherche les fichiers identiques dans une liste fournie en argument ;

- `barre_progression.sh` : affiche un indicateur (en pourcentage) de la progression d'une tâche, d'une installation, d'un traitement...

- `ftpauto.sh` : automatisation d'un transfert de fichier en utilisant la commande `ftp` – habituellement interactive ;

- `kill_user.sh` : tue tous les processus de l'utilisateur indiqué ;

- `liste_ancien_fichiers.sh` : liste les fichiers selon leur ancienneté (paramétrable) ;

- `option_shell.sh` : analyse les options du shell en cours et les présente en clair ;

- `pause.sh` : marque une pause de dix secondes maximum pendant lesquelles l'utilisateur peut confirmer la continuation du traitement ;

- `renomme_fichiers.sh` : remplace une chaîne par une autre dans le nom des fichiers indiqués à la suite ;

- `squel_traite_fichiers_argument.sh` : squelette pour traiter les fichiers indiqués en argument sur la ligne de commande ;

- `squel_traite_fichiers_entree.sh` : squelette pour traiter les fichiers indiqués sur l'entrée standard du script ;

- `squel_traite_fichiers_argument.sh` : squelette pour traiter les fichiers listés dans un fichier indiqué en argument ;

- `supervision.sh` : après installation, permet de passer des commandes ou de télécharger des fichiers sur une série de machines, sans saisir de mot de passe, en s'appuyant sur *SSH* ;

- `timeout.sh` : lance une commande avec une durée maximale pour son exécution, en la tuant si elle dure plus longtemps ;

- `wait_process.sh` : attend que tous les processus indiqués sur la ligne de commande se soient terminés ;

- `wipe.sh` : efface les fichiers indiqués et écrase à plusieurs reprises leur contenu en y écrivant successivement des 0 et des 1.

Scripts complets

Tout au long de ce livre, vous avez déjà rencontré plusieurs scripts prêts à l'emploi (par exemple, rm_secure dans le chapitre 1, ftpauto dans le chapitre 4, etc.), mais j'ai souhaité en ajouter d'autres qui permettront d'étudier la mise en œuvre du shell, de Grep, Sed et Awk dans des circonstances réelles. Tous ces scripts ont été écrits dans un but réellement utilitaire. Tous m'ont servi brièvement ou de manière prolongée, et ils n'ont été que très peu retouchés pour figurer dans ce livre.

Même s'ils sont pour la plupart directement utilisables, vous êtes fortement encouragé à vous les approprier, les modifier, les adapter à votre environnement, les améliorer, etc. Si vous implémentez une amélioration intéressante, je serais heureux que vous m'en transmettiez une copie pour la présenter sur mon site web. Naturellement, tous les fichiers des scripts se trouvent dans l'archive des exemples, disponible sur mon site.

Administration système

Voici quelques outils que j'ai construits pour simplifier l'administration d'un petit parc de machines.

Générateur de mots de passe

Il existe de nombreuses politiques en ce qui concerne la gestion des mots de passe. Ce script permet de créer un mot de passe constitué de caractères alphanumériques aléatoires (y compris certains caractères spéciaux, comme @, $ ou &). La longueur désirée est indiquée en argument sur la ligne de commande ; sans autre indication, le mot fait huit caractères.

Le script utilise la variable $RANDOM pour obtenir une valeur aléatoire, aussi faut-il l'exécuter avec bash ou ksh en ligne *shebang*.

generateur-mot-de-passe.sh

```
 1  #! /bin/bash
 2
 3  lg_mot_de_passe="${1:-8}"
 4  mot_de_passe=""
 5
 6  # Liste des caracteres utilisables pour le mot de passe.
 7  caracteres="ABCDEFGHIJKLMNOPQRSTUVWXYZ"
 8  caracteres="${caracteres}abcdefghijklmnopqrstuvwxyz"
 9  caracteres="${caracteres}0123456789"
10  # NB: le caractere $ doit etre protege par un backslash.
11  caracteres="${caracteres}\$@&%~#{([-_])}+="
12
13  # Nombre de caracteres dans la liste de ceux autorises.
14  nb_caracteres=${#caracteres}
15
16  i=1
17  while [ $i -le "$lg_mot_de_passe" ]
18  do
19      # Tirer une valeur aleatoire entre 1 et le nombre de
20      # caracteres dans la liste autorisee.
21      n=$((1 + ${RANDOM} % ${nb_caracteres}))
22
23      # Ajouter dans le mot de passe le n-ieme caractere.
24      mot_de_passe="${mot_de_passe}${caracteres:$n:1}"
25
26      i=$((i + 1))
27  done
28
29  echo "$mot_de_passe"
```

Voici un exemple d'exécution :

```
$ ./generateur-mot-de-passe.sh
TS2akwTe
$ ./generateur-mot-de-passe.sh 10
DY43I&aQ-E
$
```

Exécution d'un ping vers un ensemble de serveurs

La commande ping permet de vérifier si une machine est accessible en précisant son adresse réseau IP ou son nom d'hôte. Le script ci-après va tenter d'atteindre tous les postes indiqués en argument sur sa ligne de commande. Il ne fait qu'un seul essai par machine et attend la réponse pendant une seconde au maximum.

Le code de retour global du script est 0 si tous les postes sont accessibles et 1 sinon.

```
multi-ping.sh
 1  #! /bin/sh
 2
 3  CODE_RETOUR=0
 4
 5  for host in "$@"
 6  do
 7      if ping -c1 -w1 "${host}" > /dev/null 2>&1
 8      then
 9          echo "${host} Ok"
10      else
11          echo "${host} inaccessible"
12          CODE_RETOUR=1
13      fi
14  done
15
16  exit ${CODE_RETOUR}
```

Essayons d'atteindre trois postes joignables, puis trois autres dont un est inaccessible.

```
$ ./multi-ping.sh christophe.blaess.fr www.logilin.fr www.google.fr
christophe.blaess.fr Ok
www.logilin.fr Ok
www.google.fr Ok
$ echo $?
0
$ ./multi-ping.sh  192.168.1.10  192.168.1.15  192.168.1.17
192.168.1.10 Ok
192.168.1.15 inaccessible
192.168.1.17 Ok
$ echo $?
1
$
```

Supervision distante d'un petit parc de machines

J'ai utilisé ce script pendant plusieurs années dans des salles de formation, où je souhaitais pouvoir copier facilement des fichiers depuis mon poste vers ceux des stagiaires. J'ai ajouté la possibilité de passer des commandes simultanément sur toutes les machines (par exemple, /sbin/halt en fin de session). Ce script s'appuie sur le service SSH qui doit être installé sur tous les postes.

Lors de l'installation de la supervision, le script va se connecter sur chacun des postes (en nous demandant le mot de passe de l'utilisateur concerné), puis inscrire une clé SSH afin d'éviter toute demande ultérieure de mot de passe.

```
supervision-sous-reseau.sh
 1  #! /bin/bash
 2
```

```
 3   # La 1ere colonne correspond aux noms ou adresses IP
 4   # des postes a surveiller, la seconde aux noms d'utilisateur
 5   # a employer pour la supervision.
 6   i=1;
 7   poste[$i]="192.168.1.8"  ; user[$i]="root"; i=$((i+1))
 8   poste[$i]="192.168.1.9"  ; user[$i]="root"; i=$((i+1))
 9   poste[$i]="192.168.1.20" ; user[$i]="root"; i=$((i+1))
10   poste[$i]="192.168.1.24" ; user[$i]="root"; i=$((i+1))
11   poste[$i]="192.168.1.105"; user[$i]="root"; i=$((i+1))
12   poste[$i]="192.168.1.217"; user[$i]="root"; i=$((i+1))
13   nb_postes=$i
14
15
16
17   function installer
18   {
19       # Generer si besoin la cle SSH
20       if [ ! -f ~/.ssh/id_rsa.pub ]
21       then
22           rm -rf ~/.ssh
23           ssh-keygen -t rsa
24       fi
25
26       # Aller l'inscrire sur les postes supervises
27       cle=$(cat ~/.ssh/id_rsa.pub)
28       local i=1
29       while [ $i -lt $nb_postes ]; do
30       ssh -o StrictHostKeyChecking=no ${user[$i]}@${poste[$i]} \
31     "rm -rf .ssh; mkdir .ssh; echo $cle > .ssh/authorized_keys"
32           i=$((i+1))
33       done
34   }
35
36
37
38   function executer
39   {
40       local i=1
41       while [ $i -lt $nb_postes ]
42       do
43           echo "======= ${poste[$i]} ======="
44           ssh ${user[$i]}@${poste[$i]} "$*"
45           i=$((i+1))
46       done
47   }
48
49
50
51   function download
52   {
53       local r="$1"
```

```
54      local p="$2";
55      local i=1
56      while [ $i -lt $nb_postes ]
57      do
58          if ping -c 1 -w 1 ${poste[$i]} >/dev/null 2>&1
59          then
60              echo "${poste[$i]}"
61              scp "${user[$i]}@${poste[$i]}:$r" "$p"-${poste[$i]}
62          fi
63          i=$((i+1))
64      done
65  }
66
67
68
69  function upload
70  {
71      local l="$1"
72      local r="$2";
73      local i=1
74      while [ $i -lt $nb_postes ]
75      do
76          if ping -c 1 -w 1 "${poste[$i]}" >/dev/null 2>&1
77          then
78              echo "${poste[$i]}"
79              scp "$l" "${user[$i]}@${poste[$i]}:$r"
80          fi
81          i=$((i+1))
82      done
83  }
84
85  if [ "$*" = "" ]; then cat <<- EOF
86    USAGE:
87      $0 action [arguments...]
88    ACTIONS
89     install
90       installer la supervision sur tous les postes
91     upload local remote
92       copier le fichier "local" a l'emplacement "distant"
93       sur toutes les stations
94     download distant prefixe
95       copier tous les fichiers distants en local avec le prefixe
96       suivi du nom de station
97     execute commande...
98       executer la "commande" sur un shell distant
99     EOF
100     exit 0
101  fi
102
103  case $1 in
104    instal* )
```

```
105      shift
106      installer ;;
107   download )
108      shift
109      if [ $# -ne 2 ]; then echo "err. d'arguments"; exit 2; fi
110      download "$1" "$2"
111      ;;
112   upload )
113      shift
114      if [ $# -ne 2 ]; then echo "err. d'arguments"; exit 2; fi
115      upload "$1" "$2"
116      ;;
117   exec* )
118      shift
119      executer "$@" ;;
120
121   * )
122      echo "Action inconnue." >&2
123      echo  "Invoquez \"$0\" seul pour avoir de l'aide" >&2
124      exit 1
125      ;;
126  esac
```

Voici un exemple simple dans lequel j'ai réduit le nombre de machines supervisées à une seule (en commentant les lignes 7, 8, 10, 11 et 12). Tout d'abord, commençons par installer la supervision.

```
$ ./supervision-sous-reseau.sh install
Warning: Permanently added '192.168.1.20' (ECDSA) to the list of known hosts.
root@192.168.1.20's password: (Mot de passe, puis Entrée)
$
```

Cherchons un fichier distant nommé abcdef :

```
$ ./supervision-sous-reseau.sh execute "ls a*"
======= 192.168.1.20 =======
ls: impossible d'accéder à a*: Aucun fichier ou dossier de ce type
$
```

Créons une version locale de ce fichier et envoyons-le vers le(s) poste(s) distant(s) :

```
$ echo essai > abcdef
$ ./supervision-sous-reseau.sh upload abcdef "~/"
192.168.1.20
abcdef
100%    6      0.0KB/s   00:00
```

```
$ ./supervision-sous-reseau.sh execute "ls a*"
======= 192.168.1.20 =======
abcdef
$ ./supervision-sous-reseau.sh execute "cat abcdef"
======= 192.168.1.20 =======
essai
$
```

Le fichier a bien été transféré et nous pouvons exécuter des commandes distantes (ls et cat en l'occurrence).

Ce petit script m'a été très utile ; il est possible de l'étendre et de le personnaliser de nombreuses manières.

Image de l'activité système

Ce script court affiche quelques paramètres révélateurs de l'activité d'un système. On peut naturellement l'utiliser localement sur un poste, mais également l'exécuter sur un ensemble de machines distantes à surveiller, en l'associant avec le script précédent.

activite-systeme.sh

```
 1  #! /bin/sh
 2
 3  date +"== $(hostname)  == %F %T ================"
 4  echo " -------------- Charge systeme -----------"
 5  uptime | sed 's/^/    /'
 6  echo "-------------- Charge memoire -----------"
 7  free | sed 's/^/    /'
 8  echo "------------- Occupations disques --------"
 9  df | sed 's/^/    /'
10  echo "-------------- Activite reseau ----------"
11  netstat -i | sed 's/^/    /'
```

On peut noter l'astuce consistant à employer Sed pour insérer quatre espaces en début des lignes de résultats des commandes afin de les indenter par rapport aux lignes de titre.

```
$ ./activite-systeme.sh
== TRA-100  == 2012-08-09 03:58:40 ================
-------------- Charge systeme -----------
    13:58:40 up 1 day, 8:50, 3 users, load avg: 0.67, 0.78, 0.75
-------------- Charge memoire -----------
                total      used      free    shared   buffers     cached
    Mem:       1799888   1644684    155204         0    337648    328812
    -/+ buffers/cache:      978224    821664
    Swap:            0         0         0
```

```
------------- Occupations disques --------
    Sys. fich.       1K-blocks      Util. Disponible Uti% Monté sur
    /dev/sda4        86810232 57385460    25077076  70% /
    udev               892648        4      892644   1% /dev
    tmpfs              359980      860      359120   1% /run
    none                 5120        4        5116   1% /run/lock
    none               899944      332      899612   1% /run/shm
-------------- Activite reseau ----------
    Table d'interfaces noyau
    If    RX-OK RX-ERR RX-DRP RX-OVR TX-OK TX-ERR TX-DRP TX-OVR Fl
    eth0 0          0      0 0          0      0      0      0 BMU
    eth1 375850     2      0 0     331456     15      0      0 BMRU
    lo    57635     0      0 0      57635      0      0      0 LRU
$
```

Synchronisation de répertoires distants

Au quotidien, j'emploie ce script pour conserver deux copies identiques de mon répertoire personnel sur mon ordinateur portable et sur le serveur de mon bureau. Voici le principe : lorsque j'invoque le script, cela copie l'état du poste sur lequel je me trouve vers l'autre machine. Les fichiers nouvellement créés ou modifiés sur le poste local sont mis à jour sur le système distant, et les fichiers récemment supprimés en local sont effacés sur l'autre machine.

L'option -r (pour *reverse*) en ligne de commande permet d'inverser le sens de fonctionnement, en restaurant sur le poste local l'état des répertoires du poste distant.

Le script s'appuie sur les utilitaires rsync et ssh pour assurer la copie des données. Pour que son utilisation soit pratique, il est important que chacune des machines connaisse la clé SSH de l'autre afin d'éviter la saisie systématique du mot de passe. Pour en savoir plus, on peut se reporter à la fonction installer (ligne 17) du script supervision-sous-reseau.sh page 246.

Voici le code du script :

synchroniser-postes.sh

```
 1  #! /bin/sh
 2
 3  ADRESSE_LOCALE_SERVEUR="192.168.3.1"
 4  ADRESSE_LOCALE_PORTABLE="192.168.3.15"
 5  ADRESSE_INTERNET_SERVEUR="12.34.56.789"
 6  PORT_SSH_INTERNET_SERVEUR="-p 12345"
 7  LISTE_REPERTOIRES="/home/cpb/Documents/ /home/cpb/Projets/
    /home/cpb/Desktop/"
 8
 9  synchroniser()
```

```
10  {
11      # Arguments :
12      #    + [-r] inverse le sens du transfert
13      #    + Repertoire
14      #    + Hote
15      #    + Port
16      local dir
17      local dst
18      local port
19      local ligne
20
21      if [ "$1" = "-r" ]
22      then
23          dir="$2"
24          dst="$3"
25          port="$4"
26          ligne="--rsh=\"ssh $port\" --delete \"${dst}:${dir}/\"
            \"${dir}/\""
27      else
28          dir="$1"
29          dst="$2"
30          port="$3"
31          ligne="--rsh=\"ssh $port\" --delete \"${dir}/\" \"$
            {dst}:${dir}\""
32      fi
33      echo "synchronisation $dir" >&2
34      eval rsync -avxz -quiet "$ligne"
35  }
36
37
38
39  # le script s'execute-t-il sur le serveur ?
40  if /sbin/ifconfig | grep -F "${ADRESSE_LOCALE_PORTABLE} "
    >/dev/null 2>&1
41  then
42      # Synchroniser le portable par Wifi
43      DST_ADDR="${DST_ADDR:-${ADRESSE_LOCALE_SERVEUR}}"
44      DST_PORT=
45
46  # Sinon s'execute-t-il sur le portable en wifi ?
47  elif /sbin/ifconfig | grep -F "${ADRESSE_LOCALE_SERVEUR} "
    >/dev/null 2>&1
48  then
49      # Synchroniser le serveur par Wifi
50      DST_ADDR="${DST_ADDR:-${ADRESSE_LOCALE_PORTABLE}}"
51      DST_PORT=
52
53  # Sinon il s'execute sur le portable en deplacement
54  else
55      # Synchroniser le serveur par son adresse Internet
56      DST_ADDR="${DST_ADDR:-${ADRESSE_INTERNET_SERVEUR}}"
57      # Et le numero de port SSH sur le serveur
```

```
58        DST_PORT="${PORT_SSH_INTERNET_SERVEUR}"
59   fi
60
61   if [ "$#" -gt 1 ]
62   then
63        echo "usage: $0 [-r]" >&2
64        exit 1
65   fi
66
67   if [ "$#" -eq 1 ]
68   then
69        if [ "$1" != "-r" ]
70        then
71             echo "$0: option $1 invalide" >&2
72             exit 1
73        fi
74   fi
75
76   for rep in ${LISTE_REPERTOIRES}
77   do
78        synchroniser $1 "$rep" "$DST_ADDR" "$DST_PORT"
79   done
```

Il est important de configurer les lignes 3 à 7 avec les éléments suivants :

- la variable ADRESSE_LOCAL_SERVEUR est l'adresse ou le nom d'hôte du serveur lorsqu'on y accède depuis le réseau local (en interne dans l'entreprise) ;

- ADRESSE_LOCALE_PORTABLE est l'adresse de l'ordinateur portable lorsqu'il est relié au réseau local de l'entreprise. Si cette adresse change régulièrement (en fonction du serveur DHCP, par exemple) et que le serveur ne peut pas savoir où joindre le portable, on effectuera toujours les transferts depuis ce dernier (avec ou sans l'option -r suivant le sens désiré) ;

- ADRESSE_INTERNET_SERVEUR est l'adresse permettant de contacter le serveur depuis l'extérieur en passant par Internet. Souvent, ce type d'accès ne se fait pas sur le port SSH standard (22), aussi est-il nécessaire de remplir la variable PORT_SSH_INTERNET_SERVEUR ;

- la variable LISTE_REPERTOIRES contient la liste des chemins absolus des répertoires à synchroniser. Si les chemins ne sont pas identiques sur les deux machines, il faudra modifier le script.

Fichiers et bases de données

Les scripts suivants sont plutôt consacrés à la manipulation de fichiers (sauvegarde, renommage, etc.) ou à la gestion de données.

Sauvegarde quotidienne

Ce script simple crée une archive – à l'aide de la commande tar – contenant une sauvegarde d'un ou plusieurs répertoires, et la copie dans un répertoire spécifique. Le nom du fichier de sauvegarde est composé à l'aide de la date du jour.

```
sauvegarde-quotidienne.sh
 1  #! /bin/sh
 2
 3  # Tous les chemins sont :
 4  #   - soit absolus depuis la racine du systeme de fichiers
 5  #     (commencant par /)
 6  #   - soit relatifs depuis le repertoire personnel
 7
 8  # Liste des repertoires a sauvegarder
 9  A_SAUVEGARDER="Documents/ Projets/"
10
11  # Repertoire stockant les sauvegarde
12  REP_SAUVEGARDE="Backup/"
13
14  # Prefixe des fichiers de sauvegarde
15  PREFIXE="sauvegarde"
16
17
18  DATE=$(date +"%Y-%m-%d")
19  ARCHIVE="${PREFIXE}-${DATE}.tar.bz2"
20  # Retour dans le repertoire personnel
21  cd
22  mkdir -p "${REP_SAUVEGARDE}"
23  tar -cjf "${REP_SAUVEGARDE}/${ARCHIVE}" ${A_SAUVEGARDER}
```

Il est intéressant d'inscrire ce script dans notre `crontab`, afin qu'il soit exécuté quotidiennement, à 3 h du matin par exemple :

```
$ crontab -e
0 3 * * * /usr/local/bin/sauvegarde-quotidienne.sh
$
```

Notons que ce mécanisme de sauvegarde, bien qu'efficace, n'est pas parfait.

- Il n'est pas nécessaire de conserver indéfiniment une image quotidienne de tous les fichiers à sauvegarder. On considère généralement qu'il suffit de garder une image quotidienne pour les sept derniers jours, une image hebdomadaire pour les quatre dernières semaines, puis une image mensuelle pendant un an. Notre script devrait effacer les images devenues inutiles.

- Le répertoire sur lequel s'effectuent les sauvegardes doit se trouver sur un autre disque que celui des données initiales. Il est également conseillé de conserver une copie des données sur un disque distant se trouvant sur un autre site pour limiter les pertes de données en cas de catastrophe locale (incendie, inondation, etc.). Cela n'est pas explicitement pris en charge par le script, bien que rien n'empêche l'archivage d'être réalisé sur un serveur distant.

- Nous ne vérifions pas la réussite de la commande `tar`. Cela devrait pourtant être fait afin de détecter les problèmes de sauvegarde (disque plein, permissions insuffisantes, etc.). L'adage informatique qui dit que « les sauvegardes réussissent toujours, ce sont les restaurations qui échouent » prend tout son sens ici. Il serait nécessaire de rendre ce script plus robuste à ce niveau.

Renommage d'un ensemble de fichiers

La commande Unix mv ne permet pas de renommer plusieurs fichiers simultanément. Cette opération est pourtant utile dans de nombreux cas :

- renommer tous les fichiers dcp-XXX en photo-XXX ;

- renommer tous les fichiers XXX.htm en XXX.html ;

- renommer les fichiers dont le nom contient des espaces par des caractères « soulignés » ;

- ...

Certaines opérations peuvent s'exécuter assez facilement depuis la ligne de commande avec les opérateurs ${%} et ${#} vus dans le chapitre 3, mais la moindre erreur peut avoir des conséquences dramatiques sur les fichiers. Le script suivant effectue le renommage global en utilisant les arguments suivants sur sa ligne de commande :

- une chaîne de caractères à remplacer, qui peut s'exprimer sous forme d'expression régulière simple (pour Sed) ;

- une chaîne de caractères de remplacement, qui peut éventuellement contenir des références arrière \1 \2, etc., comme nous l'avons vu dans le chapitre 8 ;

- la liste des fichiers concernés par le renommage.

renommer-fichiers.sh
```
 1  #! /bin/sh
 2
 3
 4  if [ $# -lt 3 ]
 5  then
 6      echo "usage: $0 <chaine> <remplacement> fichiers..." >&2
 7      exit 1
 8  fi
 9
10  origine="$1"
11  shift
12  remplacement="$1"
13  shift
14
15  for fic in "$@"
16  do
17      new=$(echo "$fic" |\
              sed -e 's/'${origine}'/'${remplacement}'/g')
18      if [ "$fic" != "$new" ]
19      then
20          mv "$fic" "$new"
21      fi
22  done
```

Les exemples d'utilisation cités plus haut pourraient être traités ainsi :

```
$ renommer-fichiers.sh  dcp  photo  dcp-*
$ renommer-fichiers.sh  'htm$'  'html'  *.htm
$ renommer-fichiers.sh  ' '  '_'  *
```

Scan et archivage de documents

Ce script automatise la numérisation de documents existants sur papier et leur stockage au format PDF. Il s'appuie sur deux utilitaires répandus :

scanimage du projet Sane (package sane-utils) ;

convert du projet ImageMagick.

Les documents sont archivés avec un suffixe contenant l'année, le mois et le jour de création, suivis d'un numéro d'ordre dans la journée.

scan-document.sh

```
 1  #! /bin/sh
 2
 3  REPERTOIRE=~/scans
 4  PREFIXE=scan
 5
 6  # Chercher le premier numero libre de la journee
 7  base_fichier="${REPERTOIRE}/${PREFIXE}"-$(date +"%Y-%m-%d")
 8  i=1
 9  while true
10  do
11      fichier="${base_fichier}"-$(printf "%02d" $i).pdf
12      if [ -e "$fichier" ]
13      then
14          i=$(((i+1))
15          continue
16      fi
17      break
18  done
19
20  while true
21  do
22      echo "Placez le document sur le scanner"
23      echo "   pressez Entrée (Ctrl-D pour finir)"
24      read r  || break
25      scanimage > scan.pnm  || break
26      convert scan.pnm "$fichier"  || break
27      echo "===> fichier $fichier sauvegarde"
28      i=$(((i+1))
29      fichier="${base_fichier}"-$(printf "%02d" $i).pdf
30  done
```

Le travail proprement dit de numérisation et de mise au format PDF est limité aux lignes 25 et 26. Les actions permettant de générer un nom de fichier daté et numéroté quotidiennement peuvent être réutilisées facilement pour d'autres tâches.

Création d'une base de données

Pour calculer facilement des frais de déplacement pour des devis, j'ai été amené à créer une petite base de données des départements français contenant pour chacun d'eux : son numéro, son nom, son chef-lieu et une distance kilométrique de Paris au chef-lieu. J'ai décidé d'indiquer -1 en distance si le département ne peut être rejoint par la route (mon script réel est un peu plus compliqué et intègre des coûts de déplacement par avion ou train).

Utilisée par des scripts PHP depuis une interface web, cette base de données a d'abord été créée par un script shell comme celui-ci. La base de données est gérée par le moteur SQLite. Ce dernier, employé notamment dans les systèmes embarqués, propose une gestion simplifiée compatible avec le langage SQL. Ici, les commandes sont transmises à l'outil sqlite3, mais l'adaptation pour d'autres frontaux de bases de données comme mysql ou psql est aisée.

creer-bdd-departements.sh

```
 1  #! /bin/sh
 2
 3  if [ $# -ne 1 ]
 4  then
 5      echo "usage: $0 fichier.sql" >&2
 6      exit 1
 7  fi
 8
 9  # (Re)creer la table
10  sqlite3 "$1" <<- EOF
11      CREATE TABLE IF NOT EXISTS depts (
12          numero      INT,
13          nom      STRING,
14          prefecture STRING,
15          distance    INT
16      );
17  EOF
18
19  ajouter_dept()
20  {
21      sqlite3 "$1" <<-EOF
22          DELETE FROM depts WHERE numero="$2";
23          INSERT INTO depts VALUES("$2", "$3", "$4", "$5");
24      EOF
25  }
26
27  ajouter_dept "$1" "01"  "Ain"         "Bourg-en-Bresse"   429
28  ajouter_dept "$1" "02"  "Aisne"       "Laon"              138
29  ajouter_dept "$1" "03"  "Allier"      "Moulins"           300
```

```
[...]
123  ajouter_dept "$1" "971" "Guadeloupe"   "Basse-Terre"      -1
124  ajouter_dept "$1" "972" "Martinique"   "Fort-de-France"   -1
125  ajouter_dept "$1" "973" "Guyane"       "Cayenne"          -1
126  ajouter_dept "$1" "974" "La Réunion"   "Saint-Denis"      -1
127  ajouter_dept "$1" "976" "Mayotte"      "Mamoudzou"        -1
```

Les commandes SQL sont en principe très compréhensibles.

- `CREATE TABLE IF NOT EXISTS table` crée une nouvelle table dans le fichier SQLite indiqué. Cette commande est suivie de la description des colonnes de la table (ici : `numero`, `nom`, `prefecture` et `distance`).

- `DELETE FROM table WHERE colonne="contenu"` supprime les lignes ayant le contenu indiqué pour la colonne mentionnée.

- `INSERT INTO table VALUES (contenus...)` ajoute une ligne à la table, avec les contenus indiqués pour chaque colonne.

Créons une base de données :

```
$ ./creer-bdd-departements.sh depts.sql
$
```

Puis réalisons une interrogation manuelle de la base de données avec l'outil `sqlite3`.

```
$ sqlite3 depts.sql
SQLite version 3.7.9 2011-11-01 00:52:41
Enter ".help" for instructions
Enter SQL statements terminated with a ";"
sqlite> SELECT * FROM depts WHERE numero=91;
91|Essonne|Évry|40
sqlite> (Contrôle-D)
$
```

Consultation d'une base de données

Nous pouvons encadrer l'appel de `sqlite3` afin de masquer à l'utilisateur la requête SQL sous-jacente. C'est ce que réalise ce script.

```
consulter-bdd-departements.sh
1  #! /bin/sh
2
3  if [ $# -ne 2 ]
4  then
5      echo "usage: $0 fichier.sql numero" >&2
6      exit 1
```

```
 7  fi
 8  sqlite3 -line "$1" <<-EOF
 9     select * from depts where numero="$2";
10  EOF
```

Voici un exemple d'utilisation :

```
$ ./consulter-bdd-departements.sh depts.sql   33
   numero = 33
      nom = Gironde
prefecture = Bordeaux
 distance = 584
$ ./consulter-bdd-departements.sh depts.sql   972
   numero = 972
      nom = Martinique
prefecture = Fort-de-France
 distance = -1
$
```

Scripts divers

Voici quelques scripts créés pour diverses occasions et qui m'ont servi à plusieurs reprises.

Calcul de prix et de TVA

Comme la plupart des indépendants, j'ai souvent besoin d'effectuer rapidement un calcul de prix pour établir un devis ou rentrer une facture en comptabilité, et de disposer des tarifs hors taxes (HT), toutes taxes comprises (TTC), ainsi que le montant de la taxe sur la valeur ajoutée (TVA) correspondante. Le script ci-après permet de rentrer l'une de ces trois valeurs et calcule automatiquement les deux autres. Le taux de TVA utilisé est de 19,6 % (TVA normale sur biens et services au moment de la rédaction de ces lignes).

```
ht-ttc-tva.sh:
 1  #! /bin/sh
 2
 3  printf "Montant HT ? (Entree pour passer) "
 4  if ! read ht ; then exit 0; fi
 5  if [ "$ht" != "" ]
 6  then
 7    echo "$ht" | \
 8    awk '{ ht=$1; ttc=ht*1.196; tva=ht*.196 }
 9      END { printf "HT=%.2f TTC=%.2f (TVA=%.2f)\n",
10                         ht, ttc,tva }'
11    exit 0
```

```
12  fi
13
14  printf "Montant TTC ? (Entree pour passer) "
15  if ! read ttc ; then exit 0; fi
16  if [ "$ttc" != "" ]
17  then
18    echo "$ttc" | \
19    awk '{ ttc=$1; ht= ttc/1.196; tva=ht*.196 }
20         END { printf "HT=%.2f TTC=%.2f (TVA=%.2f)\n",
21                      ht, ttc,tva }'
22    exit 0
23  fi
24
25  printf "Montant TVA ? (Entree pour passer) "
26  if ! read tva ; then exit 0; fi
27  if [ "$tva" != "" ]
28  then
29    echo "$tva" | \
30    awk '{ tva=$1; ht=tva/0.196; ttc=ht*1.196 }
31         END { printf "HT=%.2f TTC=%.2f (TVA=%.2f)\n",
32                      ht, ttc,tva }'
33    exit 0
34  fi
```

Voici quelques exemples d'exécution :

```
$ ./ht-ttc-tva.sh
Montant HT ? (Entree pour passer) 100
HT=100.00 TTC=119.60 (TVA=19.60)
$ ./ht-ttc-tva.sh
Montant HT ? (Entree pour passer) (Entrée)
Montant TTC ? (Entree pour passer) 123
HT=102.84 TTC=123.00 (TVA=20.16)
$ ./ht-ttc-tva.sh
Montant HT ? (Entree pour passer)    (Entrée)
Montant TTC ? (Entree pour passer)   (Entrée)
Montant TVA ? (Entree pour passer) 25
HT=127.55 TTC=152.55 (TVA=25.00)
$
```

Générateur aléatoire suivant une loi normale

Les shells modernes (Bash, Ksh, etc.) mettent à notre disposition un paramètre nommé `${RANDOM}`, dont la valeur est générée aléatoirement à chaque consultation :

```
$ echo $RANDOM
4793
$ echo $RANDOM
23628
$ echo $RANDOM
8701
$ echo $RANDOM
2741
$
```

En l'absence de dispositif matériel spécifique pour fournir des valeurs véritablement aléatoires, il s'agit de nombres obtenus au moyen d'algorithmes particuliers, dont le comportement est suffisamment imprévisible pour être considéré comme aléatoire. La valeur lue dans `$RANDOM` est comprise dans [0, 32767]. Si nous désirons une valeur dans [1, 100] par exemple, il suffit d'utiliser l'opération « modulo » pour calculer :

```
valeur=$(( (${RANDOM} % 100) + 1 ))
```

Le module renvoyant une valeur entre 0 et 99, on ajoute 1 pour être dans l'intervalle désiré.

Ce générateur aléatoire fonctionne parfaitement pour la plupart des applications (comme la création de mots de passe, déjà étudiée en début d'annexe). On dit que ce générateur suit une loi de probabilité *uniforme*, ce qui signifie que chaque valeur de l'intervalle a la même probabilité d'être obtenue que chacune des autres.

Néanmoins, il existe des situations (simulations de processus vivants, de paramètres météorologiques, etc.) où l'on préfère une loi de probabilité différente. En l'occurrence, le script ci-après génère des valeurs dans un intervalle fourni par l'utilisateur en respectant une loi de probabilité *normale*. Cela signifie que plus une valeur est proche de la moyenne de l'intervalle, plus sa probabilité d'apparition est élevée. À l'inverse, les valeurs éloignées et extrêmes de l'intervalle ont une probabilité très faible d'apparition.

Cela nécessite d'implémenter une formule mathématique dite « méthode de Box-Muller » qui utilise des nombres réels que le shell ne sait pas traiter. Aussi devons-nous faire appel à `bc`. La formule est assez complexe ; vous la trouverez détaillée sur Wikipédia par exemple.

```
generateur-aleatoire-loi-normale.sh
   1  #! /bin/bash
   2
   3  if [ $# -ne 4 ]
   4  then
```

```
 5    echo usage: $0 nb_valeurs mini maxi ecart_type
 6    exit 1
 7  fi
 8
 9  nb_valeurs="$1"
10  mini="$2"
11  maxi="$3"
12  ecart_type="$4"
13
14  i=0
15  while [ $i -lt $nb_valeurs ]
16  do
17    # Deux valeurs aleatoires entre 1 et 10000
18    RAND1=$(( 1 + ${RANDOM} % 10000))
19    RAND2=$(( 1 + ${RANDOM} % 10000))
20
21    # Methode de Box-Müller
22    bc -l <<-EOF
23      moyenne=(${maxi}+${mini})/2
24      pi=4*a(1)
25      moyenne + ${ecart_type} * \
26                         sqrt(-2 * l(${RAND1}/10000)) * \
27                         c(2 * pi * ${RAND2}/10000)
28    EOF
29
30    i=$(( i+1 ))
31  done
```

Demandons à notre script 10 valeurs entre 200 et 600 (donc centrées sur 400) avec un écart-type (la distance typique entre la valeur aléatoire et la moyenne) de 20.

```
$ ./generateur-aleatoire-loi-normale.sh  10  200  600  20
397.32179803957022853926
385.47056242687345947963
380.07933525820728430039
444.59536932765670037897
355.91761528302429161768
399.25116684182710856187
392.03399784277559178111
412.61819029195094654933
430.31726534420800585102
389.74345869896548737494
$
```

Les valeurs sont bien réparties de part et d'autre de la moyenne 400. Pour se rendre compte de l'influence de l'écart-type fourni, il faudrait obtenir un graphique des répartitions, ce que nous allons réaliser avec notre script suivant.

Calcul et affichage d'histogramme

Un histogramme est un graphique qui permet de représenter visuellement la répartition d'une série de valeurs, en découpant l'intervalle complet en classes et en affichant le nombre de valeurs trouvées dans chaque classe.

Notre script prendra en entrée un fichier contenant une série de valeurs numériques réelles et produira en sortie un fichier d'histogramme contenant le nombre d'échantillons pour chaque classe. En outre, si l'outil Gnuplot est disponible, nous l'invoquerons pour afficher un tracé graphique de l'histogramme.

Nous allons demander à Awk de créer l'histogramme en stockant les valeurs lues dans un tableau v[], puis en calculant le nombre et la largeur des classes. On estime généralement que pour un fichier de N valeurs, il faut $\sqrt{N}$ classes. Il faudra diviser l'intervalle maximal des valeurs par le nombre de classes.

Ensuite, on parcourt la table des valeurs en incrémentant la case correspondante d'un second tableau nb[] contenant le nombre d'échantillons dans chaque classe. Puis l'on affiche le contenu de ce tableau. Enfin, on vérifie si la commande gnuplot est disponible. Si tel est le cas, on l'invoque en lui passant quelques ordres de tracé du fichier produit.

tracer-histogramme.sh

```
 1  #! /bin/sh
 2
 3  if [ $# -ne 1 ] || [ ! -f "$1" ]
 4  then
 5    echo "usage: $0 <fichier>" >&2
 6    exit 1
 7  fi
 8
 9  fic="$1"
10
11  awk '
12    (NR == 1) {
13      min=$1
14      max=$1
15    }
16
17    {
18      if ($1 < min)
19        min=$1
20      if ($1 > max)
21        max=$1
22      v[NR] = $1
23    }
24
25    END {
26      nb_classes = sqrt(NR);
27      classe=(max-min)/nb_classes
28
29      for (i = 1; i <= NR; i ++) {
30        nb[int((v[i]-min)/classe)] ++;
```

```
31        }
32
33        for (i = 0; i < nb_classes; i ++) {
34          printf "%.2f %d\n",
35                  min + i*classe, nb[i]
36        }
37     }
38  ' < "$fic" > histogramme.txt
39
40  if which gnuplot > /dev/null
41  then
42    gnuplot <<-EOF
43      plot "histogramme.txt" with boxes title "$fic"
44      pause mouse
45    EOF
46  fi
```

Commençons par générer un fichier de mille valeurs aléatoires suivant une distribution normale entre 200 et 600, comme nous l'avons vu précédemment :

```
$ ./generateur-aleatoire-loi-normale.sh 1000 200 600 20 > essai.dat
$
```

Puis traçons l'histogramme :

```
$ ./tracer-histogramme.sh essai.dat
```

La figure suivante s'affiche.

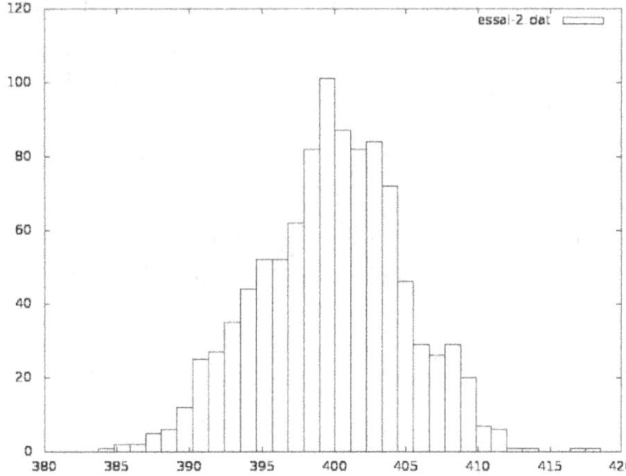

Elle représente bien une répartition « en cloche » caractéristique des variables aléatoires suivant une loi normale. Par exemple, on voit qu'il y a environ 90 valeurs qui se trouvent dans la classe centrée sur 400, et environ 80 dans la classe immédiatement précédente, etc.

La courbe a été obtenue avec un écart-type de 20. Si nous augmentons cette valeur, nous observons une plus grande dispersion des variables aléatoires ; si nous la diminuons, nous voyons la courbe se resserrer. Ce script m'a été très utile pour présenter des résultats d'expériences dans des rapports ou des articles. On peut naturellement l'adapter en modifiant certains paramètres du script pour Gnuplot en se reportant à la documentation de ce dernier.

Préparation d'un script d'installation

Il m'arrive souvent de livrer à des clients des applications personnalisées développées pour Linux. Comme ces logiciels doivent en général être installés sur plusieurs postes, éventuellement avec plusieurs distributions différentes, il est préférable que l'installation du logiciel soit indépendante du système d'exploitation utilisé. Pour cela, j'emploie – comme c'est l'usage habituel – des archives au format `tar` compressées avec `gzip` ou `bzip2`, représentant l'ensemble du projet.

Pour éviter toute erreur concernant le déploiement de l'archive, et pour intégrer éventuellement des opérations supplémentaires (ajout d'un utilisateur, modification d'un script de démarrage, etc.), j'essaie de fournir un seul fichier `install.sh` à exécuter avec les droits *root*, qui prendra en charge toutes les opérations nécessaires.

Cela signifie que l'archive compressée doit être incluse dans le corps même du script. Ceci est possible grâce à l'utilitaire `base64` qui permet d'encoder (et décoder) des fichiers binaires sous forme de fichiers de texte (transférables sans souci par courrier électronique, par exemple).

J'ai donc réalisé un script nommé `preparer-installation.sh` qui prend en charge les opérations suivantes :

- archivage et compression des répertoires qu'on lui indique ;
- création d'un fichier `install.sh` capable de décompresser l'archive ;
- intégration de l'archive compressée dans le script `install-sh` ;
- ajout éventuel d'opérations supplémentaires dans `install.sh`.

Ce script doit être ajusté spécifiquement au projet considéré, aussi est-il difficile d'en fournir une version totalement générique. Supposons que nous souhaitions installer dans le répertoire `/usr/local/bin` de la machine cible l'ensemble des scripts que nous avons développés dans ce chapitre.

`preparer-installation.sh`

```
 1  #! /bin/sh
 2
 3  # Creation d'un sous-repertoire representant le futur
 4  # repertoire /usr/local/bin de la cible d'installation
 5  rm -rf usr/
 6  mkdir -p usr/local/bin/
 7
```

```
 8  cp *.sh usr/local/bin/
 9
10  # Creation d'une archive binaire compressee temporaire
11  tar --no-same-owner -czf "install.tar.gz" usr/ || exit 1
12
13  # Creation d'un script install.sh
14  rm -f "install.sh"
15  cat > "install.sh" <<-EOF
16    #! /bin/sh
17
18    # Verification que l'utilisateur soit bien root
19    i=\$(id -u)
20    if [ \$? -ne 0 ]; then exit 1; fi
21    if [ "\$i" -ne 0 ]
22    then
23      echo "L'installation doit se faire sous root" >&2
24      exit 2
25    fi
26  EOF
27
28  cat >> "install.sh" <<-EOF
29    # Ajouter ici les eventuelles actions avant
30    # deploiement de l'archive (sauvegarde des fichiers,
31    # precedents, creation d'utilisateur, etc.)
32  EOF
33
34  cat >> "install.sh" <<-EOF
35    # Extraction du fichier d'archive dans le script
36    base64 -d > /tmp/install.tar.gz <<-END
37  EOF
38
39  # Integration de l'archive dans le script
40  base64 "install.tar.gz" >> "install.sh"
41
42  cat >> "install.sh" <<-EOF
43    END
44    if [ \$? -ne 0 ]; then exit 3; fi
45
46    # Decompression de l'archive
47    cd /
48    tar xzf /tmp/install.tar.gz || exit 4
49    rm -f /tmp/install.tar.gz
50  EOF
51
52  cat >> "install.sh" <<-EOF
53    # Ajouter ici les eventuelles actions apres
54    # deploiement de l'archive (liens symboliques, etc.)
55  EOF
56
57  # Effacer l'archive et le sous-repertoire temporaires
58  rm -f install.tar.gz
```

```
59   rm -rf usr/
60
61   # Rendons le script executable
62   chmod 755 "install.sh"
```

La lecture est un peu difficile, car nous avons un script qui crée un script… Essayons de l'utiliser :

```
$ ls ins*
ls: impossible d'accéder à ins*: Aucun fichier ou dossier de ce type
$ ./preparer-installation.sh
$ ls ins*
install.sh
$
```

Voyons le contenu du script ainsi généré :

```
install.sh
  1  #! /bin/sh
  2
  3  # Verification que l'utilisateur soit bien root
  4  i=$(id -u)
  5  if [ $? -ne 0 ]; then exit 1; fi
  6  if [ "$i" -ne 0 ]
  7  then
  8    echo "L'installation doit se faire sous root" >&2
  9    exit 2
 10  fi
 11  # Ajouter ici les eventuelles actions avant
 12  # deploiement de l'archive (sauvegarde des fichiers,
 13  # precedents, creation d'utilisateur, etc.)
 14  # Extraction du fichier d'archive dans le script
 15  base64 -d > /tmp/install.tar.gz <<-END
 16  H4sIAHbmJ1AAA+xcS3fbRpbOlvgVFZhuUbEhES+SSkJnKImy1UevIR1159hu
 17  ep+/OZuJZzGrLGenPzb3FgASgADJTmx1O1EdHQqPw1e3bt1nVQFRwNc/+8S1
[...]
138  TC7toMwFIbTXkLmV64Xmy8vQfD8zx77lhKOmLFCdoQgsambEBXXcKgyO9VdW
139  YsWKFStWrFixYsWKFStWrFixYsWKFStW/j/yD6tSEsQAoAAA
140  END
141  if [ $? -ne 0 ]; then exit 3; fi
142
143  # Decompression de l'archive
144  cd /
145  tar xzf /tmp/install.tar.gz || exit 4
146  rm -f /tmp/install.tar.gz
147  # Ajouter ici les eventuelles actions apres
148  # deploiement de l'archive (liens symboliques, etc.)
```

Nous retrouvons les commandes et les commentaires inscrits par notre script précédent. Le charabia visible des lignes 16 à 139 correspond à l'encodage par base64 du contenu de l'archive binaire.

Nous pouvons alors exécuter ce script d'installation (éventuellement sur un autre poste) avec l'identité *root*.

```
$ ls /usr/local/bin/
$ sudo ./install.sh
$ ls /usr/local/bin/
activite-systeme.sh                     preparer-installation.sh
consulter-bdd-departements.sh           renommer-fichiers.sh
creer-bdd-departements.sh               sauvegarde-quotidienne.sh
generateur-aleatoire-loi-normale.sh     scan-document.sh
generateur-mot-de-passe.sh              supervision-sous-reseau.sh
ht-ttc-tva.sh                           synchroniser-postes.sh
multi-ping.sh                           tracer-histogramme.sh
numerote-lignes-script.sh
$
```

Présentation d'un fichier script

Enfin, le dernier script sera celui que j'ai le plus utilisé durant la rédaction de ce livre, car il me sert à présenter les fichiers en numérotant les lignes et en gérant correctement les indentations du code.

On remarquera l'utilisation de Sed pour éliminer les trois espaces inutiles en début de ligne (cat réserve la place pour des numéros allant jusqu'à 999999 !).

```
numerote-lignes-script.sh
1  #! /bin/sh
2
3  for i in "$@"
4  do
5    echo "$i"
6    cat -n "$i" | expand -t2 | sed 's/^   //'
7  done
$
```

Il est inutile de présenter un exemple d'exécution ici puisque nous en avons déjà le résultat sous les yeux !

B

QCM d'évaluation

Vous trouverez ici un QCM permettant d'évaluer vos connaissances de la programmation shell. Les questions n'abordent pas de sujets complexes, mais seulement des constructions classiques, que l'utilisateur ou l'administrateur est susceptible de rencontrer dans des scripts courants. Les réponses se trouvent en fin de d'annexe.

Énoncés

Question 1

La plupart des scripts commencent par une première ligne (dite *shebang*) particulière. Comment se présente-t-elle ?

1. `#/bin/sh!`

2. `#?/bin/sh`

3. `#/bin/sh?`

4. `#/bin/sh`

5. `#!/bin/sh`

Question 2

Je crée un script pour automatiser l'administration du système. Pour pouvoir le lancer, je dois le rendre exécutable. Quelle commande est totalement correcte ?

1. `chmod 644 script_admin.sh`

2. `chmod 755 script_admin.sh`

3. `chmod 777 script_admin.sh`

4. `chmod 007 script_admin.sh`

5. `chmod 7 script_admin.sh`

Question 3

Mon script se trouve dans mon répertoire de travail et il est bien exécutable, comment puis-je le lancer ? Plusieurs réponses sont possibles.

1. `/script_admin.sh`

2. `.script_admin.sh`

3. `./script_admin.sh`

4. `/.script_admin.sh`

5. `. script_admin.sh`

Question 4

Pour affecter une valeur numérique à une variable, j'utilise le signe =, mais où dois-je placer les caractères d'espacement ?

1. Avant le signe =

2. Après le signe =

3. Nulle part

4. Des deux côtés du signe =

Question 5

Je voudrais ajouter la date courante à la fin d'un fichier. Comment procéder ?

1. `echo $date >> fichier`

2. `fichier=fichier+date`

3. `date >> fichier`

4. `cat fichier date > fichier`

Question 6

Je souhaite connaître le nombre de comptes utilisateur enregistrés sur mon système. Comment faire ? Plusieurs réponses sont possibles.

1. `N="wc -l /etc/passwd"`

2. `N=`cat /etc/passwd | wc -l``

```
3. N=$((cat /etc/passwd | wc -1))
```

```
4. N='wc -1 /etc/passwd'
```

```
5. N=$(wc -1 /etc/passwd)
```

Question 7

Je veux répéter certaines instructions – symbolisées ci-dessous par des points de suspension « ... » – tandis que la variable `arg` prend successivement les valeurs de tous les arguments reçus sur la ligne de commande de mon script. Une seule syntaxe est correcte, laquelle ?

```
1. while arg in $1...$#; do ... ; end
```

```
2. for (arg=$1; arg < $#) { ... }
```

```
3. while arg in "$@"; do ... endo
```

```
4. for arg in "$@"; do ... ; done
```

```
5. arg=$*; repeat ... down
```

Question 8

L'utilisateur de mon script m'a fourni le nom d'un répertoire à créer pour sauvegarder des données. Je l'ai obtenu dans la variable `DIR` grâce à la commande `read`. Comment dois-je utiliser à présent cette variable de manière sûre ?

```
1. mkdir "$DIR"
```

```
2. mkdir '$DIR'
```

```
3. mkdir $DIR
```

```
4. mkdir {$DIR}
```

```
5. mkdir ($DIR)
```

Question 9

En réponse à un menu, l'utilisateur m'a fourni (grâce à la commande `read`) une lettre dans la variable `REP`. Je souhaite exécuter une certaine action (représentée ci-dessous par « ... ») si la réponse est `A`. Un seul des tests est correct, lequel ?

```
1. if [$REP = A ]; then ...; fi
```

```
2. if [$REP = A]; then ...; endif
```

```
3. if [ $REP = A ]; then ...; fi
```

```
4. if ["$REP" = "A"]; then ...; endif
```

```
5. if [ "$REP" = A ]; then ...; fi
```

Question 10

Comment exécuter une instruction particulière (représentée ci-dessous par « ... ») uniquement si le fichier /tmp/bkup existe ?

1. `while [ /tmp/bkup ]; do ... done`

2. `if [ /tmp/bkup ]; then ...; endif`

3. `on exist /tmp/bkup do ... ; done`

4. `if [ -e /tmp/bkup ]; then ...; fi`

5. `while -e /tmp/bkup; do ...; done`

Question 11

Ma variable SOMME contient une valeur numérique. Je désire lui ajouter la valeur 4. Comment procéder ?

1. `SOMME=$((SOMME+4))`

2. `SOMME=(($SOMME+4))`

3. `SOMME=$(SOMME+4)`

4. `SOMME=($SOMME+4)`

5. `SOMME=$SOMME+4`

Question 12

Mon script doit rechercher dans tous mes fichiers personnels les lignes contenant le mot VERSION. Il faudra éventuellement parcourir également tous mes sous-répertoires. Une seule des propositions suivantes effectue correctement le travail. Laquelle ?

1. `find ~ | grep VERSION`

2. `find ~ |xargs grep VERSION`

3. `find ~ | grep VERSION *`

4. `xargs grep VERSION ~/*`

5. `find ~/* > grep VERSION`

Question 13

Sur mon système, il y a un utilisateur nommé qcm_shell. Qu'affiche la commande echo / etc/passwd | grep -i qcm_shell ?

1. Le mot de passe de l'utilisateur qcm_shell

2. Un message d'erreur

3. Rien

4. Une ligne contenant l'identité de l'utilisateur `qcm_shell` et son mot de passe crypté

Question 14

Je dispose d'un fichier dont chaque ligne contient trois colonnes de chiffres. Je désire lui ajouter une ligne supplémentaire contenant la moyenne de toutes les colonnes. Avec quel outil standard sous Unix pourrais-je réaliser le plus facilement ce travail ?

1. Le shell Bash ou Korn

2. Le langage C

3. Le langage Awk

4. Le langage Sed

Question 15

Mon script contient un pipeline dans lequel plusieurs commandes se transmettent des lignes de texte. Comment puis-je supprimer les lignes vides circulant dans ce pipeline ?

1. `...| sed -e '/^$/d' | ...`

2. `...| sed -e '/^$/p' | ...`

3. `...| sed -e '\^$\d' | ...`

4. `...| sed -e '\^$\p' | ...`

Solutions

Question 1

Réponse 5

Un script doit commencer par les deux caractères # et !, suivis du chemin et du nom de l'interpréteur associé au script. En général, il s'agit de `/bin/sh` (ou parfois, `/bin/bash` ou `/bin/ksh`).

Question 2

Réponse 2

Les propositions 1, 4 et 5 ne fonctionnent pas, car elles n'activent pas le bit « exécutable par son propriétaire » du script. Les propositions 3 à 5 sont dangereuses, car elles autorisent tout utilisateur à modifier le script.

Question 3

Réponse 3 ou 5

La proposition 3 est la meilleure : on lance le script en indiquant son chemin, le point représentant le répertoire courant. La proposition 5 est acceptable : on demande au shell interactif d'interpréter le script comme si on tapait directement son contenu en ligne de commande.

Question 4

Réponse 3

Il ne faut placer aucun caractère d'espacement, et toujours coller le nom de la variable, le signe = et la valeur : `i=5`.

Question 5

Réponse 3

`date` est une commande qui affiche son résultat sur sa sortie standard. C'est donc la proposition 3 que l'on emploie pour rediriger cette sortie standard à la fin du fichier.

Question 6

Réponse 2 ou 5

Les propositions 1 et 4 affectent une chaîne de caractères sans interpréter la commande. La proposition 3 s'appuie sur une évaluation arithmétique erronée. Les propositions 2 (avec les back quotes) et 5 (avec la notation plus récente `$( )`) sont correctes.

Question 7

Réponse 4

Toutes les propositions, sauf la quatrième, s'appuient sur des syntaxes fantaisistes, inspirées parfois d'autres langages.

Question 8

Réponse 1

La seule réponse correcte est la première. La proposition 3, bien que correcte syntaxiquement, n'est pas sûre car elle conduira à une erreur si l'utilisateur a inclus un espace dans le nom du répertoire (par exemple, `"Mes Documents"`).

Question 9

Réponse 5

Dans un test, il faut toujours laisser des espaces autour des crochets, puisqu'il s'agit d'une véritable commande et non d'un simple caractère. En outre, la variable doit toujours être encadrée par des guillemets pour éviter les problèmes, si elle contient des espaces par exemple.

Question 10

Réponse 4

C'est l'option `-e` de la commande de test « `[ ]` » qui permet de vérifier l'existence d'un fichier.

Question 11

Réponse 1

Une évaluation arithmétique (addition, par exemple) se fait avec la syntaxe `$(( ))`. Notons qu'à l'intérieur de cette structure, le symbole `$` n'est pas indispensable pour préfixer le nom de variables.

Question 12

Réponse 2

Il faut utiliser un pipeline comprenant une commande `find` pour lister tous les fichiers, puis une deuxième commande `xargs` qui appellera la commande `grep` pour chaque fichier listé.

Question 13

Réponse 3

La commande `grep` recherche le mot `qcm_shell` dans son entrée standard. Celle-ci contient uniquement la ligne `/etc/passwd`, et rien n'est donc affiché.

Question 14

Réponse 3

Le langage Awk est particulièrement adapté pour traiter des données organisées en lignes et colonnes (sorties de commandes système, fichiers journaux « log », fichiers statistiques, etc.). La solution pourrait s'écrire en une seule ligne. Avec les autres langages, il faudrait au mieux plusieurs dizaines de lignes de code.

Question 15

Réponse 1

Dans la première proposition, on demande à Sed de supprimer (d comme *delete*) les lignes correspondant à l'expression régulière ^$ (début et fin de ligne) représentant une ligne vide.

C

Solutions des exercices

Vous trouverez ci-dessous les commentaires des solutions aux exercices proposés dans ce livre. Les scripts proprement dits pourront être chargés sur le site de l'auteur :

http://www.blaess.fr/christophe

Chapitre 1

1.1 – Prise en main du système

Pour identifier les shells disponibles sur votre système, il existe plusieurs possibilités. Je vous propose la solution suivante :

`ls /bin/*sh*` : nous recherchons tous les fichiers contenant la portion « `sh` » dans le répertoire système principal (`/bin`). Attention, certains utilitaires système comme `chsh` pourront être mentionnés, bien qu'ils ne soient pas des shells.

Déterminer l'identité de `/bin/sh` peut être plus problématique. En général, il suffit toutefois de lister « `ls -l /bin/sh` » pour s'apercevoir que c'est un lien symbolique vers `bash` ou `ksh`.

1.2 – Utilité de la variable PATH

Aprés avoir vidé la variable `PATH`, nous nous retrouvons dans une situation où seules les commandes « internes » du shell (`cd`, `echo`...) fonctionnent. L'appel `ls` échoue avec un message d'erreur « Commande non trouvée ». En revanche, si l'on précise le chemin par lequel le shell peut trouver l'exécutable `ls` (comme dans l'appel `/bin/ls`), celui-ci fonctionnera normalement.

Pour restaurer la variable `PATH`, vous pouvez la remplir à nouveau en restituant le contenu précédent, mais il est probablement plus simple de fermer le terminal sur lequel vous travailliez (terminant ainsi le shell) et de relancer une nouvelle session.

1.3 – Répertoire courant dans le PATH

L'appel direct fonctionne dès que le répertoire courant (point) est dans la variable PATH.

1.4 – Dangers associés au PATH

Le premier utilisateur a créé le fichier script suivant :

ls

```
#! /bin/sh
echo "BOUM ! je viens d'effacer tous mes fichiers"
```

Ensuite il a rendu le fichier exécutable et l'a copié dans /tmp.

```
$   chmod +x ls
$   cp ls /tmp
```

Le second utilisateur est arrivé sur le système, et a modifié sa variable PATH en toute inno-cence. Puis il s'est rendu dans /tmp et en a regardé le contenu :

```
$   PATH=.:$PATH
$   cd /tmp
$   ls
BOUM ! je viens d'effacer tous mes fichiers
$
```

Lorsqu'il a tapé ls, le système a recherché un fichier exécutable correspondant *en suivant l'ordre des répertoires inscrits dans la variable* PATH. Le premier ls trouvé est /tmp/ls, un script piégé écrit par un autre utilisateur malintentionné, et que notre victime vient d'exécuter par inadvertance.

Conclusion : ne jamais mettre le répertoire courant en début de PATH !

Chapitre 2

2.1 – Appel d'un script par « source »

Lorsqu'on appelle notre script avec :

```
$   ./initialise_et_affiche.sh
```

un nouveau processus shell est invoqué (grâce à sa première ligne *shebang*) pour inter-préter les commandes. La variable n'est donc remplie que dans la mémoire de ce nouveau shell et, une fois celui-ci terminé, le contenu est perdu.

En revanche, avec l'invocation :

```
$  . initialise_et_affiche.sh
```

c'est le shell courant (interactif) qui interprète le fichier. Le contenu de la variable est donc toujours visible après exécution du script.

Chapitre 3

3.1 – Majuscules et minuscules dans les fichiers

Deux points à noter dans les scripts `upper_file.sh` et `lower_file.sh` :

- le parcours les arguments de la ligne de commande pour les traiter successivement ;

- l'utilisation d'un fichier temporaire créé en ajoutant `.tmp` à la fin du nom de fichier normal :

`upper_file.sh` :

```
 1  #! /bin/sh
 2
 3  for fic in "$@"
 4  do
 5      tr '[[:lower:]]' '[[:upper:]]' < "$fic" > "${fic}.tmp"
 6      mv "${fic}.tmp" "$fic"
 7  done
 8
```

Le script `lower_file.sh` est identique, seuls les arguments de `tr` sont inversés.

3.2 – Majuscules, minuscules et noms de fichiers

L'idée consiste ici à envoyer le nom du fichier sur l'entrée standard de `tr` (par un `echo`) puis à récupérer le nom modifié par une construction `$(...)`.

La structure globale du script est très proche de celle de l'exercice précédent :

`upper_file_name.sh`

```
 1  #! /bin/sh
 2
 3  for fic in "$@"
 4  do
 5      FIC=$(echo "$fic" | tr '[[:lower:]]' '[[:upper:]]')
 6      if [ "$fic" != "$FIC" ]
 7      then
 8          mv "$fic" "$FIC"
 9      fi
10  done
```

3.3 – Arithmétique et invocation de commande

Il faut décomposer le travail en trois étapes : obtention de l'année en cours avec `date`, calcul de l'année suivante, et appel de `cal`.

On pourrait regrouper les trois étapes sur une seule ligne de commande, mais je préfère privilégier la lisibilité du script :

`calendrier.sh`

```
 1  #! /bin/sh
 2
 3  # obtenir l'année en cours
 4  annee=$(date +"%Y")
 5
 6  # calculer l'année suivante
 7  suivante=$((annee + 1))
 8
 9  # appeler la commande cal
10  cal $suivante
11
```

3.4 – Extractions de motifs

Voici un exemple de solution :

`dirbasename.sh` :

```
 1  #! /bin/sh
 2
 3  for arg in "$@"
 4  do
 5      chemin=${arg%/*}/
 6      fichier=${arg##*/}
 7      echo "$arg :"
 8      echo "   chemin  $chemin"
 9      echo "   fichier $fichier"
10  done
```

3.5 – Contournement des apostrophes

Le script proposé ci-dessous utilise la commande `printf` pour afficher les données. Elle permet un affichage formaté où le retour à la ligne est explicitement indiqué par les caractères \n :

`auto.sh` :

```
 1  #! /bin/sh
 2  function quine {
 3      printf "%s" "$@"
```

```
 4        printf "\047"
 5        printf "%s" " "$@"
 6        printf "\047\n"
 7      }
 8    quine '#! /bin/sh
 9    function quine () {
10        printf "%s" "$@"
11        printf "\047"
12        printf "%s" "$@"
13        printf "\047\n"
14      }
15    quine '
```

Pour vérifier que l'exécution donne bien le résultat attendu, nous redirigerons la sortie du programme vers un fichier que nous comparerons avec le script original :

```
$   ./auto.sh
#! /bin/sh
function quine () {
  echo -n "$@"
  echo -ne "\047"
  echo -n "$@"
  echo -e "\047"
}
quine '#! /bin/sh
function quine () {
  echo -n "$@"
  echo -ne "\047"
  echo -n "$@"
  echo -e "\047"
}
quine '
$   ./auto.sh > sortie_auto.txt
$   diff auto.sh sortie_auto.txt
$
```

Il est certainement possible de créer des scripts qui sont capables d'écrire leur propre code source d'une manière plus concise et plus élégante (je ne considère pas `cat $0` comme plus élégant !), et le lecteur pourra s'amuser à rechercher les moyens de contourner les limitations d'emploi des apostrophes.

Chapitre 4

4.1 – Redirection de l'entrée standard

En fait, ls ne tient aucun compte de son entrée standard, mais affiche le contenu du répertoire courant ou de ceux indiqués sur la ligne de commande.

Les redirections </dev, </etc ou </usr/bin sont donc ignorées et ls présente toujours le répertoire courant.

4.2 – Redirection vers fichier inaccessible

Le shell met en place les redirections avant de lancer les commandes. Si la redirection est impossible, le lancement de la commande est annulé, même si celle-ci, par ailleurs, ne lit jamais le fichier concerné.

4.3 – Redirection pour une commande inexistante

La tentative d'exécution d'une commande n'a lieu qu'après analyse de la ligne complète et mise en place des redirections. Si l'exécution échoue, le fichier vers lequel la sortie standard a été redirigée est toutefois créé, mais il est vide.

4.4 – Affectation temporaire de variable

Le résultat des commandes n'est pas très intuitif. La première remplit la variable VAR avec la valeur 1234 et la seconde affiche le résultat.

La troisième ligne modifie *temporairement* le contenu de VAR pour y placer 5678 et afficher le résultat.

La dernière commande affiche à nouveau le contenu de VAR ; comme attendu il a retrouvé sa valeur initiale : 1234.

En fait, la surprise vient du résultat de la troisième ligne. On s'attendait à voir s'afficher 5678, le contenu temporaire de la variable, mais c'est 1234 – le contenu initial – qui apparaît. En effet le shell procède d'abord à l'analyse de toute la ligne, y compris le remplacement des variables par leur valeur, avant l'exécution.

Ici, notre variable est bien remplie avec 5678, mais la ligne a déjà été modifiée et la commande exécutée est « echo 1234 » !

4.5 – Structures de boucle for-do-done

`numerote_fichiers.sh` :

```
1    #! /bin/sh
2
3    numero=1
4
5    for fic in *
```

```
6    do
7        echo "$numero) $fic"
8        numero=$((numero + 1))
9    done
```

4.6 – Structures de boucle while-do-done

`boucle.sh` :

```
1    #! /bin/sh
2
3    i=1
4    while [ $i -le 5 ]
5    do
6        echo "$@"
7        sleep 1
8        i=$((i+1))
9    done
```

4.7 – Tests des caractéristiques d'un fichier

```
1    #! /bin/sh
2
3    for i in "$@" ; do
4        echo "$i : "
5        if [ -L "$i" ] ; then echo "  (lien symbolique) " ; fi
6        if [ ! -e "$i" ] ; then
7            echo "  n'existe pas"
8            continue
9        fi
10       echo -n "  type = "
11           [ -b "$i" ] && echo "spécial bloc "
12           [ -c "$i" ] && echo "spécial caractère "
13           [ -d "$i" ] && echo "répertoire "
14           [ -f "$i" ] && echo "fichier régulier "
15           [ -p "$i" ] && echo "tube nommé "
16           [ -S "$i" ] && echo "socket "
17       echo -n "  accès = "
18           [ -r "$i" ] && echo -n "lecture "
19           [ -w "$i" ] && echo -n "écriture "
20           [ -x "$i" ] && echo -n "exécution "
21       echo ""
22           [ -G "$i" ] && echo "  à notre GID"
23           [ -O "$i" ] && echo "  à notre UID"
24   done
```

Voici des exemples d'exécution sur un système Linux (le nom des fichiers spéciaux dans
/dev variera sur un autre système Unix) :

```
$ ./test_fichier.sh /etc/passwd /etc
/etc/passwd :
  type = fichier régulier
/etc/ :
  type = répertoire
  accès = lecture exécution
  accès = lecture
$ ln -sf /etc/passwd lien_local
$ ./test_fichier.sh lien_local
lien_local :
  (lien symbolique)
  type = fichier régulier
  accès = lecture
$ mkfifo tube
$ ./test_fichier.sh tube
tube :
  type = tube nommé
  accès = lecture écriture
  à notre GID
  à notre UID
$ ./test_fichier.sh /dev/hda1 /dev/ttyS0
/dev/hda1 :
  type = spécial bloc
  accès =
/dev/ttyS0 :
  type = spécial caractère
  accès =
$
```

Chapitre 5

5.1 – Comptage à rebours

```
rebours.sh :
```

```
1  #! /bin/sh
2
```

```
3  for i in $(seq 5 -1 1)
4  do
5      echo "Reste $i secondes avant l'action"
6      sleep 1
7  done
8
9  echo "Action !"
```

5.2 – Création d'un menu

`menu.sh:`

```
1  #! /bin/sh
2
3  cat <<- FIN
4      Choisissez une option :
5
6      1 - Créer une nouvelle archive
7      2 - Transférer une archive sur bande
8      3 - Envoyer une archive au serveur
9      4 - Récuperer une ancienne archive
10     5 - Lister le contenu d'une archive
11
12     0 - Quitter
13 FIN
14
15 while true
16 do
17     echo -n "Votre choix : "
18     read reponse
19
20     case "$reponse" in
21        "1" ) echo "Prêt à créer une nouvelle archive" ;;
22        "2" ) echo "Prêt à transférer une archive sur bande" ;;
23        "3" ) echo "Prêt à envoyer une archive au serveur" ;;
24        "4" ) echo "Prêt à récuperer une ancienne archive" ;;
25        "5" ) echo "Prêt à lister le contenu d'une archive" ;;
26        "0" ) echo "Au revoir..." ; exit 0 ;;
27          * ) echo "Option $reponse inconnue" ;;
28     esac
29 done
```

5.6 – Saisie de réponse (complet)

```
1  #! /bin/sh
2
3  function reponse
4  {
5      local rep
```

```
 6        while true
 7        do
 8                echo -n "$@ (O/N) " >&2
 9                read rep
10                case "$rep" in
11                        [OoYy]* ) return 0 ;;
12                          [Nn]* ) return 1 ;;
13                esac
14        done
15    }
16
17    mini=1
18    maxi=1000
19
20    echo "Choisissez un nombre entre 1 et 1000, je vais le deviner."
21
22    while true
23    do
24        milieu=$(( (mini+maxi) / 2 ))
25        reponse "le nombre est-il superieur ou égal à $milieu"
26        if [ $? -eq 0 ]
27        then
28            mini=$milieu
29        else
30            maxi=$milieu
31        fi
32        if [ $mini -eq $maxi ] || [ $mini -eq $((maxi - 1)) ]
33        then
34            echo "Le nombre est $mini"
35            break
36        fi
37    done
```

Chapitre 7

Expression	chaîne	Corresp. ?	Justification
a*	a	oui	L'expression demande zéro, une ou plusieurs occurrences de la lettre a, donc peut être mise en correspondance avec un seul exemplaire.
a*	b	oui	L'expression a* peut correspondre à la chaîne vide. Il y a une chaîne vide avant et après le b.
^a*$	b	non	Cette fois, l'expression demande une chaîne ne contenant, du début à la fin, qu'une série de a.
a$	a	oui	L'expression demande un a en fin de chaîne.
a$	a$	non	L'expression demande un a en fin de chaîne. La chaîne se termine par un $. Elle pourrait correspondre à une expression comme a\$$.

Expression	chaîne	Corresp. ?	Justification
`a.`	a	non	a doit être suivi d'un caractère. La fin de chaîne n'est pas un caractère (pas plus que le saut de ligne en général).
`a+b`	a+b	non	L'expression demande un ou plusieurs caractères a suivis d'un caractère b. Le + de la chaîne est en trop entre eux. Une expression correspondante serait `a\+b`.
`$`	a	oui	L'expression signifie seulement « fin de ligne », sans autre précision, et peut donc être mise en correspondance avec toutes les chaînes.
`$$`	a	???	La réponse dépend de l'utilitaire employé. Avec `grep`, le symbole $ garde toujours sa signification « fin de ligne ». Le seul $ pris en compte est le premier, et l'expression revient au cas précédent. Avec `sed` par exemple le $ ailleurs qu'en fin de chaîne perd sa signification. L'expression réclame donc un $ en fin de ligne. Pour écrire correctement l'expression rationnelle signifiant « un caractère $ en fin de chaîne », il faut écrire `\$$`.
`\$$`	$	oui	Cette expression est la bonne écriture de la précédente, interprétée par `sed` et `grep` de la même manière (caractère $ en fin de ligne).
`^$`	^$	non	L'expression demande une chaîne vide. Celle-ci ne l'est pas.
`$^`	$^	???	Avec `sed`, les symboles $ et ^ perdent leur signification spéciale, car ils ne sont pas aux bons endroits dans l'expression. Cette dernière décrit donc bien la chaîne transmise. Avec `grep`, l'expression indique une fin de chaîne suivie d'un début de chaîne, ce qui ne peut correspondre qu'à une chaîne vide.
`\$\^`	$^	oui	Vrai pour `sed` et `grep`. Manière correcte d'écrire l'expression précédente.
`^.{2}$`	aa	oui	L'expression demande un caractère quelconque à deux reprises...
`^.{2}$`	ab	oui	... mais pas nécessairement deux fois le même.
`^(.)\1$`	aa	oui	L'expression demande exactement deux occurrences...
`^(.)\1$`	ab	non	...du même caractère !
`[b-a]`	b	non	L'intervalle est invalide dans l'expression rationnelle.
`[^-_]`	_	non	Il ne s'agit pas d'un intervalle, mais d'une liste inversée (débutant par ^) contenant les éléments - et _. Le caractère _ étant dans la liste, il est rejeté.
`[^-_]`	-	non	idem avec -.
`[^-_]`	^	oui	^ n'est pas dans la liste, il est donc accepté.
`[]-[]`	-	non	Nous avons un intervalle s'étendant de] à [. Vu l'ordre des caractères Ascii, l'intervalle est invalide.
`[][-]`	-	oui	Cette fois, nous avons un ensemble contenant [,] et -. Le signe - est accepté.

Chapitre 8

On remarquera, dans ce script, la présence du `"$@"` lors de la première invocation de sed :
si on a mis des noms de fichiers en arguments sur la ligne de commande, on lit leur
contenu (sans les modifier) ; sans argument, on travaille avec l'entrée standard :

`latin1_en_html.sh :`

```
 1      #! /bin/sh
 2
 3      sed -e 's/À/\&Agrave;/g' "$@" |
 4      sed -e 's/Â/\&Acirc;/g'     |
 5      sed -e 's/Æ/\&AElig;/g'     |
 6      sed -e 's/Ç/\&Ccedil;/g'    |
 7      sed -e 's/È/\&Egrave;/g'    |
 8      sed -e 's/É/\&Eacute;/g'    |
 9      sed -e 's/Ê/\&Ecirc;/g'     |
10      sed -e 's/Ë/\&Euml;/g'      |
11      sed -e 's/Î/\&Icirc;/g'     |
12      sed -e 's/Ï/\&Iuml;/g'      |
13      sed -e 's/Ô/\&Ocirc;/g'     |
14      sed -e 's/Ù/\&Ugrave;/g'    |
15      sed -e 's/Û/\&Ucirc;/g'     |
16      sed -e 's/Ü/\&Uuml;/g'      |
17      sed -e 's/à/\&agrave;/g'    |
18      sed -e 's/â/\&acirc;/g'     |
19      sed -e 's/æ/\&aelig;/g'     |
20      sed -e 's/ç/\&ccedil;/g'    |
21      sed -e 's/è/\&egrave;/g'    |
22      sed -e 's/é/\&eacute;/g'    |
23      sed -e 's/ê/\&ecirc;/g'     |
24      sed -e 's/ë/\&euml;/g'      |
25      sed -e 's/î/\&icirc;/g'     |
26      sed -e 's/ï/\&iuml;/g'      |
27      sed -e 's/ô/\&ocirc;/g'     |
28      sed -e 's/ù/\&ugrave;/g'    |
29      sed -e 's/û/\&ucirc;/g'     |
30      sed -e 's/ü/\&uuml;/g'      |
31      sed -e 's/ÿ/\&yuml;/g'
```

D

Bibliographie

Livres et articles

Des copies de tous les articles, disponibles sous forme électronique, sont regroupées dans une archive proposée sur le site web de l'auteur : *http://www.blaess.fr/christophe.*

[BLAESS 1996] Christophe Blaess – *Securing your rm* – Linux Gazette numéro 8, mai 1996. *http://www.linuxgazette.net/issue01to08/articles.html#rm.*

[BLAESS 2000] Christophe Blaess – *Programmation système en C sous Linux* – Éditions Eyrolles, mai 2000.

[CHRISTIANSEN 1995] Tom Christiansen – *CSH Programming Considered Harmful* – comp.unix.shell, 28/09/1995. *http://www.faqs.org/faqs/unix-faq/shell/csh-whynot/.*

[DOUGHERTY 1990] Dale Dougherty et Arnold Robbins – *Sed & Awk* – O'Reilly & Associates, 1990.

[DUBOIS 1995] Paul DuBois – *Using csh & tcsh* – O'Reilly & Associates, 1995.

[HAUBEN 1996] Michael et Ronda Hauben – *Netizens, On the History and Impact of the Net* – *http://www.columbia.edu/~hauben/netbook/* – Chapitre 9 : *On the Early History and Impact of Unix.*

[HOFSTADTER 1985] Douglas Hofstadter – *Gödel, Escher, Bach, les Brins d'une Guirlande Éternelle* – InterEditions, 1985. Traduction française de Jacqueline Henry et Robert French.

[JOY 1978] William Joy – *An Introduction to the C Shell* – University of California, Berkeley, 1978. *http://www.kitebird.com/csh-tcsh-book/csh-intro.ps.*

[KNUTH 1973a] Donald E. Knuth – *The Art of Computer Programming – Fundamental Algorithms* – volume 1, Addison-Wesley Publishing Company, 1973.

[KNUTH 1973b] Donald E. Knuth – *The Art of Computer Programming – Seminumerical Algorithms* – volume 2, Addison-Wesley Publishing Company, 1973.

[KNUTH 1973c] Donald E. Knuth – *The Art of Computer Programming – Sorting and Searching* – volume 3, Addison-Wesley Publishing Company, 1973.

[NEWHAM 1995] Cameron Newham et Bill Rosenblatt – *Le shell Bash* – O'Reilly & Associates, 1995. Traduction française de René Cougnenc (titre original : *Learning the Bash Shell*).

[ORR 1999] Giles Orr – *Bash Prompt Howto v0.60.* – Linux Documentation Project, 1999.

[RITCHIE 1974] Dennis M. Ritchie et K. Thompson – *The UNIX Time-Sharing System* – Communications of the ACM, volume 17, numéro 7, juillet 1974. *http://cm.bell-labs.com/cm/cs/who/dmr/hist.html*.

[ROSENBLATT 1994] Bill Rosenblatt – *Learning the Korn Shell* – O'Reilly & Associates, 1994.

Sites de référence

Norme Single UNIX Specification Version 3

http://www.unix-systems.org/single_unix_specification/ : accès (libre et gratuit) à la norme, avec possibilité de téléchargement complet.

Bash

http://cnswww.cns.cwru.edu/~chet/bash/bashtop.html : page officielle sur le site de Chet Ramey, le mainteneur de Bash.

http://www.gnu.org/software/bash/bash.html : page de présentation et de téléchargement de Bash sur le site de la FSF.

Korn shell

http://www.kornshell.com/ : page officielle du shell Korn.

http://www.kornshell.com/~dgk/ : page personnelle de David G. Korn.

Pdksh

http://www.cs.mun.ca/~michael/pdksh/ : page officielle de Pdksh sur le site personnel de Michael Rendell, son mainteneur.

Tcsh

http://www.tcsh.org/

Zsh

http://www.zsh.org/ : page officielle de téléchargement de Zsh et de sa documentation.

Sed

http://www.gnu.org/software/sed/sed.html : page de présentation et de téléchargement de Sed sur le site de la FSF.

http://www.student.northpark.edu/pemente/sed/ : page consacrée à Sed sur le site personnel d'Eric Pement, mainteneur de la FAQ associée.

http://spazioweb.inwind.it/seders/ : site collectant des scripts Sed plus ou moins utiles.

Index

Symboles

! 108, 208
10, 67, 204, 234
#! 10, 16
$ 180, 182, 183
$! 86, 148, 156
$# 64, 121
$$ 24, 133, 148, 156, 165
$(commande) 47, 92, 125
$((expression)) 20, 44
$* 64, 65, 66, 71
$? 147, 158, 236
$@ 64, 66, 71, 155
${#variable} 41
${variable##motif} 34
${variable#motif} 34
${variable%%motif} 34
${variable%motif} 34
${variable/motif/remplacement} 37
${variable:debut:longueur} 33
${variable:-defaut} 42
${variable} 32
$0 59, 61, 64, 122, 155, 156
$0 (Awk) 217, 220, 222
$1 20, 59, 121
$1 (Awk) 220, 222
$variable 19, 30, 49, 73, 176
& 13, 81, 83, 86, 155, 156, 160, 208
&& 81, 87, 108
' chaîne ' 68, 69
(commandes) 22, 89
* 34, 68, 180, 184, 186
+ 187
. 16, 133, 180, 181, 184
.profile 24
/dev/null 95
/dev/tty 171, 238

/etc/passwd 138, 168
/etc/shadow 138
< 92
<&- 162
<< 13, 101
<<- 101
> 13, 93, 134
>&- 162
>&2 93, 100, 237
>> 13, 93
? 34, 187
[expression] 21, 87, 113, 156, 233, 238
[expression] 105, 167
[liste] 34, 180, 184
[[: classe :]] 185, 186, 187
\ 34, 48, 68, 70, 180, 181, 184, 188, 189
^ 180, 182, 183, 184
` commande ` 47
{ commandes } 89
| 13, 79, 91, 183
|| 81, 88, 89, 108, 237
~ 37, 150

Numériques

2> 94
2>&1 96, 97, 100
2>> 94

A

Ada 1
AIX 2
alias 127
apostrophe 68, 69
at 151, 159
Awk 1, 5, 213, 216, 262

B

backslash 68, 180, 181, 189
base64 267
basename 151
Bash 3, 5, 54, 55, 56, 57, 91, 137, 153, 177, 208
batch 151
bc 29, 44, 151, 177, 260
BEGIN (Awk) 215, 216
bibliothèque 239
break 113
buffer 98, 99
bzip2 151

C

C/C++ 1, 2, 18, 51
calculs 44
case 18, 109, 117, 140, 142
cat 80, 140, 141, 151, 152, 167, 267
cd 136
CDPATH 137
chmod 9, 103
cksum 151
clear 176
code de retour 78, 81, 104, 124, 135, 136, 158, 236
commande 13, 77
commentaire 10, 67
continue 113
convert 255
cp 24
crontab 253
Csh 2, 3, 47
csplit 151
cut 79
Cygwin 5

D

d (commande Sed) 198, 202
date 151
DEBUG 177
declare 56
démon 162
df 79, 249
dialog 176
diff 151
document en ligne 101
DOS 206
dos_2_unix 206

E

echo 6, 22, 47, 68, 90, 91, 137, 151
ed 195, 196
Edlin 195
END (Awk) 215, 216
entrée standard 90
environnement 51
EUID 41, 149
eval 73
exec 134, 168
exit 134, 135
export 51, 53, 54, 55
expr 151

F

false 82, 151
fg 84
fifo 167
file 135, 151
FILENAME (Awk) 224
find 94, 151, 172, 192
fmt 151
fold 151
fonction 17, 50, 111, 117, 120
for 115, 157
fork 51, 133, 155
Fortran 1
free 249
FreeBSD 2
FS (Awk) 220
FSF 3
ftp 101
function 17, 120, 157

G

getopts 18, 142, 145, 236
Gnu 3, 5, 137, 145, 152
Gnuplot 262

grep 39, 41, 87, 95, 98, 151, 172, 179, 180, 190, 196
guillemet 48, 68, 69
gzip 151

H

head 151
help 153
histogramme 262
HOME 37, 136, 149
Hurd 2

I

if 20, 87, 104, 113, 135, 156, 157, 167
IFS 138, 139, 141, 168
ImageMagick 255
installation 264
interpréteur 1, 5, 9

K

kill 151, 160, 164
Ksh 3, 5, 29, 54, 56, 57, 91, 139, 177

L

L 43
LANG 78
LINENO 177
Linux 2
local 17, 50, 122, 157, 235
logger 162, 177
lpr 151

M

man 9, 153
md5sum 151
mkfifo 167, 170
mount 134
mv 24, 254
mysql 104

N

ncurses 175, 176
NetBSD 2
netstat 249
NF (Awk) 220, 222
nice 151
nohup 152, 160, 166
NR (Awk) 223

O

od 152
OFS (Awk) 222
OPTARG 20, 144, 145
OPTERR 144
OPTIND 18, 142
ORS (Awk) 227, 231

P

p (commande Sed) 198, 199, 201
paramètre 59
Pascal 18
paste 152
patch 151
PATH 7, 8, 17, 133
Pdksh 3
Perl 1, 51
PID 133, 134, 148, 158, 164
ping 88, 89, 147, 244
pipeline 79, 91, 97
Posix 3
PPID 148
pr 152
print (Awk) 214, 216, 227, 231
printenv 56
printf 152
printf (Awk) 227, 231
prompt 6
ps 152, 162
PS3 116
PWD 37, 149
pwd 137, 150
Python 1

Q

quote 68, 69

R

RANDOM 244, 260
read 22, 74, 87, 90, 91, 92, 138, 140, 168, 175
redirection 90
REPLY 117, 138, 140
return 118, 124
rm 14, 24, 25
root 24
RS (Awk) 217, 219, 220, 221
rsync 250
Ruby 1

S

s (commande Sed) 198, 204
Sane 255
scanimage 255
scp 247
script 1, 4, 9, 131, 133, 135, 233
Sed 1, 79, 195, 197, 213, 249, 267
select 116
seq 152
set 31, 49, 61, 132, 176, 177, 235
setsid 162
Sh 2, 3
shebang 9, 10, 16, 216, 233
shell 2, 13, 132
    Bash 3, 5
    Bourne 2
    C 2, 47
    Korn 3, 5, 29, 139
shift 20, 62, 64, 142
SIGCHLD 165
SIGCONT 84, 86
SIGHUP 160, 164
SIGINT 82, 84, 159, 164, 165
SIGKILL 164, 165
signal 82, 163
SIGQUIT 164
SIGSEGV 165
SIGSTOP 165
SIGTERM 164
SIGTSTP 165
SIGTTIN 84
SIGTTOU 84
SIGUSR1 164
SIGUSR2 164
sleep 82, 156, 157
Solaris 2, 233
sort 152
sortie d'erreur 90, 98, 100
sortie standard 90, 98, 100
source 16, 50, 133, 134, 150, 240
sous-chaîne 33
sous-shell 22, 55, 89
split 152
sprintf (Awk) 232
SQL 104, 256
SQLite 256
SSH 245
ssh 246, 250
Stallman (Richard M.) 3
stty 80, 85, 152, 174, 175
sum 151
SUSv3 4, 5, 150
syslog 162, 177

T

tail 79, 152
tar 24, 152, 252
Tcl/Tk 1
Tcsh 3
tee 152, 171
terminfo 175
test 6, 21, 105
times 177
tostop 85
touch 142, 152
tput 175
tr 152
trap 23, 165
true 82, 113, 152
typeset 56

U

UID 149
ulimit 177
umask 103
uname 109
Unix 2, 3, 155, 206
until 112
uptime 249

V

variable 17, 29, 50, 235
    environnement 51
    locale 50

W

wait 86, 157, 158
wc 152
while 18, 112, 113, 118, 140, 142, 175
Windows 5

X

xargs 172, 174, 192

Dépôt légal : octobre 2012

Imprimé en Allemagne par BoD

www.ingramcontent.com/pod-product-compliance
Lightning Source LLC
LaVergne TN
LVHW060120060726
842526LV00009B/2710